弥生文化と海人

Cohe Sugiyama 杉山浩平

六一書房

写真1　東京都三宅村ココマ遺跡出土資料（三宅村教育委員会所蔵，小川忠博撮影）

写真2　東京都三宅村ココマ遺跡遠景
（写真中人物の箇所が2007年発掘地点，人物より上50mの断崖がココマ遺跡上層火山性堆積物，筆者撮影）

写真3　東京都三宅村ココマ遺跡2007年調査地点からみた御蔵島
（写真下中央やや左の白い部分が2007年発掘の貝塚地点，筆者撮影）

はしがき

　東京から距離180kmの三宅島，300kmの八丈島。相模灘から太平洋上に連なる伊豆諸島，大島・利島・新島は快晴ならば伊豆半島などから肉眼でも確認できるが，三宅島が見える時は限られている。しかし，弥生時代に人々は海を渡り，これらの島々に降り立っている。それは偶然ではない。島の魅力的な資源を求め，たどり着いたのである。

　今，我々は東京から大型客船に乗り，6時間半あまりで三宅島に着く。季節によっては，黒瀬川とも呼ばれる黒潮の流れに抗して進むことになる。客船といえども，揺れは激しい。そして，黒潮を渡りきると，揺れは落ち着き，やがて島にたどり着く。島へ降り立った乗客は，それぞれ所用を行い，午後の船もしくは数日後の船で帰る者もいれば，働くため島に住みつく者もいる。

　人の往還と定住という行為が，先史以来であることは，伊豆諸島の各島に残る考古資料が物語っている。この時点で，すでに島の歴史が，島という領域で収まるものではなく，常に本土である日本列島の歴史のなかにあることになる。ここに本書の狙いがある。つまり，島という隔絶した空間から，その先，海上に微かにみえる本土を見通し，往時の社会を見つめ直したい。東日本の弥生文化は，九州や近畿地方の弥生文化に比べて，縄文文化の影響を色濃く残す文化として認識されてきた。弥生文化にみられる縄文文化の系譜を引く物質資料をどのように考えるのか。弥生と縄文を二項対立的に考えることはしたくない。

　そこで，伊豆諸島の弥生時代の遺跡群の検討を行った。1970年代から80年代にかけて調査された資料の分析とともに，多くの考古学研究者，火山学・先史人類学など自然科学系の研究者にもご協力いただき，三宅島にて3箇所の弥生時代の遺跡の発掘調査を行った。発掘調査をした遺跡は，ココマ遺跡・坊田遺跡・島下遺跡，いずれも学史的な遺跡である。これらの出土資料が伊豆諸島をめぐる新しい弥生時代像の1ピースとなる。

　なかでも，私たちが行ったココマ遺跡の調査は，調査面積0.35 m^2，土量にして0.1 m^{3}である。おそらく，日本最狭の学術調査ではないだろうか。しかし，その調査から導き出された弥生時代の島の人々の姿が，本書の出発点にある。南海産貝のオオツタノハや黒曜石という島の魅力的な資源を追い求めてやってきた弥生人。島へたどり着いた弥生人は，農耕民ではないだろう。時速6km前後で流れる黒潮，そして，島間の激しい潮流を読むのは，相当の知識と経験が必要である。外洋漁撈・航海に特化した集団を想定せざるをえない。その集団を本書では，弥生海人集団と呼びたい。弥生海人集団の出自系譜・経済活動・生業を分析し，海の視点から弥生文化を描いていきたい。

杉山　浩平

目　次

はしがき ………………………………………………………………………………… i

序　章 ……………………………………………………………………………… 1

はじめに ………………………………………………………………………………… 1

第1節　弥生文化と海 …………………………………………………………… 2
1　水田稲作と多角的生業　2
2　生業としての漁撈活動と海洋民　2

第2節　島嶼研究の意義 ………………………………………………………… 4
1　弥生文化研究のパラダイムシフト　4
2　島嶼の限定的環境と開放的交流への適応　5

第3節　伊豆諸島の考古学研究の論点 ………………………………………… 6
1　マザーランドを求めて　6
2　交易論　7
3　生業論　9

第4節　本研究の目的と手法 …………………………………………………… 12
1　本論の目的　12
2　時期区分　12
3　分析手法　13

第1章　伊豆諸島の集落展開と渡島集団 …………………………………… 15

はじめに ………………………………………………………………………………… 15

第1節　伊豆諸島の遺跡 ………………………………………………………… 15
1　旧石器時代の伊豆諸島　15
2　縄文時代の伊豆諸島　16
3　弥生時代の伊豆諸島　17

第2節　伊豆諸島出土の弥生土器の検討と遺跡の分類 ……………………… 18
1　伊豆諸島出土の土器　18
2　土器型式に基づく遺跡の分類とその特徴　25

第3節　伊豆諸島出土の弥生土器の胎土分析 ………………………………… 26
1　胎土分析研究の課題と方法　26

2　弥生文化の到来を示す集団——島下遺跡の出自—— 28
　　3　「短期集落」を築いた集団——坊田遺跡の出自—— 31
　　4　「短期集落」を再開した集団——ココマ遺跡の出自—— 34
　おわりに……………………………………………………………………………………37
　　1　弥生時代黎明期に長期集落を形成した集団——西の土器と東の土器—— 37
　　2　短期集落の再開における集団の変化 38
　　3　まとめ 39

第2章　三宅島の火山噴火と遺跡……………………………………………………41

　はじめに……………………………………………………………………………………41
　第1節　三宅島における弥生時代の火山噴火…………………………………………41
　　1　一色直記の伊豆諸島の地質学的観察 41
　　2　津久井雅志の研究 42
　第2節　三宅島の遺跡にみる火山噴火堆積物…………………………………………43
　　1　島下遺跡 43
　　2　坊田遺跡 44
　　3　ココマ遺跡 44
　　4　大里遺跡 46
　　5　友地遺跡 47
　　6　遺跡の年代と堆積物 48
　第3節　八丁平噴火噴出物と遺跡………………………………………………………48
　　1　八丁平噴火とその堆積物の特徴 48
　　2　八丁平の堆積物と島北部の考古遺跡 49
　　3　八丁平噴出物の年代 51
　　4　考古編年と八丁平噴火の年代 53
　　5　八丁平噴火と「ココマ遺跡上層火山性堆積物」 56
　第4節　弥生時代中期の火山噴火………………………………………………………56
　　1　大里遺跡 56
　　2　坊田遺跡 58
　おわりに……………………………………………………………………………………60
　　1　八丁平噴火とココマ遺跡上層火山性堆積物 60
　　2　弥生時代中期の火山噴火 61
　　3　まとめ 62

第3章　伊豆諸島の弥生集落の交易活動 ……………………………… 63

はじめに …………………………………………………………………… 63

第1節　黒曜石製石器の分析 ……………………………………………… 64
1　縄文時代後半から弥生時代における黒曜石製石器の産地の推移　64
2　「長期集落」と「短期集落」における神津島産黒曜石の産地分析　65
3　長期集落形成時の黒曜石の流通――神津島産黒曜石のもう1つの流通――　66
4　短期集落形成時の黒曜石の流通　71
5　長期集落と短期集落の黒曜石の流通の特質　77

第2節　オオツタノハ製貝輪の流通 ……………………………………… 78
1　オオツタノハ製貝輪の出土量の推移　78
2　オオツタノハ製貝輪の分布の推移　79
3　オオツタノハ製貝輪の未成品について　84

第3節　貝輪・黒曜石をめぐる島と本土の交流 ………………………… 87
1　下高洞遺跡　87
2　大里遺跡　87
3　ココマ遺跡　90

おわりに …………………………………………………………………… 92

第4章　島嶼における食糧資源の問題 …………………………………… 95

はじめに …………………………………………………………………… 95

第1節　出土動植物質食糧について ……………………………………… 95
1　出土動植物質資料の集成　95
2　出土動植物質資料の特徴　99
3　まとめ　99

第2節　食糧生産の問題 ………………………………………………… 100
1　レプリカ・セム法による種子圧痕と胎土分析　100
2　島嶼のイノシシ類の問題　102
3　まとめ　106

第3節　生業関連石器の問題 …………………………………………… 107
1　横刃石器の問題　107
2　石皿・磨石の問題　111
3　黒曜石製石器の問題　123
4　生業関連石器に関するまとめ　136

おわりに……………………………………………………………………………………136

第5章　島をめぐる弥生社会……………………………………………………………139
　　はじめに……………………………………………………………………………………139
　　第1節　稲作を伝えた集団………………………………………………………………139
　　　1　本州東南部の遠賀川系土器　139
　　　2　弥生時代前期の炭化種子・種子圧痕　143
　　　3　島から伊豆半島そして関東地方南部へ　146
　　第2節　弥生時代中期中葉以後の本土と島嶼の関係…………………………………148
　　　1　遊動から定住へ　148
　　　2　定住化の要因　150
　　第3節　弥生時代後期の本土と島嶼の関係──海人集団・貝輪と金属製釧──………152
　　　1　伊豆諸島の遺跡と海蝕洞穴遺跡　152
　　　2　弥生時代後期における金属製釧　158
　　おわりに……………………………………………………………………………………163

終　章　海人集団と弥生文化……………………………………………………………167
　　1　学際的研究から見えてきた弥生海人集団　167
　　2　生業活動と環境適応　168
　　3　縄文系物資をめぐる交易の変質　169
　　4　海人集団と弥生文化　170
　　5　残された課題と展望　171

あとがき………………………………………………………………………………………173

　　引用・参考文献　177
　　図表出典一覧　187

図表目次

序　章

第1図　伊豆諸島の遺跡と本論に関わる本土の主要遺跡 ……………………………… 8
第1表　弥生土器型式編年表 …………………………………………………………… 13

第1章

第2図　伊豆諸島出土の弥生土器（大島・利島・新島） ……………………………… 19
第3図　伊豆諸島出土の弥生土器（三宅島） …………………………………………… 21
第4図　伊豆諸島出土の弥生土器（三宅島・八丈島） ………………………………… 23
第5図　伊豆諸島の遺跡の動態と分類 ………………………………………………… 24
第6図　蛍光X線によるフォッサマグナの東西判別 …………………………………… 28
第7図　三宅島採集砂と神奈川・静岡県主要河川の重鉱物組成 ……………………… 29
第8図　島下遺跡出土試料の蛍光X線分析（3元素）による東西の判別図 ………… 30
第9図　島下遺跡出土試料の蛍光X線分析（10元素）による東西の判別図 ……… 30
第10図　島下遺跡出土試料の重鉱物組成 ……………………………………………… 31
第11図　坊田遺跡出土試料と蛍光X線分析（3元素）による東西の判別図 ……… 33
第12図　坊田遺跡出土試料の重鉱物組成 ……………………………………………… 34
第13図　ココマ遺跡出土試料の蛍光X線分析（3元素）による東西の判別図 …… 35
第14図　ココマ遺跡出土試料の蛍光X線分析（10元素）による東西の判別図 … 36
第15図　ココマ遺跡出土試料の重鉱物組成 …………………………………………… 36
第2表　島下遺跡の胎土分析試料点数 ………………………………………………… 29
第3表　島下遺跡出土試料の胎土分類一覧 …………………………………………… 32
第4表　坊田遺跡出土試料の胎土分類一覧 …………………………………………… 34
第5表　ココマ遺跡出土試料の胎土分類一覧 ………………………………………… 37
第6表　坊田・ココマ遺跡土器胎土の対応 …………………………………………… 39

第2章

第16図　三宅島の火山地形と遺跡の立地 ……………………………………………… 43
第17図　島下遺跡の土層堆積 …………………………………………………………… 44
第18図　坊田遺跡の土層堆積 …………………………………………………………… 45
第19図　ココマ遺跡の土層堆積 ………………………………………………………… 46
第20図　友地遺跡の土層堆積 …………………………………………………………… 47
第21図　坊田遺跡近郊での堆積土 ……………………………………………………… 49

第22図	三宅島北部の縄文土器から弥生土器の変遷	50
第23図	美茂井地区の土層堆積	51
第24図	弥生時代中期後葉から後期前葉の土器	54
第25図	大里遺跡6号土坑土層断面と出土土器	57
第26図	大里遺跡1号土坑遺物分布と出土土器	58
第27図	坊田遺跡の火山灰埋没ピット	59
第28図	三宅島の火山噴火と遺跡の関係	61
第7表	川邊禎久らによる八丁平噴火の放射性炭素年代	52
第8表	ココマ遺跡出土試料のAMS放射性炭素年代	52
第9表	赤坂遺跡出土試料のAMS放射性炭素年代	54
第10表	縄文時代後期・晩期のAMS放射性炭素年代	55

第3章

第29図	縄文時代後期から弥生時代における黒曜石製石器の産地の推移	64
第30図	渡浮根遺跡出土の骨角器	67
第31図	縄文時代後期中葉から晩期前葉の黒曜石の流通	68
第32図	縄文時代晩期から弥生時代前期の黒曜石の流通	69
第33図	下高洞遺跡出土黒曜石（砂糠崎）の石核と剝片の法量分布	70
第34図	姫宮遺跡出土黒曜石（砂糠崎）の石核と剝片の法量分布	70
第35図	砂田台遺跡・常代遺跡・大里遺跡出土黒曜石の石核と剝片の法量分布	75
第36図	弥生時代中期中葉の黒曜石の流通	77
第37図	オオツタノハ製貝輪の出土量の推移	79
第38図	オオツタノハ製貝輪の分布（縄文時代早期～後期中葉）	82
第39図	オオツタノハ製貝輪の分布（縄文時代後期後葉～弥生時代中期後葉）	83
第40図	オオツタノハ製貝輪の分布（弥生時代後期前葉～弥生時代後期中葉）	84
第41図	ココマ遺跡出土オオツタノハ製貝輪未成品とその出土状況	86
第42図	大里遺跡出土の軽石製砥石	86
第43図	下高洞遺跡出土土器の地域性	88
第44図	大里遺跡出土土器の地域性と交流	90
第45図	ココマ・西原D遺跡出土土器の地域性と交流	91
第11表	伊豆諸島と本土出土の黒曜石製石器の産地比	66
第12表	島嶼と本土における黒曜石の出土量	72
第13表	島嶼の遺跡出土黒曜石製石器の器種構成	73
第14表	本土の遺跡出土黒曜石製石器の器種構成	74
第15表	原礫面の残存率	76

第16表	オオツタノハ製貝輪の集成	80
第17表	下高洞遺跡とココマ遺跡における貝輪の生産量	85

第4章

第46図	島嶼・本土出土イノシシの第３臼歯咬耗程度	105
第47図	ココマ遺跡出土骨のAMS放射性炭素年代	106
第48図	日本列島出土イノシシ類の炭素・窒素安定同位体比の比較図	106
第49図	横刃石器の変遷	108
第50図	横刃石器の使用痕	110
第51図	石皿の変遷	112
第52図	デンプン分類図	115
第53図	現生植物のデンプン写真	116
第54図	残存デンプン粒分析 対象石器	118
第55図	石器検出の残存デンプン粒	120
第56図	伊豆諸島における黒曜石製石器の変遷	124
第57図	剝片刃器の使用痕分析資料（1）	127
第58図	剝片刃器の使用痕分析資料（2）	128
第59図	剝片刃器の使用痕写真	129
第18表	伊豆諸島出土の動植物質資料の集成	96
第19表	横刃石器の使用痕光沢の分類	111
第20表	磨石・石皿の出土数	113
第21表	現生植物デンプンの粒径	114
第22表	石器検出の残存デンプン粒一覧	119
第23表	黒曜石製石器の使用痕光沢の分類	125
第24表	島下遺跡 石器属性と使用痕観察結果	134
第25表	大里遺跡 石器属性と使用痕観察結果	134
第26表	ココマ遺跡 石器属性と使用痕観察結果	135
第27表	砂田台遺跡 石器属性と使用痕観察結果	135

第5章

第60図	本州東南部出土の遠賀川系土器	141
第61図	伊勢湾沿岸の遠賀川式土器	142
第62図	遠賀川式（系）土器の分布	143
第63図	弥生時代前期のコメ資料の分布	145
第64図	平沢同明遺跡出土の籾痕土器	146

第65図	三宅島における弥生時代中期後葉の遺跡立地	150
第66図	海蝕洞穴遺跡の動態	153
第67図	海蝕洞穴遺跡出土の弥生時代中期の土器	154
第68図	大浦山洞穴遺跡の層位・土器・貝輪	156
第69図	オオツタノハと在地産貝の位置づけ	158
第70図	千葉県袖ヶ浦市荒久（１）遺跡出土の銅釧	159
第71図	千葉県市原市御林跡遺跡出土の銅釧	160
第72図	神奈川県横浜市受地だいやま遺跡出土の螺旋状鉄釧	162
第73図	縄文時代後期から弥生時代における本土と伊豆諸島の交流	164
第28表	弥生時代前期の植物資料	144
第29表	伊豆諸島で検出された遺構一覧	147
第30表	貝輪の再加工例	151
第31表	三浦半島における貝輪の製作	157
第32表	横須賀市高原遺跡出土の銅釧と小銅環	163

序　章

　　はじめに

　日本列島の東南部域，関東地方の南の相模湾から太平洋上に浮かぶ9つの島，伊豆諸島が本書の舞台となる。この島々のなかでも，三宅島という1つの火山島を研究の中心に据え，およそ遥か彼方の大海原から，遠く本土にかすむように見える「弥生文化」を検討していく。伊豆諸島の最北に位置する大島と対岸の伊豆半島との距離はおよそ20 kmである。しかし，この間の海底地形は急深であり，水深はおよそ130 mという。伊豆諸島のなかで遺跡が確認されている南端の八丈島は，東京との距離が300 kmを超えている。これだけの距離からみた「弥生文化」はいったいどのように見えるのか，その時空間的領域のなかから改めて弥生文化に迫りたい。

　本土と伊豆諸島との交流は，人類が日本列島域に到達した後期旧石器時代初頭にまでさかのぼる。旧石器時代の最寒冷期には海水面が低下したが，伊豆半島と伊豆諸島との間には海流が流れていた。伊豆諸島の島々へ渡るには，舟などの道具とそれらを使いこなす技術が必須となる。しかし，先史・古代の日本列島では舟（船）の出土例はきわめて少なく，どのように伊豆諸島へ渡ったのかその実態はわかっていない。

　渡航手段が現在の私たちにわからなくても，伊豆諸島でしか採取・獲得することができない物資が日本列島，とりわけ関東・東海地方から多く出土していることは，先史・古代における本土と島嶼でヒトの往還があったことを示している。その伊豆諸島産の物資の代表的なものは，利器の素材である神津島で採取可能な黒曜石と腕輪など装飾品の素材になる南海産貝類である。

　これら物資をめぐる研究は，古くから行われてきたが，その大部分は物資の産地と，製品等が出土する消費地とを結び，遠距離交易を強調するものであった。しかし，各地の資料がそろった現在，交易の距離を問題にするのではなく，交易の形態，その構造的な理解が求められている。そこで，本研究では，これまでに出土している資料の再検討と，新たな発掘調査による新資料をもとに分析を行う。

　序章では，これまでの弥生文化研究の枠組みでは，あまり触れられることがなかった海と島の視点から，本論の目的と手法を述べる。伊豆諸島における考古学研究の歴史，とりわけ明治時代から1980年代までの研究史を取り上げ，島の研究の論点やその後の弥生文化研究への影響について整理し，第1章以後の本論への導入とする。

第1節　弥生文化と海

1　水田稲作と多角的生業

　考古学に限らず，日本列島史を語るうえで水田稲作がもつ政治・経済的意義は非常に大きい。それは，狩猟採集の段階から食糧生産の段階へと社会が移行したことを意味するだけではなく，近代に至るまで，水田稲作が国家を支える根幹の生産行為であったと考えられたためである。いわゆる水田稲作中心史観は，こうした国家形成発展のプロセスを明らかにしていく研究のなかで醸し出されてきた観が強い。考古学においても，研究の早い段階から中山平次郎・山内清男などはコメの存在を重要視していた（中山 1921・1923，山内 1925）。そして，戦後に行われた静岡県静岡市の登呂遺跡の発掘調査によって明らかにされた稲作を営む長閑な農村の姿は，古代日本の情景として国民の脳裏へと定着していった。

　その社会的意義の大きさの反面，水田稲作以外の生業に陽が当たることは少ない。弥生時代以後において，食糧の獲得とその生産に関わる生業活動は，水田稲作のみならずヒエやアワなどの穀物類の栽培のほか，漁撈，狩猟も併行して行われていた。こうした複合的な生業体系が営まれていたにもかかわらず，水田稲作の1点のみに注目が集まったのは，先に挙げた古代国家の形成とその発展の基盤にコメがあると歴史家が考えていたからにほかならない。

　弥生時代の生業を検討するために寺沢薫らは，全国から出土している炭化種子を集成するなかで，弥生時代以降の農耕が必ずしもコメに限られないことを初めて明らかにした（寺沢・寺沢 1981）。しかし，その後の研究においては，イネ以外の炭化種子など直接的な生業活動を示す資料の出土例が限られていたため，研究は思うように進まなかった。むしろ沖積地における水田遺構や木製農耕具の検出例が増えたため，水田稲作の研究が進展していった。

　こうした食糧生産物の直接的な資料の限界を克服するために，遺構覆土の水洗選別法や土器に残された種子圧痕から行うレプリカ・セム法など新たな研究手法が確立され，併せて畠（畑）遺構の検出や炭化種子の悉皆的な分析が進み，水田稲作に限らない複合的な生業形態が営まれていたことが明らかになってきたのは，21世紀になってからのことである。

2　生業としての漁撈活動と海洋民

　農耕の多様性が指摘されるなかで，中世史研究者の網野善彦は陸上の生業活動のみならず，漁業などの海の生業活動を積極的に評価した。網野の狙いは，列島史の枠組みそのものの転換であり，古代以来の水田稲作中心主義，そして島国論を基幹として組み立てられてきた列島史を再構築することであった。特に農耕に従事する農民だけではなく，漁撈活動を主な生業とする海民，そして海上交通を通じた人々の交易や移動に光を当てることにあった（網野 1986・2004）。こうした文献史学の研究の潮流と同じくして，考古学においても海を舞台とした漁撈活動や交易，そしてそれを担った人々に注目が集まっていく。しかし，この時期の研究の方向性は，水田稲作を主

たる生業とする時期において、海を生業の舞台とする集団の社会的位置づけを求める傾向があった。つまり、水田稲作集団と漁撈集団の関係性を明らかにすることを目的としていた。

　いち早く弥生時代の漁撈活動の様相が指摘されたのは、神奈川県の三浦半島の海蝕洞穴遺跡をめぐる問題であった。赤星直忠は海蝕洞穴遺跡の出土遺物の特徴として、サザエやアワビのほかクボガイなどの小型の巻き貝やベッコウザラ（ガサ？）などが多く、縄文時代の貝塚に多いカキが少ないことを指摘した。獣骨については、イノシシやシカやイルカが少なく、トビやワシなどが多い点も縄文時代の貝塚との相違として述べた。そして、銛や釣り針などの漁具の出土から海蝕洞穴の一部は、漁民の生活の場として使われていたものであり、台地上の農耕集落と対峙的な関係にあるとした（赤星1952：70頁）。また、海蝕洞穴からは貝殻を用いた製品が多く出土しており、遺跡によって相違が認められる。毘沙門B・C洞穴のアワビ製の貝庖丁、マツバガイの貝輪、「また洞穴」のベンケイガイの貝輪の未製品の出土などは、漁民間での分業が行われていたことの証であり、それらの製品を、漁獲物とともに農民からの農作物と交換していたと推定し（赤星1952：77頁）、漁撈民を比較的独立性の高い集団とみた。

　その後、三浦半島の大形弥生集落を発掘した岡本勇は、海蝕洞穴の民を赤坂遺跡などの「拠点」からの季節的な「わかれ」とみて、その一体性を強調している（岡本1977）。一方、神澤勇一は出土魚介類の漁期が農繁期と重なるため、岡本の意見に疑問符を呈示した（神澤1979）。海蝕洞穴遺跡の出土動物遺存体を多く分析した金子浩昌は、その魚類の特異性などから、単に食糧調達というレベルではなく、漁撈活動を専門とした集団が海蝕洞穴にいたと推定した（金子1980）。こうして、赤星直忠が当初想定した半漁半農の漁民や純然たる漁民という弥生時代の漁撈民像から海蝕洞穴に遺跡を営む弥生時代の専門的漁撈民という存在が浮き彫りにされてきた。三浦半島のその後の研究は、釼持輝久へと受け継がれ、海蝕洞穴に遺跡が営まれた時期や出土遺物の詳細な検討を経て、洞穴ごとの差異が明らかにされていった（釼持1996・2008）。

　三浦半島の研究は、横須賀考古学会による発掘調査をもとに進展していたため、発掘調査の件数が減少した1980年代以降、三浦半島の海をめぐる弥生人の研究は、やや停滞した。しかし、こうした研究の視点は、当時の概説書等にも記されたため、その影響力は大きかった。その後の研究の中心は関東から西日本へと移り、下條信行や木下尚子による研究を契機として、海を生業の舞台とする弥生時代の集団の姿が改めて注目されていった。

　下條信行は、弥生時代前期末から中期初頭の北部九州地域の集落形態が漁村型・半農半漁型・農村型とに出土遺物の組成の点から分かれることを指摘した。漁村型の集落が出現する背景には、水田稲作の拡大へ向けて労働力を投下する過程で狩猟活動が低下し、動物性タンパク質を補給するために海人が出現したと述べた。つまり、下條は弥生時代の海人が、海と里との社会的分業関係のなかで生じたものであるとした（下條1984・1989）。下條の解釈は、磨製石器の分析を通して明らかにした社会的な分業生産活動により、地域社会の紐帯が維持されていたとする解釈（下條1983）を海の生業活動における集落の分類に当てはめたものと言える。

　木下尚子は国分直一や三島格らによって始められた沖縄諸島などの南島の考古学研究を実践的

に進め，貝製腕輪の研究から南海に展開した海人の姿を露わにしていった。特にゴホウラやイモガイなど大形の巻貝を用いた貝製腕輪の研究は，青銅製の腕輪との対比，古墳時代における石製腕飾品との対比において，それぞれのモノのもつ文化的・社会的背景への洞察の深化へとつながっていった。また，弥生時代の南島産貝製品をめぐるヒトとモノの交流について，縄文時代の交流と比較し，その文化的差異を明らかにした。縄文時代には南島の地域がいくつかのブロックに分断されて人・モノの交流と交易が行われていたのが，弥生時代になるとそれぞれの地域が採集者・運搬者・消費者として機能し，計画的・組織的な行動により南島から九州へと連なる「貝の道」が成立したと指摘する（木下 1996：534頁）。

本論では，沿岸における漁撈活動の枠を越えて，こうした外洋航海をする技術を持ち合わせ，海を主な生業の場とする弥生人を「弥生海人」，その集団組織を「弥生海人集団」と呼ぶ。この「弥生海人集団」の分析こそが，近年多くの弥生研究者が指摘する弥生文化の複合的・多様的理解へとつながる。

第2節　島嶼研究の意義

1　弥生文化研究のパラダイムシフト
（1）　多様な弥生文化観の形成

1980年代から1990年代半ばにおける社会主義国家の崩壊が，ポスト植民地主義を生み出した潮流のなかで，これまで築かれてきたさまざまな固定観念のパラダイムシフトが行われた。考古学，ひいては弥生文化研究においてもこの潮流は決して無縁ではない。

佐賀県神埼市吉野ヶ里遺跡や大阪府泉大津市・和泉市池上曽根遺跡など，西日本を中心に巨大な弥生時代の遺跡の発掘もこの時期である。これらの遺跡の発見は，従来から説かれてきた弥生文化観をさらに後押しするものであったが，同時に反作用として，その弥生文化の枠組みに収まりきれない文化が同時期の日本列島に広がっていたことも露呈した。生業形態の差，社会構造の違いを社会の成熟度の差として理解するのではなく，弥生文化の生い立ちの多様性を認めるべきである（設楽 2000：97頁）。

（2）　島と本土

弥生文化研究のパラダイムシフトのなかで，生業活動ならびにその行動領域を水田などの内地のみに求める意味はもはやない。かつては，島（離島部・島嶼）と内地（本土）という用語の背景には，地理的意味のほかに経済的な格差等の意味が込められていた。現実的な経済活動による差は，今でも島嶼に振興策が採られているが，その差を先史・古代の社会にまで当てはめてみるのは正しくない。本論でも地理的意味合いで島（島嶼）と内地（本土）という術語を用いるものの，そこには地理的空間を求めること以上の意味合いは存在していない。

本論の求める領域が黒潮の流れる伊豆諸島の海域に出て行くのも，弥生文化研究そのものが多様性を帯びてきて，その必要性が認められているためでもある。それゆえ，先に挙げた下條信行

や木下尚子，伊豆を対象として多くの研究を残した橋口尚武が積み上げてきた弥生海人の姿を，今さまざまな分析を通してより鮮明に描いていくことが本論の責務である。

2　島嶼の限定的環境と開放的交流への適応
（1）　閉鎖的意識と開放的交流

　地理空間的に孤立した島嶼は，生活面積ならびに食糧の捕獲と生産において，本土に比較して限界があり，環境適応が求められる。交通に関しても現代以前では船に依存するしかない状況ゆえに，島に対して閉鎖的イメージを抱いてしまうのも無理はない。2007年以降，筆者が伊豆諸島で調査研究を進めていくなかで，多くの島民の方と話していた際，多様な交通手段があり，移動も可能であるにもかかわらず，現在の島民自身が島に閉鎖的なイメージを抱いていることに驚いた。数十軒で構成される集落など，地縁的結合が本土に比較すれば強いのは事実であり，その紐帯を抜きにして島の互恵的社会を維持できないことの反動だろうか。

　島の社会は必ずしも島を出自とするヒトのみで構成されているわけではない。戦後にところてんの材料となるテングサが高値で取引されていた時には，紀伊半島や朝鮮半島からも海女が伊豆諸島に来島した。そして，その何人かは島で生活し，現在の島民の一人となっている。何らかの商品的価値が島に見いだせる場合，ヒトはその距離を煩うことなく航海に出るのである。だが海女たちの思いは，なにも近現代に始まったものではない。ヒトを魅了するものがあるとき，海へこぎ出し，島での生活が始まる。閉鎖的な意識が現代の我々にあるとしたら，それは江戸時代の流人の歴史が，島での閉鎖的なイメージをつくりだした副作用なのかもしれない。

　しかし，実際には島という空間は開放的である。そこには自らの土地が限定的であるがゆえに社会を持続していくには，積極的な外部とのヒト・モノの交流が不可欠であるということを知っているかのようである。八重山・沖縄・奄美諸島などのように大陸と日本列島の架橋となる島々はもちろんのこと，伊豆諸島のように行き止まりの島々でも外との交流は行われている。島は実は開放的な地域といえる。

（2）　文化の変容と適応

　ただし，島へ伝わった文化・習俗は必ずしも伝播元の姿のままだとは限らない。それは島の生活環境に適応せざるをえないためである。伊豆諸島の縄文時代の遺跡調査にあたり，戸沢充則は述べている。「離島」の縄文文化の消長は，縄文文化の動態をなんらかのかたちで反映し，またその実態をきわめてシンプルなかたちで私たちに伝えてくれる可能性が強い。それを明らかにすることは「離島の考古学」研究の1つの重要な視点であろう（戸沢1986）。つまり，島を研究することで，島の歴史のなかに縄文文化の本質が潜んでいると言うのである。シンプルなかたちか否かは別として，島へのヒトの渡航が偶然のものでない以上，島は本土における文化・社会の動態に影響を受けていることは間違いない。

第3節　伊豆諸島の考古学研究の論点

1　マザーランドを求めて
（1）　伊豆諸島における先史人種の問題

　伊豆諸島に関する考古学的知見を初めて記した坪井正五郎は、「石器時代の遺跡は本土に於いては諸地方に存在すること、人の能く知る所で有りますが、伊豆七島にも有らうとは思ひ掛け無い事で有ります」と述べた（坪井1901：343頁）。坪井は本土から各島へと渡った人が相互に往来し、物資の貿易が行われたと推定した。大島のタツノクチ（遺跡）で出土する黒曜石が神津島産であることから、大島と神津島で黒曜石の交易を、そして利島から雲母を大量に含む土器が出土し、その鉱物の産地が新島に求められることから利島と新島での土器の交易を推定した。現在の研究のように理化学的手法によるものではないが、石材の産地分析と胎土分析の観点から伊豆諸島の遺跡の特徴を捉えたことはたいへん興味深い。
　タツノクチ遺跡から発見された土器は、形状や文様から大島の独自のものではなく、伊豆・相模・武蔵・常陸・信濃などのものと類似しているため、これらの地域と関係があり、ヒトは伊豆・相模地域から移住したものと考えた（坪井・鳥居1901：103-104頁、鳥居1902：330頁）。地域をこのように推定した背景には、タツノクチ遺跡から出土する土器が、狩猟民の土器と考えられていた「厚手式」であったためである（鳥居1923：75頁）。

（2）　弥生文化研究の進展と土器の分析

　坪井や鳥居の研究では、伊豆諸島に渡ったヒトが「日本人」ではなく「アイヌ」の人々であったと考えるなど、民族論がその議論の中心にあった。また、土器の研究も一部を除いては、その地域性を述べるまでには醸成されていなかったため、島嶼と交易を行った具体的な本土の地域性に関しては触れられるにまで至らなかった。しかし、その後、杉原荘介を中心とする明治大学が三宅島の調査を行うなかで、島嶼と本土の交流の研究が進められていった。
　三宅島を訪れた杉原荘介はココマ遺跡のあるツル根岬に立った。そこで採集された土器片を分類し、その特徴が本土の三浦半島や房総半島南部出土の弥生土器と同一種であることを指摘し、「該遺跡（筆者註：ココマ遺跡）もその出土土器によって、その文化の母体を南関東に於いて始めて見出すことが出来るのである」と述べた（杉原1934：211-212頁）。
　坊田遺跡を調査した大塚初重は、壺形土器（以後"～形土器"を省略）のなかに櫛目状工具で口縁部内面に10本の条線（櫛目鎖状文）が施されている例を引き合いに出して、その装飾手法が西方的な弥生式土器に起源を求められる可能性を指摘した。そのうえで、坊田遺跡の時期は、東日本の各地が縄文文化から弥生文化に変質発展した段階にあるので、何処の地方と関係をもっていたかを知ることが重要と考え、最も近い伊豆半島との関係を推定した（大塚1958：69-70頁）。
　坊田遺跡の第2次調査にも携わった大塚は、大量に出土した土器を分析し、駿河湾沿岸から相模湾沿岸の西部の地域をマザーランドとした集団が、東日本への農耕文化の伝播の波のなかで、

櫓櫂を手に三宅島へ渡ったと述べている（大塚1965：44-45頁）。

橋口尚武は三宅島の大里遺跡と坊田遺跡の発掘調査を通して，中期後半の宮ノ台式土器の直前段階から宮ノ台式土器の最古段階の資料について三宅式土器を提唱した（橋口1988：68-73頁）。その後，大里遺跡と坊田遺跡については若干の時間差があるものの，同一型式と判断した（橋口2001：123頁）。三宅式という土器型式には，いわゆる須和田式の新しい段階の中里式・池上式から中期後葉の宮ノ台式土器の古相の段階までの資料を含んでおり，1型式とするには難が認められる。しかし，橋口は大里遺跡および坊田遺跡の発掘調査およびその整理作業を通して，土器の分析を行った結果，甕の胴部にめぐる沈線文や同土器の口縁内面の櫛目鋸状文などの属性の特徴から伊豆半島基部から相模湾沿岸の地域との類似性を指摘している（橋口2001：126頁）。

このように，島嶼と本土との交流については，弥生土器研究の進展にあわせて，島出土の土器の型式学的分析から地域性を読み取り，本土との交流を推定する手法が採られた。土器の胎土分析については，古くから関心が寄せられていたものの（清水1977，古城1978，上條1984・1986），属性が不明な資料が分析試料とされたことや，分析数が少ないことに起因し，必ずしもその成果が本土と島嶼との交流史研究を新局面へと導いたとは言いにくい。

本論では第1章にて，伊豆諸島出土の弥生土器の再検討を行い，改めて伊豆諸島における時間軸を明確にし，遺跡の特徴を述べる。そのためには，従来の土器の型式学的な分析とともに，土器の胎土分析により，来島した集団の出自を明らかにすることが有効であろう。

2　交易論
（1）黒曜石をめぐる交易

神津島に産出する黒曜石は，坪井正五郎の指摘により早くから学界で注目された（坪井1901）。そして，遺跡出土の黒曜石の産地分析は，先史・古代の島嶼の交流の解明を目的として進められた（鶴丸・小田・一色・鈴木1973）。鈴木正男らの黒曜石の産地分析の結果を受け，伊豆諸島の遺跡の検討を行った小田静夫は，神津島と伊豆半島のどこかに中継拠点を持つ専業的な黒曜石の交易集団を想定し，その集団は黒曜石との交換で本土の土器を入手したとした（小田1981・1982）。一方で永峯光一はそうした黒曜石の交易集団の存在に否定的であった（永峯1987）。

神津島産黒曜石の研究は，その後も産地分析が中心であったが，大きく研究の方向性が転換したのは，静岡県河津町見高段間遺跡をめぐる池谷信之の研究であった。見高段間遺跡は縄文時代前期から中期の遺跡であり，18kgの大形原石や大量の石器類が出土したことで著名となったが（金山1988），評価の重点はその出土量であり，神津島産黒曜石の構造的な流通について議論されることはなかった。しかし，池谷は黒曜石の産地分析を進めるかたわら，その流通の変化について集落動態と土器の胎土分析を併用して先史時代の資源活用の動態を明らかにした（池谷2005）。

伊豆諸島を含め，黒曜石をめぐる交易の研究は，主に旧石器時代から縄文時代の資料が対象として進められてきた。それは，利器の素材が石に限られており，なおかつ，打製石器などの資料に恵まれていたためである。しかし，縄文時代後期以降になると，極端に資料が不足していき，

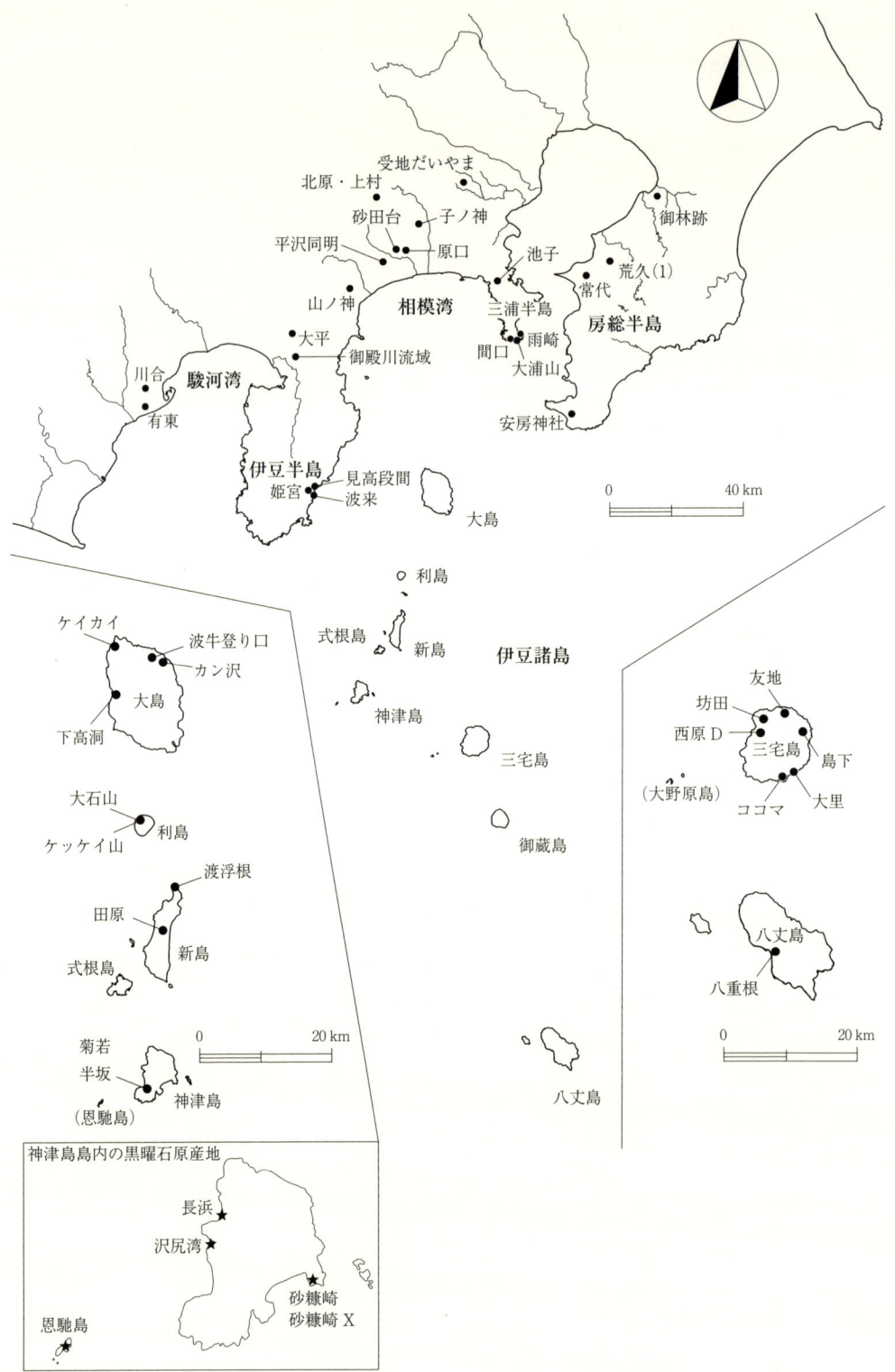

第1図　伊豆諸島の遺跡と本論に関わる本土の主要遺跡

研究の進展がみられなかった。そこで筆者と池谷は，縄文時代後期から弥生時代中期にいたる黒曜石の産地推定を進め，弥生時代中期中葉に黒曜石流通に大きな変換点があることを明らかにした（杉山・池谷 2006・2007）。しかし，筆者らの研究においても，黒曜石の流通と居住形態および集落動態との相関関係の解明までは到らなかった。

　神津島では複数箇所の黒曜石の原産地が確認されている（第1図）（小田 1981）。比較的斑晶が少ない恩馳島産に対して，斑晶が多い砂糠崎産などがある。黒曜石を記述した概説書などでは，砂糠崎の海に突き出た岸壁のなかに広がる黒曜石の岩脈の写真が掲載されている。こうした石材採取地の相違・変化を，集落の動態や他の考古資料の分布の変化とあわせて検討していくことが必要である。

（2）　貝をめぐる交易

　装飾品である貝輪素材のオオツタノハは，南島産貝類の1つであり，伊豆諸島と本土との交易史を考えるうえで欠かすことができない貝である。縄文・弥生時代にオオツタノハ製貝輪は，その完成品が広く流通した。橋口尚武は伊豆諸島産のオオツタノハの流通を「東の貝の道」と呼び（橋口 1994），沖縄から九州島南部そして北部へと流通したゴホウラなどの「貝の道」（木下 1996）に対比させた。そして，弥生時代の関東地方での貝輪の出土にあわせるようにココマノコシ遺跡（筆者註：ココマ遺跡）に人々が進出し製作を行っていると指摘した（橋口 2001）。

　しかし，この当時のオオツタノハの生息は，東京から 800 km も離れた伊豆諸島の鳥島以南とされ，遺跡の分布や遺物の出土状況から，鳥島からの流通とは考えにくかった。近年，忍澤成視は生物学的な貝の調査を積極的に推し進め，伊豆諸島（三宅島・御蔵島・八丈島）でオオツタノハの生息を確認した（忍澤・戸谷 2001，忍澤 2009a・b・2010）。つまり，現在，縄文・弥生時代の遺跡が分布する範囲でのオオツタノハの生存が確認され，貝輪の生産と流通を検討するための資料が調ってきた。しかし，忍澤の研究においても，出土貝資料の分析が中心に進められたため，伊豆諸島における集落群の動態との関係については触れられていない。

　黒曜石やオオツタノハの利用は，旧石器時代・縄文時代に始まる。本論の対象である弥生時代にもこれらの資料は，利器や装飾品の素材として用いられていた。弥生文化における旧石器・縄文文化に系譜をもつ物資の利用をどのように考えるか。これまで，こうした物資は前時代・文化の残存という枠組みで捉えられ，積極的に評価されてきたとは言いにくい。この再検討は本論の主要テーマの1つである。第3章で詳しく論じる。

3　生業論

（1）　島嶼における生業論の方向性

　島嶼という限定的な空間での狩猟採集と農耕の存否の問題は，島での食糧獲得戦略のなかで欠かすことのできない議論である。しかし，生業問題を検討するための直接的な資料である動物遺存体や炭化種子が出土する伊豆諸島の遺跡は少ない（橋口 1988：41頁）。そして，その多くは縄文時代の遺跡であり，なおかつ一定量出土している遺跡は，大島の下高洞遺跡 D 地点のみである。

そのほかの遺跡からは，焼骨などが少量出土しているのみで，弥生時代では三宅島のココマ遺跡と大里遺跡の 2 遺跡のみである。

　直接的な資料の限界から，伊豆諸島の考古学では生業論について，積極的な議論が成熟することはなかった。数少ない自然遺物を扱うか，石器組成や石器の形態から生業活動を類推していかなくてはならない状況であった。橋口尚武は沖積地のない島嶼では，食料の生産は主に焼畑が中心であったと推定した。その根拠は，遺跡から出土する石鍬や石皿などの農耕具・加工具の考古資料と昭和 30 年代まで三宅島で行われていた焼畑の民俗事例であった。伊豆諸島の遺跡では，打製石鍬が多く出土している。また，島下遺跡からは打製石鎌も出土している。本土では石鍬はおもに独立丘陵地上の遺跡など畠作優越地からの出土が多いため，伊豆諸島の遺跡でも畠作が行われていたと推定した。三宅島の大里遺跡や坊田遺跡から出土している石皿などは粉食に用いたものであり，弥生時代においても縄文時代同様に粉食加工が行われていたと考えている（橋口 1988：88-91 頁）。島における植物質食糧の生産については，第 4 章第 3 節にて論じる。

　栽培植物の種子圧痕は，かつては新島の田原遺跡出土土器のなかに 1 点確認されていた（杉原・大塚・小林 1967）。肉眼観察でイネと判断され，島への伝播と島での稲作農耕の可能性が述べられている。種子圧痕の研究は近年めざましい進展があるが，種子圧痕のある土器が出土するということと，その地で実際にその種子が栽培されていたということは，一度切り離して考えなくてはならない。つまり，種子圧痕のある土器の出土が必ずしも，その地での栽培を意味しているとは限らない。栽培を行っていた他所で製作された土器が器として搬入されていた可能性を常に考えておく必要がある。この点を明らかにするためには，可能な限りの種子圧痕のある土器の胎土分析や型式学的検討が必要不可欠である。この点については，第 5 章にて述べる。

（2）　狩猟活動と家畜化の議論

　水田稲作が地形的要因から難しい島嶼において，狩猟採集活動はきわめて重要な食糧獲得の手段である。とりわけ，狩猟は海と山という 2 つの猟場を構えているうえに，山については資源の限界性もあり，ある程度の計画的な狩猟活動が行われていたと考えることはあながち間違いではない。

　伊豆諸島のイノシシに関する研究は，日本列島のイノシシ・ブタの狩猟および飼育に関する議論の出発点になった。この問題は家畜化の開始が稲作農耕に伴うのか否かという問題とも直結している。東アジアでは農耕と家畜がセットになるため，日本列島への稲作農耕文化の伝播に関する問題にも関連する。

　大島のタツノクチ遺跡や下高洞遺跡，そして三宅島のココマ遺跡では獣骨が多く出土している。いずれの遺跡からもイノシシが出土しており，伊豆諸島での考古学研究の開始とともに，島には生息しないイノシシの存在そのものが問題となった。この問題に最初に触れた坪井正五郎と鳥居龍蔵は，タツノクチ遺跡出土のイノシシが，伊豆付近から直接または間接的に運び込まれたものであると指摘した（坪井・鳥居 1901：104 頁）。

　イノシシの家畜の問題については，三宅島のココマ遺跡が舞台となった。杉原荘介はココマ遺

跡の最初の報告において，イノシシの遺骨に注目した。イノシシは三宅島には生息していないため，鳥居龍蔵の見解に基づき，食料品としての貿易，あるいは伊豆半島へ狩猟に出向き捕獲したものを持ち込んだと想定した（杉原1934）。まだこの段階では，島嶼における家畜化の問題は意識されていない。

直良信夫は中国の殷墟でブタの家畜が行われ，その後周辺各地へブタの飼育が伝播したと考えた。特に壱岐のカラカミ遺跡出土の半野生豚は，朝鮮と中国に系譜をもち，ヒトにより持ち込まれたと想定した。現在生息する小型の琉球イノシシについても，貝塚を形成したヒトによってブタが持ち込まれ，その後再野生化していくなかで登場したものであるとした。樺太でも中国・朝鮮の半野生豚が持ち込まれ，飼育されたとした。つまり，直良は日本列島周辺地域のイノシシ類を調べるなかで，ブタの起源が中国および朝鮮にあり，その風習が壱岐を経由して弥生時代の日本列島へ移入され，有畜農耕の根幹を形成したと想定したのである（直良1937）。

そして，直良は三宅島のコハマ濱（筆者註：現在のココマ遺跡と考えられる）で採集された下顎の歯を観察し，臼歯は全体的に小形で歯冠巾が狭く，歯冠に丸みが少ない特徴を見いだした。この特徴は，日本内地産のイノシシのメスのものと類似すると同時に満州古代の半野生豚であるムカシマンシュウブタにも近い。そこで，直良は，三宅島のような島には元来イノシシが生息した証拠がないことから（筆者註：ココマ）遺跡を営むヒトとイノシシ科獣類が密接な関係にあり，内地のイノシシの持ち込みかムカシマンシュウイノシシを豚として持ち込んだと考えた。また，臼歯が著しく齲歯になっている点を挙げ，不自然な環境のもとで家畜として飼養されていた可能性も指摘した（直良1938）。つまり，直良は前年に発表した論文を参照するように壱岐カラカミ遺跡での豚の移入を三宅島にも当てはめたのである。

三宅島のココマ遺跡（筆者註：調査担当の芹沢はココマノコシ遺跡という）を調査した芹沢長介は，直良信夫が示した現代の未開民族の事例を弥生時代の遺跡に適応することに批判的であり，ココマ遺跡以外においてブタの飼養例がないことを理由に，狩猟にて捕獲されたイノシシが食料として搬入されたと想定した（芹沢1958）。また，同書において金子浩昌は，ココマ遺跡出土のイノシシを観察するなかで，直良のブタ飼養説に疑問符を投げかけた。出土歯牙が全体的に小形である点は直良の指摘と同じだが，現生のイノシシと比べて明確な差違はないとした。特に原始的なブタの頭骨は野生のイノシシと区別することが難しい場合があり，変化度の弱い歯牙の形態から飼養については言及しにくいと指摘した。そのうえで，食糧資源としてブタの飼養が行われるならば，動物遺体の分析だけではなく，生活形態からも検討されなくてはならないとも述べた（金子1958）。

その後，金子は再度ココマ遺跡出土の動物遺存体を分析するなかで，出土イノシシ骨の特徴に以前の分析と変化がないことを追認した。そのうえで，縄文時代後期・晩期の三宅島友地遺跡出土のイノシシを検討した結果，友地遺跡のイノシシは本州産のイノシシに比べたいへん小さく，ココマ遺跡出土のイノシシとの共通点が多く見られ，両遺跡出土のイノシシについて直接的な関係を指摘している（金子1975）。つまり，金子は三宅島から出土する縄文時代および弥生時代の

イノシシの特徴に差が見られないことから，直良の見解と対峙し，弥生時代のココマ遺跡から出土したイノシシ類の骨は島に生息したイノシシと理解している。ここに伊豆諸島におけるイノシシ・ブタの問題が具体的に提起されたのである。

そうした金子の見解に対して，西本豊弘が弥生時代におけるブタの飼育に言及し，日本列島における「弥生ブタ」の存在を提唱した（西本1991・1993）。この問題はその後，弥生時代における家畜の存在の問題へと発展していく。第4章第2節にて，三宅島出土のイノシシ骨の理化学的分析を試み，古くから問題であった「イノシシの持ち込みとブタの飼育」について言及したい。

第4節　本研究の目的と手法

1　本論の目的

本論は伊豆諸島の島々，そして伊豆半島や房総半島をめぐる「環相模湾域」，さらに東海地方を含めた本州東南部について海の視点からその歴史を捉え直す。これまで弥生文化の研究では，水田稲作のイメージから捉えた弥生時代像が呈示されてきた。神奈川県横浜市の港北ニュータウンの広範囲におよぶ面的な調査など，集落間の構造的研究が進められ，弥生文化の研究を牽引した研究事例は，いまさら述べるまでもない。しかし，それはあくまでも水田稲作をもとにした「陸のムラ」の姿であり，本論が取り扱う「海のムラ」とは対峙的なものである。

「陸のムラ」を中心とする弥生文化の研究は，集落研究から生業の研究へと拡大的に進展していき，結果として水田稲作という単系的な文化が日本列島へと広がるだけではなく，さまざまな要素が複雑に入り組む複合的な文化が弥生文化であると近年では述べられるようになった（石川2010）。しかし，そこにも海を生業の舞台とする民の歴史が評価されているのかと問われれば，容易には首肯することはできないであろう。本論が弥生海人の動態の分析を通して，弥生文化そのものを検討する理由はここに存在する。

2　時期区分

まず，本論全体を通じた時間軸を呈示しておこう。第1表には，東海地方中部から関東地方北部にまで及ぶ土器型式の併行関係を示した。各土器型式名とそれを細分した本論名称の対応を示している。本論では，従来の土器型式名が示す時間幅よりもさらに細分した時間幅を基準として検討する。本論名称の土器編年軸は，『弥生土器の様式と編年　東海編』（加納・石黒2002）の相模地域の土器編年に準じている。また，弥生時代後期においては，房総地域の型式名を大村直の論文（大村2004a・b）に準拠し，Ⅴ-1が久ヶ原1式，Ⅴ-2a・bが久ヶ原2式の古段階・新段階にそれぞれ該当し，Ⅴ-3aが山田橋1式，Ⅴ-3bが山田橋2式古，Ⅴ-4が山田橋2式新に併行すると筆者は考える。以後，時期を示す場合に大別を記すときには時期名および土器型式名を用いるが，細別を示すときには本論名称を用いて表記する。

第1表 弥生土器型式編年表

時期	東海中部	東海東部	南関東	本論名称	北関東	東関東
前期	水神平	大平式	堂山1式	I-1 I-2		
中期前葉		丸子式	堂山2式	II-1 II-2	岩櫃山式 出流原式	女方式
中期中葉	嶺田式	有東16次調査	平沢式 中里式	III-1 III-2 III-3	池上式	狢式
中期後葉	白岩式	有東式	宮ノ台式	IV-1 IV-2 IV-3 IV-4 IV-5	北島式	足洗1式 足洗2式 天神原式
後期前葉	菊川式	登呂式	久ヶ原式	V-1 V-2a V-2b	吉ヶ谷式	十王台式
後期中葉			山田橋1式	V-3a		
後期後葉			山田橋2式古 山田橋2式新	V-3b V-4		

3 分析手法

（1） 実証的研究のための発掘調査

本研究の特徴の1つは，既存の資料の再検討と新しい出土資料をもとにした分析を併行し，実証的に進めていく点にある。伊豆諸島で発掘調査が行われた1960年〜1980年代の資料を再検討するとともに，不足分ならびに新しい着眼点のもとに筆者らが2007年から2009年にかけて三宅島の弥生時代の遺跡の発掘調査を行った。発掘調査を行った遺跡は以下のとおりである。

2007年：ココマ遺跡（弥生時代中期後葉の貝塚調査）黒曜石の流通と貝輪の生産体制の解明
2008年：坊田遺跡（弥生時代中期後葉の集落調査）集落部の解明
2009年：島下遺跡（弥生時代前期〜中期前葉の集落調査）集落の存在と生業形態の解明

（2） 考古学と火山学の横断的研究の実践

本研究のもう1つの特徴は，考古学と火山学の研究成果を横断的に利用する点である。人類の活動は，多かれ少なかれ自然環境に適応せざるをえない。従来の活動が自然環境の変化により制限されることもあれば，適応していくことで新しい文化形態を作り出していくこともある。そうした意味で人類の歴史を研究する考古学においては，モノの分析と同じように自然環境の分析が必要である。伊豆諸島は火山帯である伊豆・小笠原弧の北部に展開する島々である。伊豆諸島の島々は1つの火山帯ではあるが，大きく分けると流紋岩で構成される新島・神津島，玄武岩で構成される大島・利島・三宅島・御蔵島・八丈島とに分けることができる。噴火形態も岩帯で変わり，1回の噴火規模が大きい新島や神津島，数十年単位で噴火が繰り返される大島や三宅島など，一様ではない。

伊豆諸島に居住した先史・古代の人々は，それぞれの島の自然環境に制約を受けたと推定される。その制約として最も影響が大きいのは火山噴火であろう。この点で，伊豆諸島の歴史を理解するには過去の火山噴火の研究を欠かすことができない。しかし，実際に考古学と火山学の研究成果が融合し，先史・古代の環境が呈示されている例は非常に少ない。その理由は，双方が互いの分析手法や用語に対する理解の不足などきわめて基礎的な部分の欠如がみられるためである。また，参照される研究成果が必ずしも最新のものでないなど，情報の共有化が進んでいない。

こうした問題点を克服するためには，考古学と火山学の研究者が議論していくなかで，それぞれのデータを共有しつつ，過去の自然環境ならびに文化環境の構築という課題を設定する必要がある。本研究では，発掘調査を火山学者との共同研究として実施し，地層の堆積状況について意見交換を行った。また，その後の研究においても多岐にわたり火山学のデータを提供していただき，考古学と火山学の両分野を横断するかたちで第2章にて自然環境の変化について詳述している。

(3) 新手法による既出資料の分析

発掘による新しい資料に基づき分析を進めるだけではなく，既発掘資料について再検討を進めた。その手法は，型式学的な分析のみならず，文化財科学の手法も導入し，併行して行った。

今回行った分析は，土器の胎土分析と蛍光X線による黒曜石製石器の産地推定分析である。この分析は，ヒトの移動や文物の流通を検討するうえで欠かすことができない。次に黒曜石製石器について高倍率顕微鏡を用いた使用痕観察を行った。特に大量の石器が出土した三宅島大里遺跡を中心に観察し，石器に残る痕跡から生業活動に迫りたい。また，伊豆諸島の弥生時代の遺跡では，石皿や磨石などが多く出土する。稲作が行えるような平坦面がない島嶼では，畑作などの生産物を粉食加工により食糧が賄われていたとする見解（橋口1988）がある。そこで，本研究では石皿や磨石を対象に残存デンプン粒分析を行っていく。また，出土獣骨を対象に炭素・窒素安定同位体分析を行い，イノシシとヒトとの関わりについて分析を行う。土器の胎土分析は第1章に，石材の産地分析は第3章に，使用痕分析，残存デンプン粒分析と炭素・窒素安定同位体分析は第4章にて詳述している。

伊豆諸島の考古学研究は歴史が古いものの，研究そのものには多くの余地が残されている。ここで明らかにされていく多くの史実は，伊豆諸島の歴史の1つであることに違いはないものの，同時に日本列島の歴史の一側面でもある。島の歴史としてみるだけでなく，農耕開始期における新出文化要素がどのように受容されていくのか，もしくは受容されないのか，そのプロセスを垣間見ていきながら，弥生時代史の一頁を記していくこととしたい。

第1章　伊豆諸島の集落展開と渡島集団

はじめに

　伊豆諸島における考古学研究では，遺跡・遺物の発見に注意が向けられ，いつからヒトがいるのか，ヒトはなぜ島へ渡ってきたのかという命題が常に掲げられてきた。各島での発掘調査事例が増加するにつれて，縄文時代以降，伊豆諸島における遺跡の存在が断続的であることはすでに考古学者には認識されている一方で，太古の昔から連綿とヒトの居住が続く伊豆諸島の歴史が強調されるという矛盾が生じてきた。その背景の1つには，島で発掘調査が行われていた1960年代から70年代においては，参照となるべき本土における土器編年が，いまだ細分化されていなかったことが挙げられる。土器型式を大枠で捉えると，伊豆諸島の遺跡は連続的に営まれているようにみえるが，近年の研究成果である土器の細別編年に照らし合わせてみると，島の集落遺跡が長期間に渡って連続して営まれていたとは言いにくい。その1つが，本論で扱う縄文時代後期から弥生時代後期である。

　本章では，縄文時代後期から弥生時代後期における伊豆諸島の遺跡の動態に着目する。近年，弥生時代開始期前後の資料は増加しており，土器編年も詳細な検討が行われ，地域間での併行関係も明らかにされてきた（加納・石黒 2002）。そこで，伊豆諸島の遺跡出土の土器と本土の土器とを比較しつつ，渡航の時期や集団の出自を検討し，伊豆諸島における継続的な居住生活という定説を再検討することが，本章の目的である。

　分析は伊豆諸島の遺跡を概観したうえで，出土土器の型式学的分析を行う。そして，伊豆諸島の遺跡の分布と動態を検討する。最後に三宅島の遺跡出土の弥生土器の胎土分析を行い，島へ渡った集団の出自とその変化を明らかにする。

第1節　伊豆諸島の遺跡

1　旧石器時代の伊豆諸島

　近年，黒曜石製石器については蛍光X線分析による石材の産地推定分析が進められている。その研究の進展を受けて，旧石器時代から弥生時代の石器石材の需給関係をめぐるヒトの動きが復元されてきた。

　最も古い時期の伊豆諸島への渡航を示す資料は，静岡県沼津市井出丸山遺跡のBBⅦ層出土の神津島産黒曜石製石器である（原田 2011）。BBⅦ層は後期旧石器時代初頭と考えられており，日

本列島域へ人類が到達した段階ですでに伊豆諸島へ渡航していたのである。後期旧石器時代では，恒常的に神津島産黒曜石が利用されているわけではなく，発掘調査例が多い神奈川県下を例にとってみると後期旧石器時代初頭段階（相模野編年の段階Ⅱ）と終末段階の細石刃の時期（相模野編年の段階Ⅸ・Ⅹ）にのみ限られる（諏訪間 2006・2011）。

　神津島へ人類が訪れた時は旧石器時代でも寒冷期にあたり，現在よりも海水面が低かったと考えられる。100ｍ前後とされる海水面の低下は，神津島から新島・式根島を１つの陸地としてつなげた。しかし，たとえこれだけ海水面が下がっていても，伊豆半島との間には海流が流れており，舟等をつかわなければ渡ることはできない。旧石器時代の神津島産黒曜石の研究には，渡航技術の解明も含まれている。

　現在，伊豆諸島で旧石器時代の遺跡は発見されていない。厚い火山灰層の下や現在の海水面の下には未知の遺跡が存在する可能性は高いが，伊豆諸島の島がいずれも火山島であることが発見を難しくしている。黒曜石の原産地の１つである神津島本島の沖合５kmの恩馳島は，島全体が流紋岩の溶岩ドームで形成されている。潮間帯ならびに海面下には無数の黒曜石原石が散乱しており，海水面が低い旧石器時代ならば，現在の恩馳島の溶岩ドームは，黒潮を渡った先の黒曜石の岩山に見えたに違いない。

2　縄文時代の伊豆諸島

　伊豆諸島の最も古い縄文時代の資料は，神津島空港内遺跡で採取された縄文時代早期前半の撚糸文土器である（小田 1989）。早期後半になると伊豆諸島における遺跡数も増加する。大島の下高洞遺跡Ａ地区で平坂式土器と同時期の竪穴住居址（川崎・谷口・實川 1998），新島の田原遺跡では打越式土器や神之木台式土器が出土している（川崎 1996）。三宅島の坊田沢遺跡では，早期後半の清水柳Ｅ類の土器が出土し，西原Ｂ・Ｃ遺跡では子母口式土器や茅山式土器などが出土している（橋口 1975）。そのほか，御蔵島のゾウ遺跡では早期後半の茅山式土器を伴う竪穴住居が検出されている（後藤・芹沢 1958）。縄文時代草創期以来，神奈川・伊豆半島ならびに房総半島南部の地域では，小形打製石器の石材に神津島産黒曜石が主体的に用いられている。このことは黒曜石の流通と伊豆諸島の縄文時代早期の遺跡の分布との間に相関関係があることを想像させる。

　縄文時代前期には伊豆諸島全体で遺跡数が増える。大島の鉄砲場岩陰遺跡では縄文時代前期末葉から中期初頭の土器を伴う包含層が検出されている（川崎・谷口・實川 1998）。御蔵島のゾウ遺跡では縄文時代前期の十三菩提式土器および諸磯Ｂ式土器を伴う住居跡がそれぞれ検出されている（後藤・芹沢 1958）。三宅島の西原Ｂ・Ｃ遺跡では諸磯式土器・十三菩提式土器が大量に出土している。しかし，西原Ｂ・Ｃ遺跡では縄文時代前期に属する竪穴住居は検出されていない。

　縄文時代前期末から中期初頭は，神津島産黒曜石が関東地方から東海地方東部にかけて大量に流通する時期である。その流通の拠点遺跡である伊豆半島南部の河津町見高段間遺跡においても伊豆諸島の多くの遺跡と同様に竪穴住居は検出されていない。遊動性の高い集団が本土と伊豆諸島とを往来するなかで神津島産黒曜石が流通したと考えられている（池谷 2005）。

縄文時代中期後葉では，利島の大石山遺跡（戸沢1959，永峯1983，大竹・小杉1984，芹沢・大竹1985，小杉1986）や，三宅島の西原B遺跡で竪穴住居址が検出されている（橋口1975，今村1980）。これらの竪穴住居は加曾利E式でも前半期の遺構であり，本土では流通の拠点となる見高段間遺跡で環状集落が営まれ，大量の黒曜石が持ち込まれている。しかし，加曾利E4式以降，見高段間遺跡の解体とともに神津島産黒曜石の流通量は減少していく（池谷2003）。

縄文時代後期では，利島の大石山遺跡と新島の田原遺跡で配石遺構（加藤1996），そして三宅島の友地遺跡で竪穴住居址（吉田・岡田1963）が検出されている。しかし，後期中葉を境に遺跡数は減少する。

縄文時代晩期では，前半期の資料は少なく，下高洞遺跡（川崎・谷口・實川1998），新島の渡浮根遺跡（川崎1984，川崎1996）と三宅島の友地遺跡から土器などが出土しているのみである。なお，友地遺跡では竪穴住居が検出されている。晩期後葉になると，下高洞遺跡や田原遺跡（杉原・大塚・小林1967），そして三宅島の島下遺跡（伊豆諸島考古学研究会1978）から土器や石器が多く出土しているが，竪穴住居址の検出例はない。

縄文時代の伊豆諸島における竪穴住居を伴う居住は，必ずしも継続的に行われていたわけではない。竪穴住居が多く作られるのは，早期後半段階と中期後葉，そして後期から晩期前葉までである。一方，多くの遺跡から大量の土器が出土するのは，縄文時代前期後葉（諸磯式土器・十三菩提式土器）から中期初頭（五領ヶ台式土器），および晩期中葉～後葉の時期である。しかし，遺物のみが出土し，竪穴住居などの生活遺構はほとんど検出されていない。この時期は，本土においても竪穴住居址の検出例は比較的少ない時期であり，池谷は縄文時代前期の状況を例として，本土と島嶼との往還による遊動的な生活が行われていたものと推定している。

3 弥生時代の伊豆諸島

縄文時代同様に弥生時代にも多くの遺跡が伊豆諸島に分布している。しかし，縄文時代と大きく異なる点は，出土する土器型式が限られてくる点である。つまり，遺跡の継続時間幅が短くなる。この傾向は特に弥生時代中期中葉以降に顕著になる。

弥生時代前期（Ⅰ期）は大島の下高洞遺跡，新島の田原遺跡，三宅島の島下遺跡（杉山2012）から条痕文土器や遠賀川系土器がまとまって出土している。特に田原遺跡出土の遠賀川系土器には，壺と甕がセットで出土している（杉原・大塚・小林1967）。つまり，生活に必要な壺・甕の一式を携えて来島している点が特徴的である。しかし，この時期の伊豆諸島の遺跡では明確な竪穴住居等は検出されていない。また，下高洞遺跡・田原遺跡・島下遺跡などは，ともに縄文時代晩期から弥生時代中期前葉（丸子式土器：Ⅱ期）段階まで継続して営まれる点でも共通している。

こうした遺跡の継続時間幅と居住形態が大きく変化するのが弥生時代中期中葉である。利島のケッケイ山遺跡（Ⅲ-1期。以後時期細別を示す際には「期」を省略する）では，1軒の竪穴住居が検出されている（大塚1959）。三宅島の大里遺跡（Ⅲ-2・3）の2次調査では竪穴住居跡が6軒，土壙墓（土器棺墓を含む）が9基検出されている。大里遺跡は，伊豆諸島で唯一の生活址と墓址

が検出された遺跡である（橋口1975，青木1995）。

中期後葉の遺跡は大島と三宅島に多い。大島のカン沢遺跡（Ⅳ-2）で竪穴住居が1軒検出されている（川崎・谷口・實川1998）。三宅島の坊田遺跡（Ⅳ-1）で2軒の竪穴住居が検出されている（杉山2011）。同島のココマ遺跡では，中期後葉（Ⅳ-5）に始まり，後期前葉（Ⅴ-2）まで継続する貝塚が検出されている。現在，ココマ遺跡は高さおよそ50mの断崖の下にあり，遺物包含層の一部が露頭している状態で，遺構の検出はほとんど不可能である。これまでに数度の発掘調査が行われているが，現存する資料の大部分は崩落土から採取された遺物である。唯一確認されている遺構は，芹沢長介が行った発掘調査で検出された石組炉1基のみである（芹沢1958）。ココマ遺跡からは土器や石器のほかにも動物遺存体が多く出土しており，特にオオツタノハの突出した出土量から同貝製の腕輪の生産遺跡と考えられている（鷹野・杉山2009）。八丈島の八重根遺跡でも弥生時代中期後葉の遺物が出土しているが，遺構は検出されていない（米川1993）。そのほか後期の遺跡では，西原D遺跡で遺物が採集されている（橋口1975）。

弥生時代の伊豆諸島の居住形態を概観すると，中期中葉を境として大きく変化する。島嶼の調査では調査面積が狭いため，調査トレンチの位置次第では居住遺構が検出できない可能性もあるが，次に記す傾向は現状の資料をみる限り捉えられる。その傾向とは弥生時代前期から中期前葉までは，竪穴住居を伴わないかたちで生活が営まれるのに対し，中期中葉以降では竪穴住居を形成して居住している。また，中期中葉以降になると，大里遺跡のように副葬品を伴う土器棺墓が集落のなかに設けられており，中期中葉以前とは島での生活形態が変化している。

第2節　伊豆諸島出土の弥生土器の検討と遺跡の分類

1　伊豆諸島出土の土器

大島から八丈島の縄文時代晩期から弥生時代の遺跡について，帰属時期を明確にするために土器の型式学的検討（第2図・第3図・第4図）と，序章に提示した土器編年表の時期区分に基づいて，遺跡の分類を行う。

（1）　大島（下高洞遺跡D地区・カン沢遺跡・ケイカイ遺跡・波牛登り口遺跡）

下高洞遺跡は地点ごとに包含する遺物の時期が異なる。A地区では縄文時代早期，C地区では縄文時代後期から弥生時代中期前葉（Ⅱ-2）の資料が出土している。D地区では縄文時代後期から弥生時代中期前葉（Ⅱ-2）の貝層および遺物包含層が検出されている（第2図-1～6）。1は遠賀川系土器の壺である。2～5は条痕文土器群で前期後葉の土器群である。6の壺は頸部に条線で綾杉文を描き，その空白部に円形刺突文を充塡するなど平沢式土器に近い様相をもっている。

カン沢遺跡では竪穴住居址から弥生時代中期後葉の土器（同図7～14）が出土している。甕の口縁部の装飾は，内外面ともにヘラ状工具による刻みであり，内面に櫛描鎖状文（同図8）をもつものが多く，宮ノ台式土器でも古手の様相（Ⅳ-1）を示している。また，土器棺墓に用いられた壺（同図15）は頸部に横帯構成の縄文帯と縄文充塡の連続山形文を施しており，久ヶ原式土器

第1章 伊豆諸島の集落展開と渡島集団 19

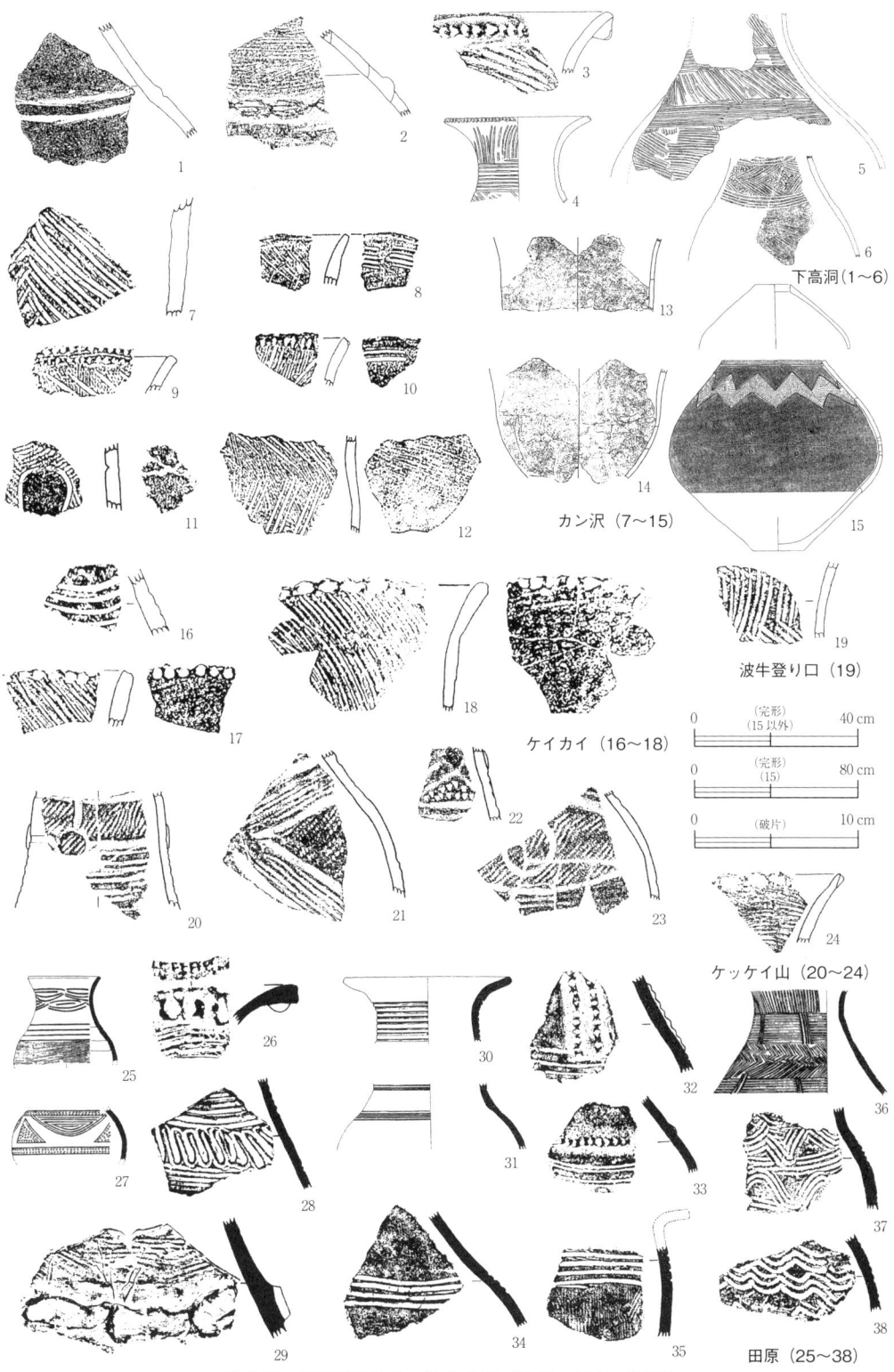

第2図 伊豆諸島出土の弥生土器（大島・利島・新島）

(V-2) のものである（高山1984，川崎・谷口・實川1998）。

ケイカイ遺跡では小規模な発掘調査が行われ，遺物包含層から弥生土器が出土している。弥生土器は前期の遠賀川系土器（同図16）とハケメよりも粗い原体を用いて外面調整を行った中期中葉（Ⅲ-3）～中期後葉（Ⅳ-1）の土器（同図17～18）が数片出土している（川崎・谷口・實川 前掲）。

波牛登り口遺跡でも条の粗い横走羽状の装飾をもつ中期中葉（Ⅲ-3）～中期後葉（Ⅳ-1）の土器片（同図19）が出土している（川崎・谷口・實川 前掲）。

(2) 利島（ケッケイ山遺跡・大石山遺跡）

ケッケイ山遺跡からは弥生時代中期中葉（Ⅲ-1）の土器・石器・鉄器が出土している。出土土器は，細頸で胴部が丸みをもつ中期中葉の土器群であるが，おもに外面が条痕で成形されており，平沢式土器の一群と考えられる（同図20～24）（大塚1959，石川1996）。

大石山遺跡からは，弥生時代後期前葉（V-1・2）の輪積み甕の破片が2点出土している（芹沢・大竹1985）。

(3) 新島（田原遺跡・渡浮根遺跡）

田原遺跡は，縄文時代前期から弥生時代中期前葉まで継続した遺跡である。特に縄文時代後期から弥生時代中期前葉（Ⅱ-2）の資料が遺物包含層の4層と5層から大量に出土している。縄文時代晩期では浮線文系土器の出土が目立ち，浮線文部分が反転して沈線で描出する土器群もある（同図25）。遠賀川系土器は壺と甕が出土しており（同図30～35），そのほか，近畿地方に系譜があると思われる土器も出土している。中期前葉は丸子式土器群（同図36～38）であり，中期中葉の平沢式土器などは含まれていない（杉原・大塚・小林1967，加藤1996）。

渡浮根遺跡は縄文時代後期中葉（加曾利B式）から弥生時代前期の遺跡である。弥生時代の資料の出土量は少なく，遺跡の主体は縄文時代後期中葉から晩期前葉（清水天王山式・安行Ⅲa式）である。土器以外にも大量の骨角製の釣針や玉類が出土している（川崎1984，金子・谷口1996）。

(4) 神津島

神津島では，弥生時代の遺跡や遺物がほとんど発見されていない。唯一，ハケメ調整の甕片が出土しているとのことであるが，図等が公表されていないため詳細は不明である。神津島は流紋岩質の火山島であり，1回の噴火規模が爆発的に大きく，島の形状を変えてしまいかねない。神津島では9世紀に大規模噴火があり，その火山灰は神津島のみならず，伊豆諸島の他の島でも標識テフラと認識されるほど広く分布している。そのため，この噴火により，島内に遺跡があったとしても地中深く埋没している可能性が高く，現段階では遺跡の分布はきわめて薄い（橋口・石川1991）。

(5) 三宅島（友地遺跡・島下遺跡・大里遺跡・坊田遺跡・ココマ遺跡・西原D遺跡）

友地遺跡は縄文時代後期中葉（加曾利B式）から晩期前葉（清水天王山式）の遺跡である。

島下遺跡は縄文時代晩期後葉から弥生時代中期前葉まで営まれる遺跡である。晩期後葉の資料

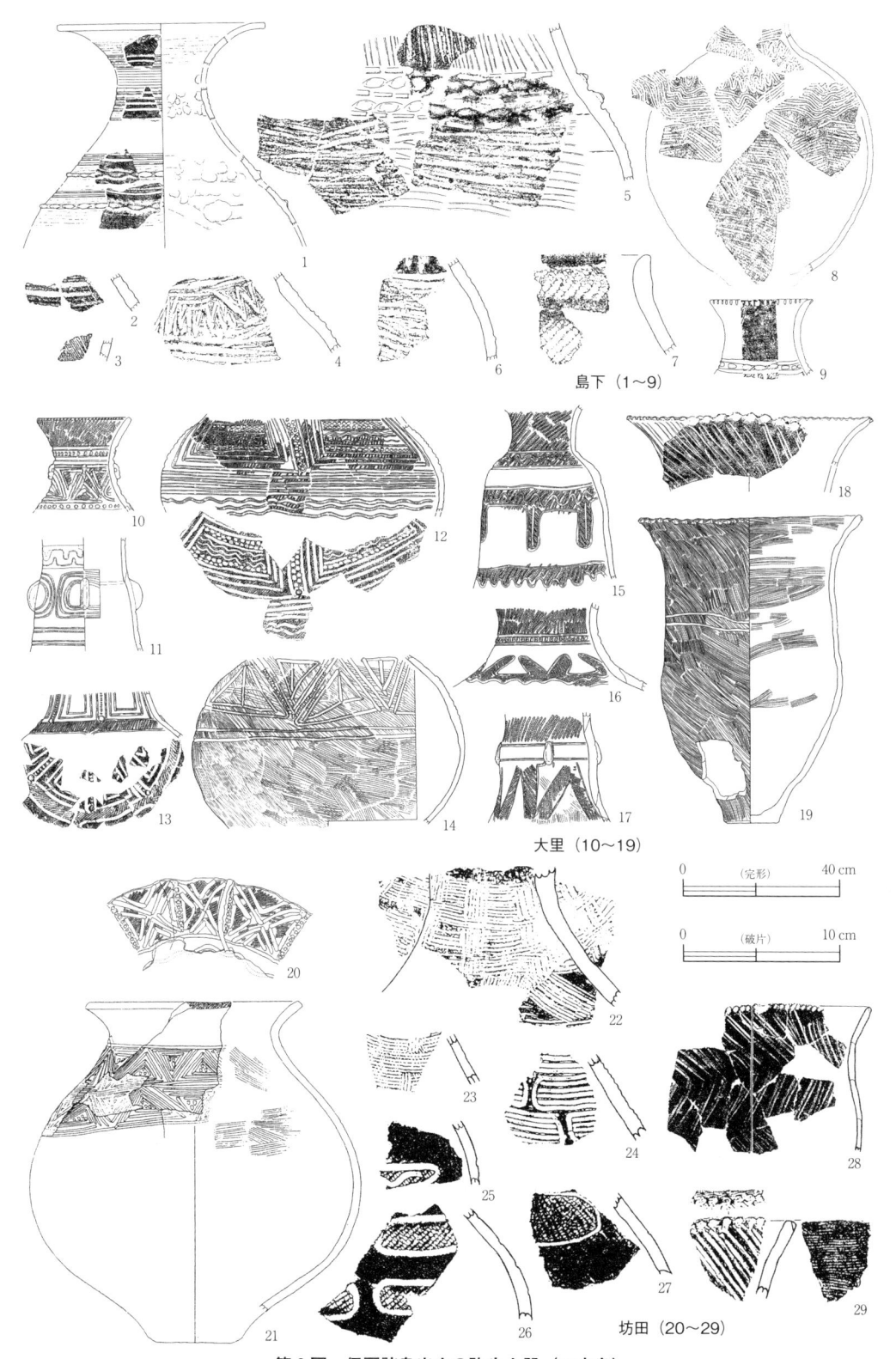

第1章　伊豆諸島の集落展開と渡島集団　21

島下（1〜9）

大里（10〜19）

坊田（20〜29）

第3図　伊豆諸島出土の弥生土器（三宅島）

としては，浮線文系土器や五貫森式土器が出土している。弥生時代前期では筆者らの発掘調査により遠賀川系土器（第3図-1～3）と水神平式土器などの条痕文土器（4～6）が出土した。そのほか黒色で丁寧な研磨調整が施されている壺や縄文施文の土器（同図7）なども少量出土している。また，中期前葉（Ⅱ-2）の丸子式土器も出土している（同図8～9）。

　大里遺跡[1]からは中期中葉の中里式土器に併行する段階（Ⅲ-2）から中期後葉の宮ノ台式の直前段階（Ⅲ-3）までの土器（同図10～19）が出土しており，ほかの時期の土器は一切出土していない。大里遺跡出土の甕にはハケメ調整が施されるものがなく，胴部に指頭による沈線がめぐるものが多い（同図19）。こうした装飾の土器は，主に駿河湾西部に分布する有東式直前段階の土器に多い。

　坊田遺跡は弥生時代中期中葉から後葉の遺跡である。大里遺跡出土土器の最も新しい一群と一部併行し（同図20），宮ノ台式の直前段階（Ⅲ-3）から宮ノ台式の初頭段階（Ⅳ-1）の資料が出土している（同図20～29）（大塚1958・1965，橋口1983，杉山2011）。

　ココマ遺跡は弥生時代中期後葉（Ⅳ-5）から後期前葉（Ⅴ-2）の遺跡である。従来，弥生時代中期後葉の遺跡と考えられてきた。しかし，壺の折り返し口縁部や甕の頸部から口縁部にかけて粘土帯の輪積み痕を残す破片，そして連続山形文が施される壺の胴部片などから，ココマ遺跡は弥生時代中期後葉（Ⅳ-5）から後期前葉（Ⅴ-2）まで継続する遺跡であると考えられる（杉原1934，芹沢1958，橋口1975，鷹野・杉山2009）。ココマ遺跡の壺は沈線区画の横走縄文帯を主たる文様構成としており，赤彩されているものが非常に多い（第4図-6～8）。こうした特徴は中期後葉のなかでも後半から後期前葉に多く，同じ中期後葉の坊田遺跡の土器群よりも後出的である。ただし，採集資料のなかには，中期中葉から中期後葉の前半に位置する土器もある（同図1～3）。縄文を充填し，さらに内部に沈線を引く重三角形区画文（同図2）や刺突文の土器（同図3）（吉田2000）などは，大里遺跡に類似資料が存在している。そのほか胴部上半で多重の横走の櫛描文をもつ土器（同図1）や櫛描文と横帯縄文の土器（同図4）がある。4の土器は，縄文を沈線で区画していない点で，やや宮ノ台式でも新しい段階の資料の可能性があるが，ほかの土器は明らかにココマ遺跡で主体を占める土器群よりも年代が古い。ココマ遺跡では崖に露呈しているおよそ50mの遺物包含層の一部がこれまでに調査されたにすぎず，遺跡の形成時期が中期中葉まで引き上がる可能性がある。

　富賀浜A遺跡では筆者が現地を訪れた際に弥生土器を採集した。壺と甕の破片であり，壺は外面を赤彩し丁寧な磨き調整が施され，破片の上部には横帯区画を構成する沈線がある（同図14）。甕（同図16）にはナデ成形が施されていることから，ココマ遺跡と同時期のⅣ-5ないしはⅤ-1・2の土器群と考えられる。

　西原D遺跡は弥生時代中期後葉（Ⅳ-5）から後期中葉（Ⅴ-3a）の遺跡である。特に棒状浮文をもつ壺口縁部（同図18）や連続山形文の胴部片（同図20）は，後期前葉の様相を呈している。羽状縄文帯の下端をS字結節で区画する土器片（同図21）もあり，後期中葉（Ⅴ-3a）まで遺跡が継続する。

ココマ (1〜12)

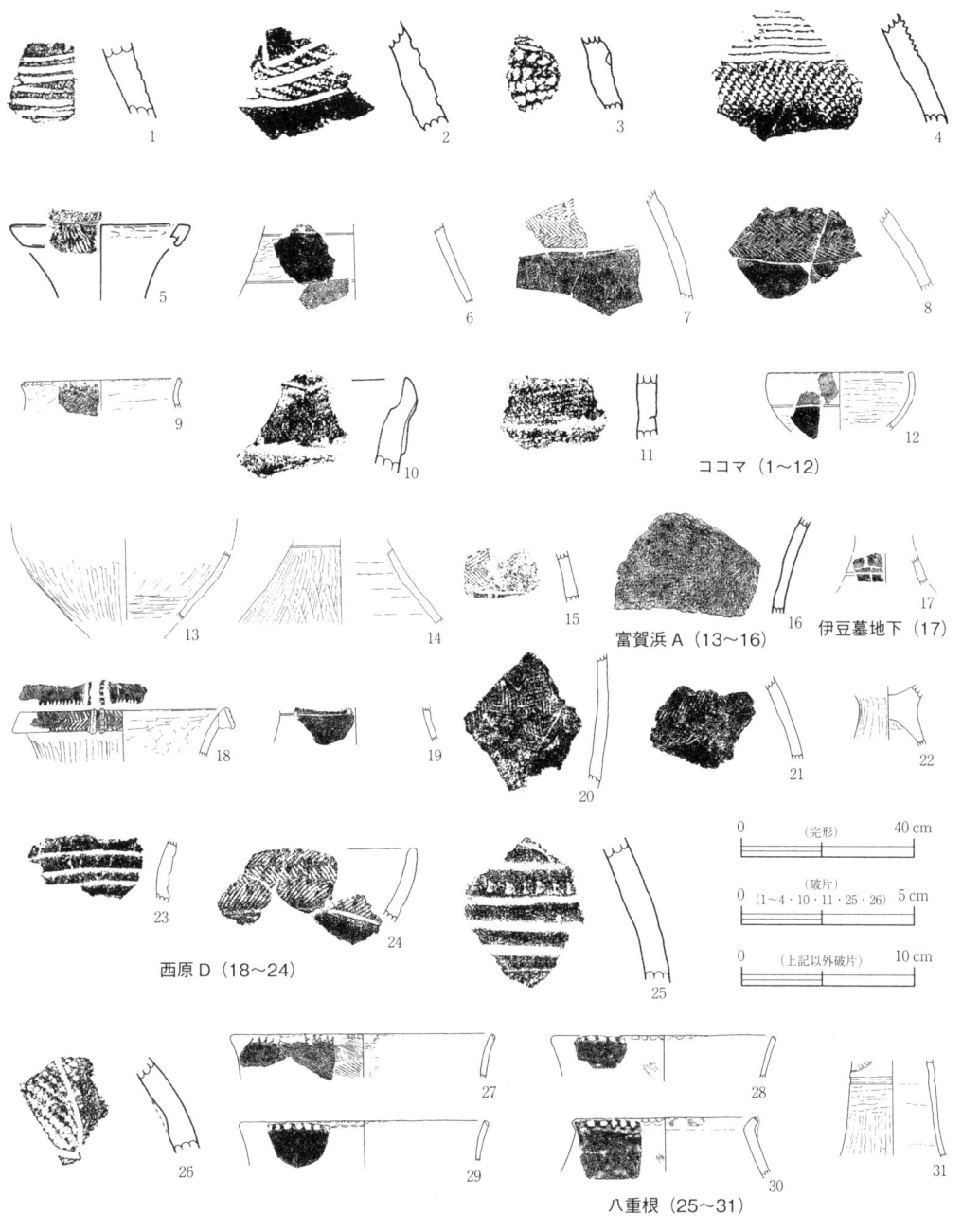

富賀浜A (13〜16)　伊豆墓地下 (17)

西原D (18〜24)

八重根 (25〜31)

第4図　伊豆諸島出土の弥生土器（三宅島・八丈島）

その他，三宅島では伊豆墓地下遺跡で弥生土器が採集されている（鷹野・杉山2009）。

（6）御蔵島

現在のところ御蔵島では，弥生時代の遺跡は確認されていない。

（7） 八丈島

伊豆半島の下田から南へ約180km離れた伊豆諸島の南端の八丈島では，八重根遺跡で弥生時代中期から後期の資料が数点出土している。報告書の記載によると弥生土器は，石皿や剥片類を伴う第1遺物集中区や土坑および遺物包含層から出土している（米川1993）。しかし，土器それぞれの出土遺構や位置に関する記載がないため，出土状況は不明である。時期については報告書では弥生時代後期としているが，筆者が実見した限りでは中期中葉（Ⅲ-2）から中期後葉（Ⅳ-1）（同図25～27）と後葉（Ⅳ-5）もしくは後期前葉（Ⅴ-1・2）（同図28～31）の2つの時期に分けることができる。

（8） 伊豆諸島の遺跡の特徴

以上，各島の遺跡から出土している土器の時期について検討した。縄文時代晩期後葉では，下高洞遺跡や田原遺跡そして島下遺跡などで資料が出土しており，これらの遺跡は弥生時代中期前葉まで継続している。その後，これらの遺跡からは土器の出土はなく，遺跡が築かれる島および地点が変わる。中期中葉（Ⅲ-1）では，ケッケイ山遺跡のみで資料が確認されている。中期中葉（Ⅲ-2～3）では，三宅島の大里遺跡，Ⅲ-3～Ⅳ-1では坊田遺跡，そして間があき，Ⅳ-5ではココマ遺跡・富賀浜A遺跡・西原D遺跡が築かれている。そのほかの遺跡でも同時期の資料が出土・採集されているが，その前後の時期を含むものはなく，遺跡が営まれた期間は縄文時代に比較すると短い。この結果，伊豆諸島の縄文時代後期から弥生時代後期までの遺跡は継続的

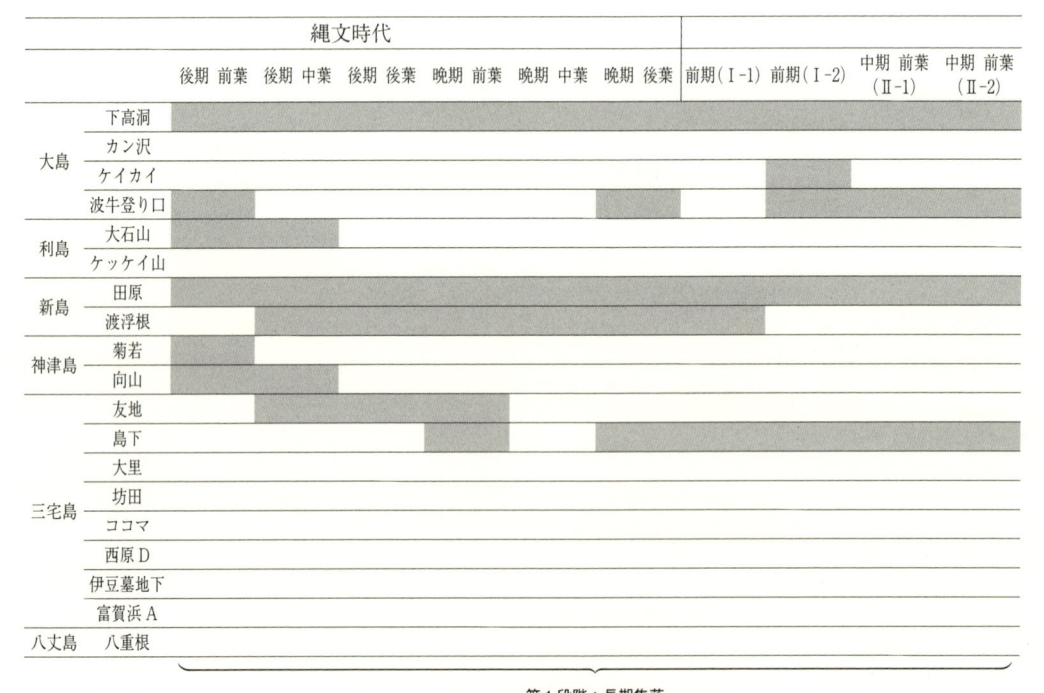

第5図　伊豆諸島の遺跡の動態と分類

に営まれているのではなく，弥生時代中期前葉と中期中葉との間に大きな境があり，さらに弥生時代中期中葉以降では断続的に遺跡が形成されていることが明らかになった。それでは次に遺跡の継続幅から分類を行う。

2 土器型式に基づく遺跡の分類とその特徴

伊豆諸島における縄文時代後半から弥生時代の遺跡は，その存続期間の特徴から大きく2つに分けられる。1つは複数の土器型式にまたがって同一地点に営まれる遺跡[2]である。こうした遺跡を本論では「長期集落」と呼称しておく。もう1つは，土器型式で1〜2細別型式程度の時期幅で営まれる遺跡である。これを「短期集落」と呼称しておく（第5図）。個々の一土器型式のもつ年代幅が，均一でないことは最近のAMS放射性炭素年代測定による縄文土器の詳細な分析で明らかになっている（小林2004）。現段階では，弥生土器型式の年代幅に関する議論は行われていないが，縄文土器と同様に弥生土器においても各型式にはばらつきがあるものと思われる。しかし，こうした各土器型式の年代幅を差し引いても，伊豆諸島の遺跡で複数型式にまたがりヒトの往来が確認される「長期集落」と細別型式程度の土器しか発見されない「短期集落」とでは，あきらかに集落の営まれた期間に大きな開きがあると考えても大過ないであろう。

先にあげた遺跡のなかで「長期集落」として括ることができるのは，下高洞遺跡・田原遺跡・渡浮根遺跡・友地遺跡・島下遺跡の5遺跡である。そのほか，縄文時代中期から後期にかけて集

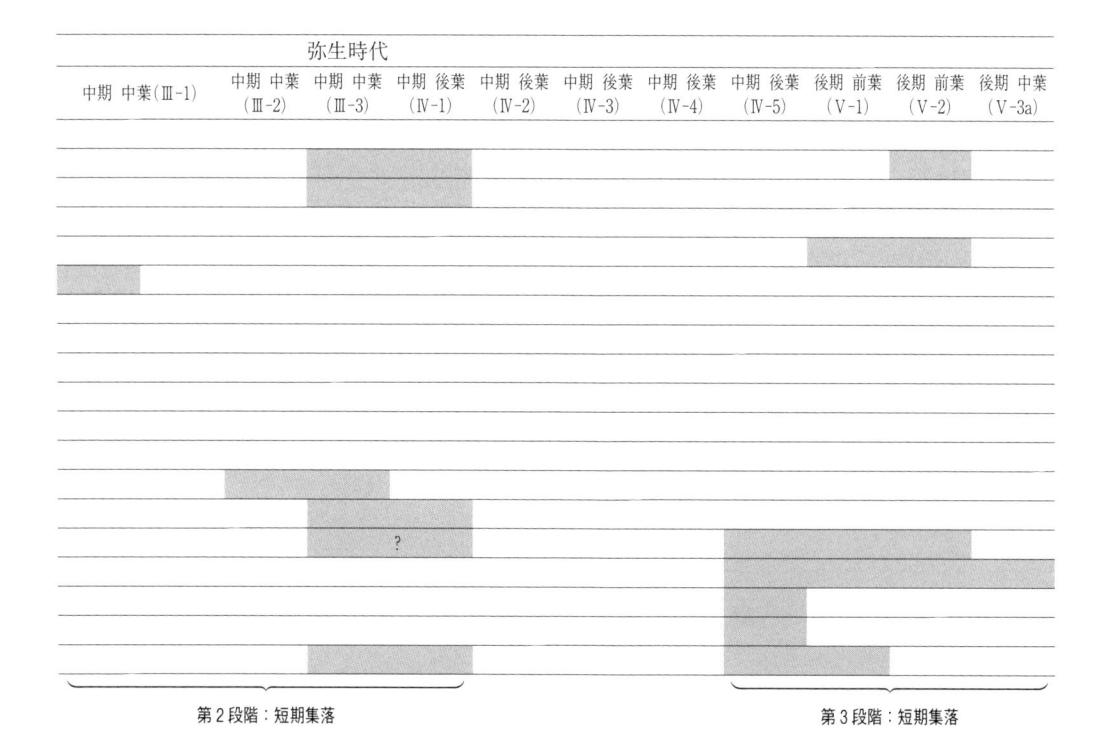

落が営まれた利島の大石山遺跡もこの「長期集落」に該当するであろう。一方,「短期集落」として括ることができるのは,カン沢遺跡・ケイカイ遺跡・ケッケイ山遺跡・大里遺跡・坊田遺跡・ココマ遺跡・西原D遺跡の7遺跡である。前者の「長期集落」の特徴は縄文時代後期・晩期に遺跡が形成されるか,もしくは土器等の出土量からみて,その時期に集落のピークを迎える。縄文時代晩期に遺跡の終焉を迎える友地遺跡・大石山遺跡・渡浮根遺跡を除く3遺跡は弥生時代中期前葉(Ⅱ-2)まで継続している点も共通している。一方「短期集落」は弥生時代中期中葉(Ⅲ-1)から中期後葉(Ⅳ-1)もしくは中期後葉(Ⅳ-5)から後期中葉(Ⅴ-3a)に営まれている遺跡である。「短期集落」は遺跡の分布の点においても「長期集落」と異なる。「長期集落」は伊豆諸島の各島での分布に対して,「短期集落」は三宅島と大島に集中する。

縄文時代後期から弥生時代の伊豆諸島の遺跡をこのように見ていくと,伊豆諸島の集落の変遷は3つの段階を経ている。つまり,第1段階:「長期集落」が築かれる縄文時代後期〜弥生時代中期前葉,第2段階:「短期集落」が築かれる弥生時代中期中葉(Ⅲ-1)〜中期後葉(Ⅳ-1),第3段階:「短期集落」が築かれる弥生時代中期後葉(Ⅳ-5)〜後期中葉(Ⅴ-3a)である。

次にこうした集落の段階的な展開を具体的に検討するために,いくつかの遺跡出土土器の胎土分析を通じて,土器の製作地,つまり島へ渡った集団の出自を検討する。

第3節 伊豆諸島出土の弥生土器の胎土分析

1 胎土分析研究の課題と方法

土器の分析からヒトの移動および交流を考える場合,2つの方法がある。1つは土器の型式学的研究であり,土器の形態や文様装飾から地域性を読み取り,土器が製作された地域を推定する方法である。

もう1つは,土器の素地となる粘土をさまざまな方法で分析し,粘土の産出地を推定する方法である。この場合,地質学的データに基づいて推定された粘土(もしくは混和材)の採取地は,「土器の製作地」として読み替えられる。そして,粘土の推定採取地が出土地周辺でない場合には,ヒトが素材としての粘土を持ち込んだか,完成品の土器を持ち込んだものと推定する。先史・古代における地域間のヒトの交流を示すものとして土器の胎土は古くから注目され,分析も数多く行われてきた。実際にこれまでにも伊豆諸島の土器について数多くの研究事例がある(清水1977,古城1978,今村1980,上條1984・1986)。これらの研究方法は主に土器の薄片を作成し,鉱物組成を比較する方法であった。

しかし,これまでの胎土分析では,分析試料の抽出基準が明確でなく,場合によっては遺跡から出土したというだけで,時期を明確に比定することができない資料を用いた例もある。考古資料を用いた理化学的分析では,分析試料抽出が最も重要である。また,分析試料が実際の母集団をどれだけ反映しているのか不明確な点も大きい。特に分析試料数が10点以下と少ない場合には,さまざまなバイアスが存在している可能性が高い。また,呈示された分析結果では粘土の採

取地を絞り込めることが少なく，大きな地域の枠でしか捉えることができなかった。さらに，分析成果を土器の型式学的成果およびそのほかの考古学的文物の流通等と重ね合わせて検討することもなかった。胎土分析の成果が活かされていない要因の一端は，考古学研究者の側にもある。

そこで，本研究の胎土分析では，一括性の高い土器群のなかから分析試料を抽出するように努めた。また，文様等が残り，時期が判明する試料もできるだけ分析を行った。試料の抽出は筆者が行い，実際の分析を増島淳ならびに池谷信之の両氏に依頼した。増島・池谷の分析方法は，蛍光X線分析と砂粒の重鉱物組成分析を併用する方法である。ここでは分析方法について簡単に触れておく。詳細については，両氏の論文（池谷・増島2009b）を参照していただきたい。

蛍光X線分析法は，日本列島の中心部を南北に縦断するフォッサマグナの西端（糸魚川・静岡構造線）の東西でケイ素（Si）・鉄（Fe）・ジルコニウム（Zr）の含有量が異なることを利用して（三辻1983），判別図を製作し，糸魚川・静岡構造線の東西どちらの地域の粘土が利用されたか（通常「土器の製作地」と考える）を推定する方法である（第6図）。そして重鉱物組成分析は，胎土に含まれる3種の重鉱物（ho：角閃石・opx：斜方輝石・cpx：単斜輝石）の組成を関東地方から東海地方の主要河川の同重鉱物組成と比較することで土器の製作地をさらに絞っていく方法である。

第7図には増島淳によって製作された三宅島の粘土と砂の鉱物組成，そして伊豆諸島に最も隣接する相模湾西部の主要河川である酒匂川，伊豆半島南部の河津川，静岡県東部の狩野川の鉱物組成を示した。三宅島の鉱物組成は，カンラン石（Ol）・斜方輝石・単斜輝石からなり，三角ダイアグラムにおいてもやや単斜輝石に偏る傾向がある。1試料のみ角閃石を含むものがあったが，これは，サンプル採取地近くで破損した堤防の護岸工事を行っており，島外から搬入された土砂がサンプルの中に混入したものと考えられる。一方，酒匂川の組成は上流に石英閃緑岩を多く産出する丹沢山があるため，上流部では角閃石が多く，下流に行くにしたがってその量は減少する。酒匂川の下流部ならびに河津川や狩野川などは，箱根・伊豆の安山岩帯から供給される砂粒が主体となるため，単斜輝石と斜方輝石で占められる。

また，鉱物を観察していくなかでカワゴ平パミスなど，特徴的な火山灰などを検出することがある。カワゴ平パミスは，伊豆半島の中部に位置する天城のカワゴ平が縄文時代後期中葉（およそ3400年前）に爆発した際に噴出された火山灰である。カワゴ平パミスは，伊豆半島全域から主に西方面に降灰したとされ[3]，胎土中におけるカワゴ平パミスの検出は，土器の製作地を絞る1つの有効な指標となる。

土器の胎土に含まれる鉱物には，土器の製作地の地質的状況が反映されており，蛍光X線分析により東西の判別をしたうえで，鉱物組成分析を行うことでさらに土器の製作地を細かく推定することが可能となる。このように蛍光X線分析法と重鉱物組成分析の併用は，広域にわたるヒトの移動と頻繁な往還が想定される伊豆諸島の研究では，有効な手法と言える。

本節では，筆者らが発掘を行った三宅島の島下遺跡（弥生時代前期），坊田遺跡（弥生時代中期後葉），ココマ遺跡（中期後葉から後期前葉）の分析を行う。そしてこれらの資料をもとに，

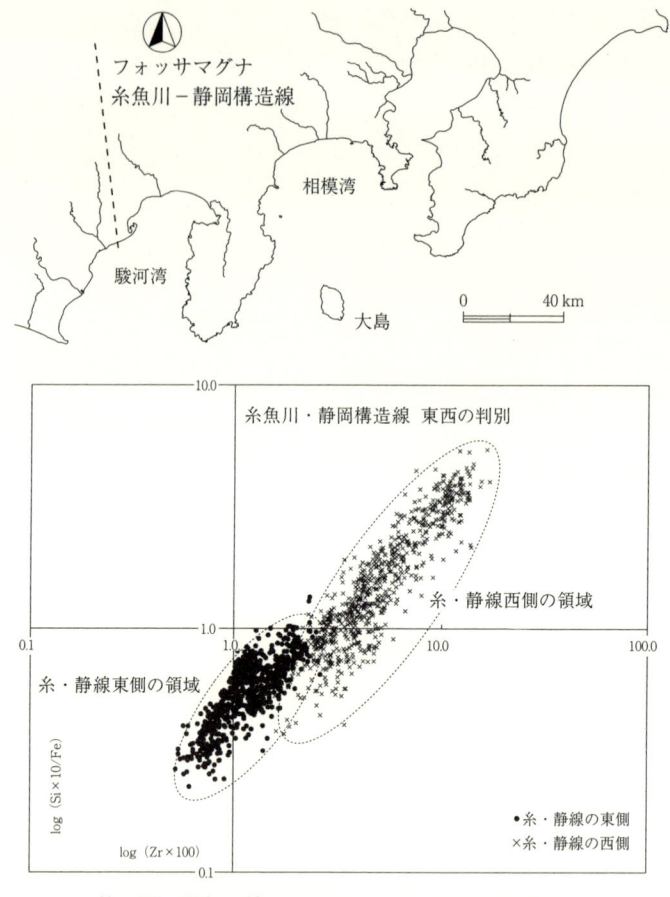

第6図　蛍光X線によるフォッサマグナの東西判別

　第1段階の長期集落から第2段階の短期集落への変化，そして第2段階の短期集落から第3段階の短期集落への変化を探り，それぞれの時期で島へ渡った集団の出自を明らかにする。

2　弥生文化の到来を示す集団——島下遺跡の出自——

　島下遺跡は縄文時代晩期後葉から弥生時代中期前葉まで継続する遺跡である。島下遺跡から出土した弥生土器は，新島の田原遺跡と類似しており，弥生時代前期後葉の条痕文土器の水神平式土器と遠賀川系土器，そして中期前葉の丸子式土器である。なかでも，条痕文土器と遠賀川系土器の出土は，伊豆諸島ならびに南関東地方への弥生文化の到来を示す資料と言える。

（1）分析試料

　島下遺跡からは弥生時代前期後葉の資料が116点出土している。そのうち，およそ3分の1に当たる44点について蛍光X線分析を行い，そのなかから22点について鉱物組成分析を行った（池谷・増島2012）。本研究ではまず，土器の外面調整などをもとに分類し，島下遺跡での土器の構成比を明確にして，その比率に準じて分析サンプルとする土器の点数を抽出した（第2表）。

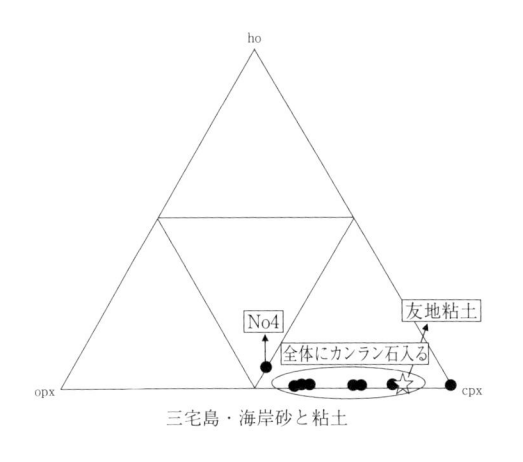

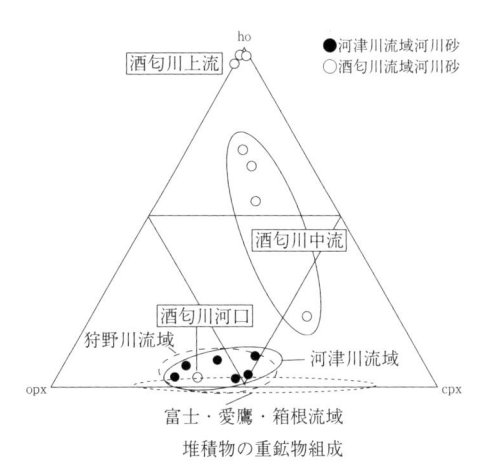

第7図　三宅島採集砂と神奈川・静岡県主要河川の重鉱物組成

第2表　島下遺跡の胎土分析試料点数

	遠賀川系土器	条痕文土器			縄文	その他	合計
		貝殻	半裁竹管	茎束			
出土点数	13 11.2%	24 20.7%	25 21.6%	29 25.0%	11 9.5%	14 12.1%	116 100.0%
分析点数	3 6.8%	9 20.5%	9 20.5%	14 31.8%	5 11.4%	4 9.1%	44 100.0%

　これまでの条痕文土器研究において、外面調整に用いる条痕文の原体に地域性があることはすでに指摘されている（前田2003）。貝殻を用いるものは西三河地域、半裁竹管を用いるものは東三河地域、茎束状のものを用いるものは遠江以東地域に主な分布圏がある。遠賀川系土器もその主要分布の東限は濃尾平野である。つまり、土器の型式学的見地からすると島下遺跡の土器の半数近くが島嶼から遠く離れた東海地方西部より持ち込まれたものである可能性が高い。こうした型式学的特徴と胎土分析の結果はどのようにリンクするのであろうか。

（2）　蛍光X線分析

　蛍光X線分析による糸魚川・静岡構造線における東西の判別図を示した（第8図）。分析の結果、同構造線よりも西の特徴を示すものが20点、東の特徴を示すものが19点、中間に位置し東西の判別をしにくいものが5点であった。土器の外面調整等の分類では、遠賀川系土器と半裁竹管のものが西グループに属し、縄文施文と無文のものが東のグループに属し、茎束条痕と貝殻条痕が両方に属する結果となった。

　分析対象とする元素を増やし、主要10元素（Al, Si, K, Ca, Ti, Fe, Rb, Sr, Y, Zr）の分析においても、同じく遠賀川系土器と半裁竹管による条痕文土器は西のグループに位置し、無文と縄文施文の土器群は東のグループに位置している（第9図）。また西のグループのなかには火山ガラスを含む一群が存在した。

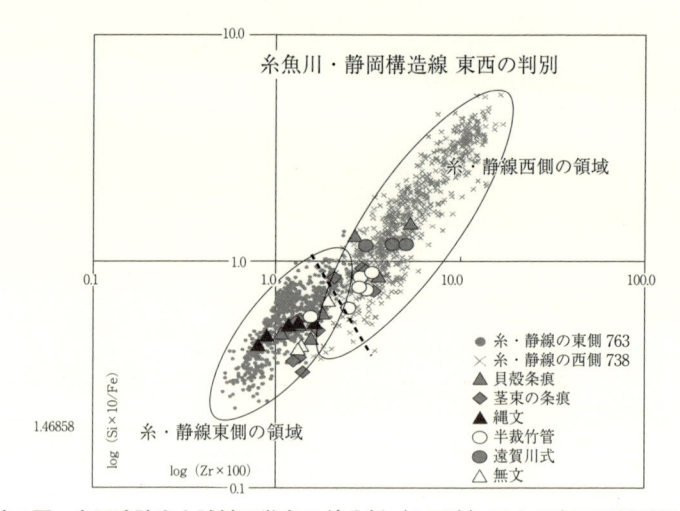

第 8 図　島下遺跡出土試料の蛍光 X 線分析（3 元素）による東西の判別図

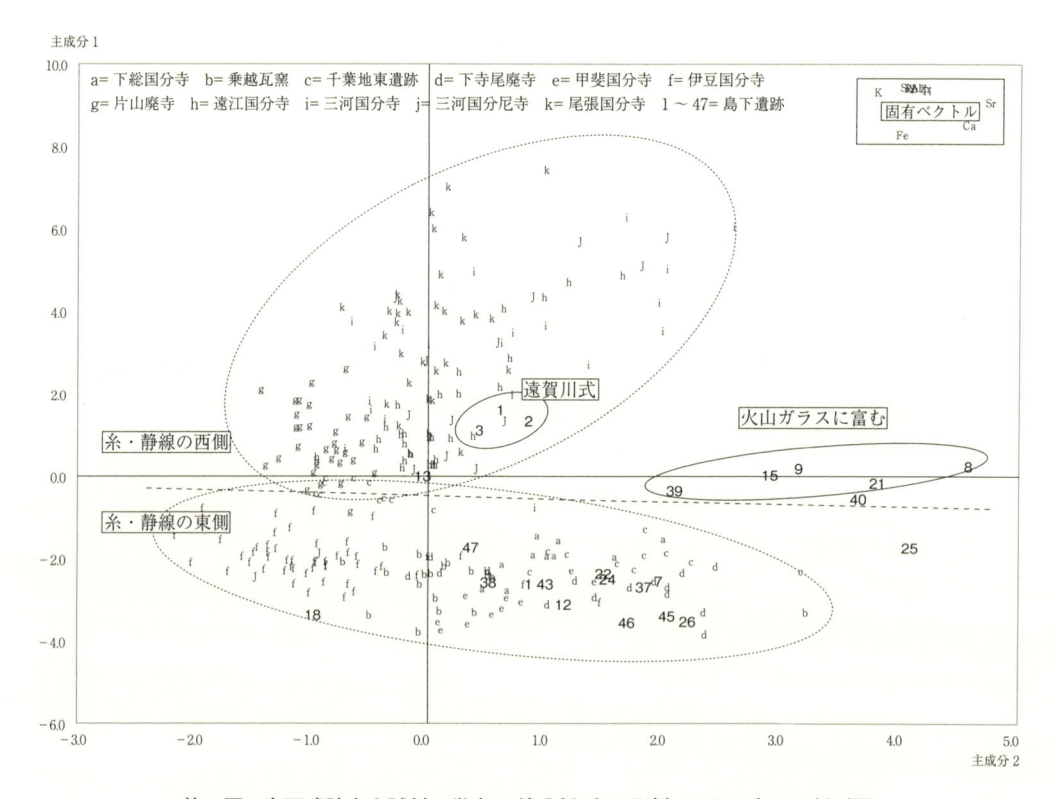

第 9 図　島下遺跡出土試料の蛍光 X 線分析（10 元素）による東西の判別図

遠賀川系 = 1〜3　条痕文（貝殻）= 4〜5, 7, 11, 18, 31〜35　条痕文（茎束）= 6, 12〜13, 19〜21, 36〜44　条痕文（半裁）= 8〜10, 14〜17
縄文 = 22〜23, 45〜47　無文 = 24〜26　連弧文 = 27

つまり，蛍光X線分析法により島下遺跡で出土した土器のおよそ30％を占める遠賀川系土器と半截竹管による条痕を施す土器は，糸魚川・静岡構造線よりも西側の地域で製作され，三宅島へ持ち込まれたものと考えられる。

（3）鉱物組成分析

島下遺跡の重鉱物組成のダイアグラムをみると，プロットの分布が先に挙げた三宅島の粘土と大きく異なる（第10図）。つまり，これらの土器はすべて，島外から持ち込まれた土器であると言える。ダイアグラム上で，糸魚川・静岡構造線の東に入る一群（FE）には角閃石を多く含む一群と中位に位置する一群，下位に位置する一群の3つに分けることができる。一方，糸魚川・静岡構造線の西に入る一群（FW）は，総じて角閃石を多く含む特徴がある。遠賀川系土器はほぼひとまとまりになる。そして火山ガラスを含む半截竹管と茎束条痕の一群が遠賀川系土器よりも角閃石の量が少ない一群となる。

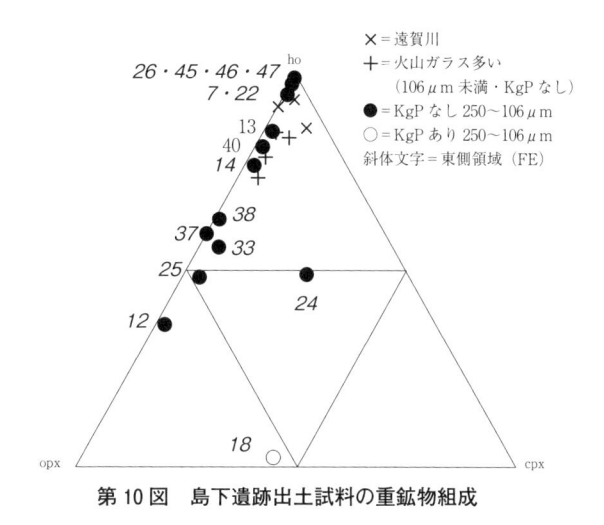

第10図　島下遺跡出土試料の重鉱物組成

比較対象として，東海地方西部で条痕文土器を多く出土した愛知県豊川市麻生田大橋遺跡の縄文時代晩期後葉から弥生時代前期の土器も分析してみると，21点の試料中17点に白雲母が含まれているのが確認された。白雲母は愛知県東部の北設楽郡を産地としており，豊川流域では広く分布しており，同地域の土器の胎土には非常に多く含まれている。しかし，今回分析した島下遺跡の土器のなかで白雲母が含まれるのは1点のみであり，糸魚川・静岡構造線の西の一群の条痕文土器の多くは豊川流域以外の地で製作されたと推定される。

一方，縄文施文ならびに無文土器は糸魚川・静岡構造線の東の一群に位置し，なおかつそれらのなかには伊豆天城のカワゴ平パミスを含むものもある。これらの土器は相模湾西部から伊豆半島で製作された土器と考えられ，島下遺跡に持ち込まれたと想定される。しかし，その量は，東海地方西部で製作された条痕文土器に比較すると少ない。まとめると，島下遺跡出土の土器は，隣接する伊豆半島や相模湾沿岸で製作されたものだけではなく，遠賀川系土器・条痕文土器など東海地方西部で製作された土器も多く含まれているのである（第3表）。

3　「短期集落」を築いた集団――坊田遺跡の出自――

長期集落が弥生時代中期前葉に廃絶したあと，中期中葉から短期集落が伊豆諸島に出現した。そして，短期集落は中期後葉（Ⅳ-1）に一度断絶し，再び中期後葉（Ⅳ-5）に築かれる。ここではこの「断絶」と「再開」に着目し，まず坊田遺跡の胎土分析を行う。

第3表　島下遺跡出土試料の胎土分類一覧

類型		東西	資料数	鉱物の特徴	土器型式・文様						産地
					遠賀川	貝殻条痕	半裁竹管	茎束条痕	縄文	無文	
1		西	3	重鉱物少ない	3						愛知県方面
2			5	重鉱物少ない，パミス起源の火山ガラスに富む			3	2			糸・静線の西側
3			1	他形の角閃石に富む			1				愛知県方面
4			1	自形の角閃石に富む				1			糸・静線の西側
5	1	東	6	角閃石に圧倒的に富む		1			4	1	神奈川県～甲府盆地周辺
	2		3	角閃石に富み，鋸歯状の斜方輝石がこれに次ぐ		1		2			神奈川県～甲府盆地周辺
	3		1	斜方輝石に富み，角閃石がこれに次ぐ			1				糸・静線の東側
	4		1	角閃石に富み，角閃石がこれに次ぐ			1				糸・静線の東側
	5		1	3成分に富む，カンラン石入る						1	神奈川県
6			1	両輝石に富む			1				伊豆半島～神奈川県
7			1	角閃石と斜方輝石に富む						1	糸・静線の東側

（1）　分析試料

　坊田遺跡の分析では，1973年に橋口尚武によって行われた発掘調査の資料を用いる。それは，筆者らの発掘調査では土器の出土量が少なかったため，分析試料数を確保する意味で橋口調査の資料を用いた。さらに坊田遺跡の主要土器である中期後葉の宮ノ台式土器は壺と甕で構成される土器群である。器種による製作地の相違も考慮し，分析試料が壺もしくは甕に偏らないようにした。そして，集団の出自を土器の胎土分析から検討する場合には，集団が同時期に使われていた可能性が高い土器資料を用いるべきであり，一括出土の土器を分析試料にしなくてはならない。坊田遺跡では，遺構に伴ってはいないが，遺物が集中して出土するグリットがあり，一括廃棄の様相を呈している。今回分析する試料は，橋口による調査グリットの中から A8 グリット・B8 グリット出土の土器を中心として抽出したものである（第11図上）。

　今回分析した坊田遺跡出土の土器の点数は 100 点である（池谷・増島 2011）。その内訳は壺が 31 点，甕が 69 点である。壺には，土器の文様をみる限り宮ノ台式土器ではなく，遠江地域に主に分布する白岩式土器も含まれている。甕には，駿河地域に多く分布する胴部に指頭による磨消線が1周する土器，櫛歯状工具による横走羽状文をもつ土器やハケメ調整のみの土器などバリエーションが認められる。

（2）　蛍光X線分析

　蛍光X線分析による東西の判別は，100点すべての試料で行った。その結果，糸魚川・静岡構造線の東に入る試料が93点であり，7点ほどが東西の中間地域にプロットされた（第11図下）。分布円の下位にはみ出ているものは，土器が埋没時中に土壌等の影響を受けたためと推定される。つまり，坊田遺跡の土器の大部分は糸魚川・静岡構造線よりも東側の地で製作されたものと考えられる。坊田遺跡における土器の東西判別を島下遺跡と比較すると，ドットの分布が異なってお

	2	3	4	5	6	7	8	9	10	11
A					(3)	4(156)	40(404)	2(87)	(7)	
B		(1)	1(1)		(10)	1(94)	25(360)	11(229)	3(74)	(2)
C						(2)	4(85)	3(101)	1(37)	
D							(2)			
E							1(2)			

グリッド内の数字は分析試料点数。( )内は調査時の出土土器数。

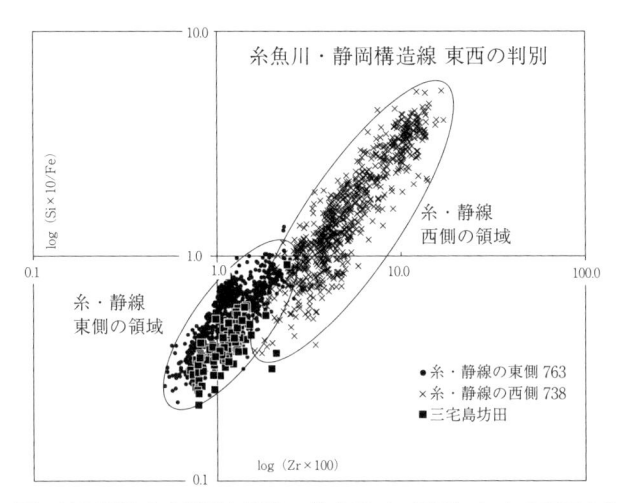

第11図　坊田遺跡出土試料と蛍光X線分析（3元素）による東西の判別図

り，明らかに糸魚川・静岡構造線よりも東の一群へと変化していることがわかる。

（3）鉱物組成分析

坊田遺跡の重鉱物組成はおおよそグラフの中心よりも左側に分布している。単斜輝石が少なく，三宅島の砂および粘土の組成とは大きく異なり，三宅島以外の地で製作された土器が持ち込まれていることが推定される（第12図）。その分布をさらに細分するとおよそ8類に分類することができる（第4表）。I類は斜方輝石と角閃石およびカワゴ平パミスを多く含む特徴がある。II類は両輝石とカンラン石および火山ガラス（Scgl）を含むもの。ただしカワゴ平パミスは含まない。坊田遺跡ではこのI類・II類が最も多く，およそ30％を占めている。I類はカワゴ平パミスを含むことから伊豆半島周辺での製作が推定される。II類はカワゴ平パミスを含まないため，伊豆半島とは考えにくく，鉱物組成の分布領域が同じとは言い切れないが，神奈川県小田原市町畑遺跡の土器などが比較的近い様相を呈しており，神奈川県西部が主な製作地と考えられる。III類は，カワゴ平パミスを含まず，同様の組成をもつ土器が神奈川県東部の三浦市赤坂遺跡や逗子市池子遺跡にあることから神奈川県中東部と推定される。そのほか，蛍光X線分析で西の一群と判断された試料は，鉱物組成でもほかの試料とは異なり，花崗岩系である。この土器（試料No.55）は壺の頸部片であり，太めの刷毛目調整が施されているなど，他の土器とはやや趣が異なり，東海地方等からの搬入品である可能性が高い。そのほかの土器は一部に甲府盆地での製作の可能性

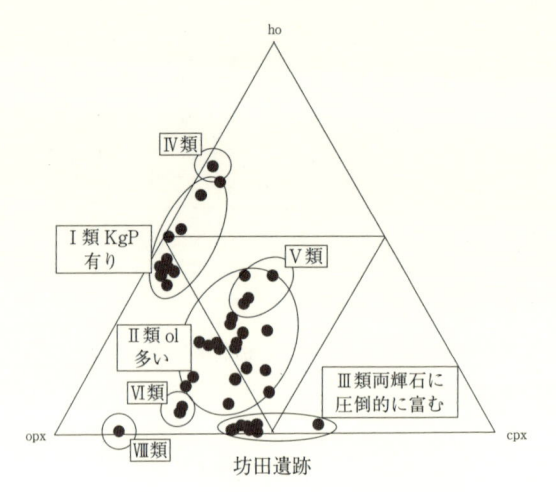

第12図 坊田遺跡出土試料の重鉱物組成

第4表 坊田遺跡出土試料の胎土分類一覧

類型	甕	壺	資料数	鉱物の種類	主な重鉱物	カンラン石	雲母類	KgP	母岩	産地
Ⅰ類	9	2	11	軽鉱物多い	斜方輝石・角閃石	−	−	+	酸性岩にKgP起源鉱物	伊豆半島
Ⅱ類	11	8	19	Scgl(火山ガラス)入る	両輝石・カンラン石≧角閃石	＋＋＋	＋−	−(+)	玄武岩に酸性岩混入	神奈川県西部
Ⅲ類	5	3	8	重鉱物多い, ol・ho少量入る	両輝石に圧倒的に富む	＋−	−	−(+)	安山岩に酸性岩と塩基性岩少量混じる	神奈川県中・西部
Ⅳ類	1		1	軽鉱物・不透明鉱物多い	角閃石・斜方輝石	＋	−	−	有色鉱物が磁鉄鉱化した粘土(古期ローム)と酸性岩	神奈川県・(甲府盆地?)
Ⅴ類		2	2	軽鉱物(正長石)多い	3成分に富む		＋	−	酸性岩(角閃石は甲府盆地型)を中心に各種の岩体が混入	神奈川県・(甲府盆地?)
Ⅵ類	1	1	2	軽鉱物多い	両輝石に富む		−	＋＋	安山岩にKgP起源鉱物	伊豆半島
Ⅶ類		1	1	軽鉱物非常に多い	殆ど含まず	＋	−	−	酸性岩	不明
Ⅷ類	1		1	汚れた軽鉱物多い	斜方輝石に富む	−	−	＋	石英安山岩にKgP起源鉱物	伊豆半島

がある試料もあるが，主に神奈川県西部から伊豆半島での製作と推定される。

　次に，壺ならびに甕の胎土の差についてみてみると，器種の相違において胎土の極端な偏向を確認することができない。つまり，土器の器種がそれぞれ別個のルートを通じて島へ持ち込まれていたのではなく，壺と甕がほぼ対になって持ち込まれている。

　以上の分析から，相模湾西部から伊豆半島の地域を出自とする集団が，生活用具である壺と甕をセットで三宅島へ持ち込んだと考えられる。

4 「短期集落」を再開した集団——ココマ遺跡の出自——

　弥生時代中期後葉の最初の段階(Ⅳ-1)で坊田遺跡が廃絶し，その後Ⅳ-2～Ⅳ-4までの考古資料は現段階において三宅島では発見されていない。また，この時期に該当する土器は伊豆諸

島全体でも検出されていない。つまり，この時期，伊豆諸島において，ヒトの居住活動はきわめて薄いと考えられる。しかし，中期後葉の最終段階（Ⅳ-5）になると，再び大島や三宅島に遺跡が築かれる。その1つが三宅島のココマ遺跡である。ココマ遺跡の土器を検討することは，島での居住の再開におけるヒトの出自の相違を明らかにすることになる。

（1）分析試料

ココマ遺跡からは弥生時代中期後葉の宮ノ台式土器（Ⅳ-5）と後期前葉の久ヶ原式土器（V-1・2）の土器が出土している。筆者らの発掘調査による出土土器ならびに調査時に採集した土器片を対象とする。いずれも小形の破片であり，試料数は36点である（池谷・増島 2009a）。

（2）蛍光X線分析

蛍光X線分析による製作地の東西の判別はすべての試料を対象に行った。その結果，36点中34点は糸魚川・静岡構造線よりも東の一群に位置するものであった（第13図）。試料No.3および35の2点は，東西の判別の境界付近に位置している。しかし，粘土の採取地と生産工房そして消費地とが地理的に近い位置にあると想定される国分寺瓦を用いた10元素を指標とした主成分分析の結果との比較でみてみると，ココマ遺跡の土器はすべて糸魚川・静岡構造線の東側に位置する。東西の両領域が重なるところに分布する土器も，同線の東側で製作され（第14図），ココマ遺跡へ持ち込まれたのである。

（3）鉱物組成分析

ココマ遺跡出土土器の鉱物組成分析は36点中29点について実施した。重鉱物組成のダイアグラムでは中心よりも左側に分布しており，三宅島の砂と粘土の鉱物組成とは大きく異なっており，三宅島以外の地で製作された土器が持ち込まれたと言える（第15図）。

ココマ遺跡の胎土をさらに細分すると3類4種に分類された（第5表）。最も多いものはⅠ類である。斜方輝石と角閃石が主体であり，カワゴ平パミスが含まれる土器群である。Ⅰ類の土器は16点であり，鉱物分析試料の55％を占めている。次に多いのはⅡ類であり，カワゴ平パミスを含まず，両輝石が多い土器群である。Ⅱ類に分類されるのは9点であり，31％を占める。

Ⅰ類はカワゴ平パミスが含まれている点で静岡県東部から神奈川県西部までの範囲で製作された土器と推定される。ただし，小田原市町畑遺跡出土土器の三角ダイアグラムと比較すると，ココマ遺跡の試料は斜方輝石側に集中しており，明らかに分

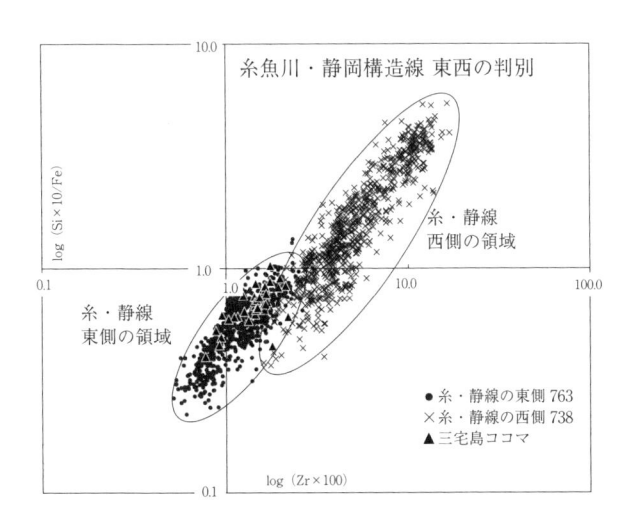

第13図 ココマ遺跡出土試料の蛍光X線分析（3元素）による東西の判別図

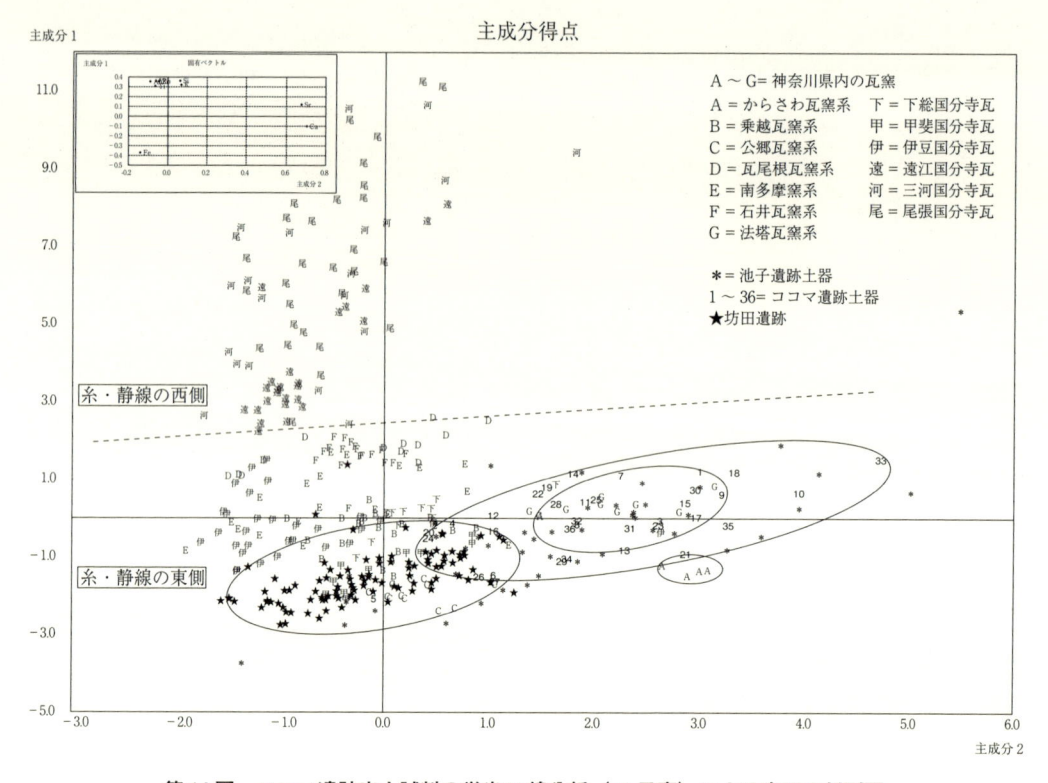

第14図　ココマ遺跡出土試料の蛍光X線分析（10元素）による東西の判別図

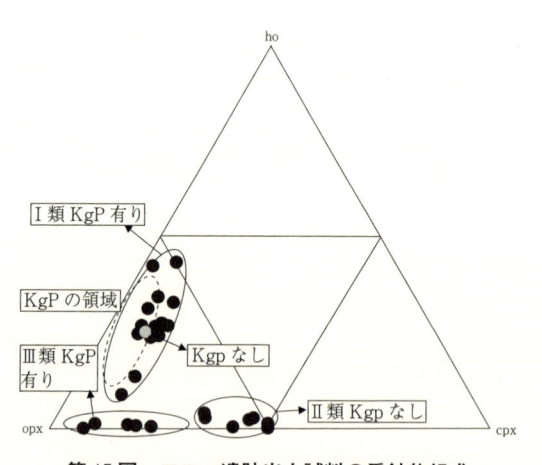

第15図　ココマ遺跡出土試料の重鉱物組成

布域が異なっている。また，静岡県東部を流れる狩野川や富士川の鉱物組成とも異なるため，これら2つの地域も製作地とは考えにくく，現段階では製作地として伊豆半島の可能性が高い。II類の土器群は，元素組成ならびに鉱物組成が神奈川県池子遺跡の試料と非常に類似しており，神奈川県中東部が製作地と推定される。III類は，重鉱物組成では箱根山西麓地域に類似するが，元

第5表　ココマ遺跡出土試料の胎土分類一覧

類型	資料数	鉱物の種類	主な重鉱物	カンラン石	酸化角閃石	産地
I類	16	軽鉱物が多い	斜方輝石・角閃石・KgP起源の鉱物を含む	有(1)	有(3)	伊豆半島
亜I類	1	軽鉱物が多い	I類に類似するがKgPを含まない		有(1)	神奈川西部？
II類	9	軽鉱物が少ない	両輝石が多い・KgP起源の鉱物を含まない	有(4)		神奈川県中東部
III類	3	軽鉱物が多い	斜方輝石が多い・単斜輝石が次ぐ・KgP起源の鉱物を含む			神奈川県西部から伊豆半島

素組成ではI類の地域の領域に分布しており，胎土に起源の異なる砂粒が混ぜられている可能性が高い。推定される製作地はI類に近く，神奈川県西部から伊豆半島付近と想定される。

つまり，ココマ遺跡出土の弥生土器は伊豆半島から三浦半島奥部西岸域ぐらいまでの範囲で製作された土器である。なかでも伊豆半島の製作と考えられるカワゴ平パミスを含むI類とカワゴ平パミスを含まないII類が特徴的な土器の胎土と言える。

同じ弥生時代中期後葉においても，坊田遺跡の土器の胎土とは，相模湾沿岸中東部が一定量含まれている点で異なっている。また，坊田遺跡では，胎土のバリエーションは8種と豊富であったが，ココマ遺跡では，胎土のバリエーションは3種と少ない。

おわりに

1　弥生時代黎明期に長期集落を形成した集団——西の土器と東の土器——

縄文時代後期から弥生時代後期までの遺跡動態を詳細に検討し，伊豆諸島の当該期の集落が断続的に営まれていることを明らかにした。そして，それぞれの時期の遺跡である島下遺跡・坊田遺跡ならびにココマ遺跡出土土器の胎土の特徴を述べてきた。胎土の特徴が前期と中期とでは大きく異なり，さらに中期後葉のなかでも坊田遺跡の廃絶後，ココマ遺跡の短期集落の再開においても土器の製作地の変化が認められた。最後に，伊豆諸島における集落形態の変化と土器の様相についてまとめておく。

伊豆諸島における先史時代の集落経営において，長期集落と短期集落との違いは，同一地点を生活地として選択したか否かである。長期集落に区分される大島の下高洞遺跡や新島の田原遺跡などは縄文時代早期や前期の土器が出土しており，弥生時代中期前葉まで続いている。細かく検討すれば，常にヒトが生活していたわけではない。出土しない土器型式の時期も確かに存在するが，短期集落が土器の小型式で1～2型式程度ときわめて出土土器が限定されているのとは対照的で，長期集落では同一地点にヒトの活動の痕跡が残されている。

そうしたなかで，弥生文化が伝播した際の様相を表すのが，三宅島の島下遺跡である。島下遺跡では，条痕文土器が多数出土した。数点の中期前葉の丸子式土器を除いてはすべて，弥生時代前期後葉の土器である。今回の胎土分析では半裁竹管による条痕文土器は，糸魚川・静岡構造線

よりも西側の地域で製作されたと考えられ，貝殻による条痕文土器と茎束による条痕文土器には，東西それぞれの地域で製作されたものが含まれていた。条痕文土器とともに出土した遠賀川系土器は，その主要分布の東限が伊勢湾沿岸であり，今回の分析においても糸魚川・静岡構造線よりも西側での製作と判別され，これまでの分布論との整合性が保てている。

島下遺跡からは条痕文土器や遠賀川系土器だけではなく，縄文施文の土器も数は多くはないが出土している。縄文施文の土器は蛍光Ｘ線分析により糸魚川・静岡構造線よりも東で製作されており，型式学的には神奈川県西部の同時期の遺跡から出土することが多い。東海地方西部では，縄文施文の土器が出土することはないため，両地域間での直接的な往還は想定しにくい。つまり，ここでは，東海地方西部から三宅島の島下遺跡などへ移動してきた集団が，伊豆諸島北部の遺跡を介して神奈川県西部域と往還した姿を想定することができる。

2　短期集落の再開における集団の変化

伊豆諸島に短期集落が営まれるのは，弥生時代中期中葉からである。代表的な遺跡を挙げると利島のケッケイ山遺跡（Ⅲ-1期）や三宅島の大里遺跡（Ⅲ-2・3期）や同島の坊田遺跡（Ⅲ-3，Ⅳ-1期），ココマ遺跡（Ⅳ-5，Ⅴ-1・2期）などである。

ケッケイ山遺跡と大里遺跡の資料については胎土分析を行っていないが，型式学的には島下遺跡のように遠隔地からの渡航を表すようなまとまった量の土器はない。ケッケイ山遺跡の時期は，本土でも遺跡数が少なく，比較資料を探すのが難しい。大里遺跡からは，三河地域・遠江地域・北関東地域の土器が出土しているものの，それらの点数は非常に少なく，また，器種も壺に限られており，直接的な渡航というよりも，壺の中身が島へ渡ってきたと考えたほうが適切であろう。

胎土分析を行った坊田遺跡とココマ遺跡とを比較してみたい。まず，坊田遺跡の胎土は8種類に分類することができる。一方，ココマ遺跡は3類4種に分類することができる。これらのなかで，坊田遺跡のⅠ類はココマ遺跡のⅠ類と，坊田遺跡のⅢ類とココマ遺跡のⅡ類，坊田遺跡のⅧ類はココマ遺跡のⅢ類に類似している。こうした類似する胎土がある一方で，坊田遺跡のⅡ・Ⅳ・Ⅴ・Ⅵ・Ⅶ類の土器はココマ遺跡には存在していない（第6表）。

胎土の特徴からみると，短期集落が営まれていた弥生時代中期後葉では，伊豆半島から相模湾沿岸中部域で製作された土器が三宅島へ持ち込まれていたと推定される。島下遺跡のように遠隔地からの土器の搬入はない。土器の型式学的特徴も相模湾沿岸から三浦半島の土器群と類似しており，胎土分析の結果と調和的である。つまり，短期集落においては，集団は相模湾沿岸の地域と三宅島を往還するなかで，三宅島へ居住地を設けたといえる。しかし，集落の空白期間を挟む坊田遺跡とココマ遺跡とでは，詳細にみるとココマ遺跡では相模湾沿岸中部域の土器が比較的目立ち，なおかつ胎土の種類が少ない。特に胎土の種類が限定されてくる現象は，三宅島への渡航が，限られた特定の地域を出自とする集団によって行われていたことを反映しているものと考えられる。この点は集団の動態を土器の胎土から分析したことで明らかになり，三宅島への渡航のあり方を如実に表している。

第6表 坊田・ココマ遺跡土器胎土の対応

坊田遺跡 分類	点数	比率	産地	ココマ遺跡 分類	点数	比率
Ⅰ類	11	24.4%	伊豆半島	Ⅰ類	17	58.6%
Ⅱ類	19	42.2%	神奈川西部			
Ⅲ類	8	17.8%	神奈川中西部	Ⅱ類	9	31.0%
Ⅳ類	1	2.2%	神奈川・甲府盆地			
Ⅴ類	2	4.4%	神奈川・甲府盆地			
Ⅵ類	2	4.4%	伊豆半島			
Ⅶ類	1	2.2%	不明・花崗岩系			
Ⅷ類	1	2.2%	伊豆半島	Ⅲ類	3	10.3%
	45	100.0%			29	100.0%

Ⅰ類にはKgPを含まない亜Ⅰ類を含む

3 まとめ

　本章では，弥生時代の伊豆諸島では集落が断続的に営まれており，3時期に分けられることを明らかにした。さらに，居住形態を検討した結果，長期集落には竪穴住居が伴うことがきわめて少なく，遊動的な生活形態であるのに対して，短期集落では，竪穴住居を伴い一定期間の定住が行われたと考えられる。

　そして，三宅島の3遺跡を対象に弥生土器の胎土分析を行い，渡島した集団の出自を推定した。長期集落が営まれていた弥生時代前期には東海地方西部の集団が渡島し，遠距離間の移動が行われ，その後本土との往還が行われていた。一方，短期集落が営まれた弥生時代中期後葉には比較的近い距離にある相模湾沿岸の集団による渡島が明らかとなった。しかし，弥生時代中期後葉のⅣ-2期からⅣ-4期における集落の断絶期を境として，渡島する集団の出自は変化していた。断絶後に渡島した集団は相模湾西部から中央部など限られた地域を出自とする集団であったことを弥生土器の胎土は示している。なぜ，特定の集団が島へ渡ったのか，その問題を解く鍵を第2章以降で検討することにしよう。

註

1) 大里遺跡はこれまでに2回の発掘調査が行われている。1次調査は橋口尚武により1973年に行われた。2次調査は大里東遺跡発掘調査団により行われた。2次調査は発掘調査時に「大里東遺跡」として行われ，発掘調査報告書も『大里東遺跡　発掘調査報告書』として1995年に刊行された。遺跡名は調査時において異なるが同一遺跡として登録されている。本論では大里遺跡として扱い，調査時を分けるときは1次・2次調査として区別する。

2) 土器型式を非常に細かい単位で見た場合には断絶が認められるかもしれないが，1つの遺跡で長期にわたりヒトの往来が認められる集落を指す。

3） カワゴ平パミスは，噴出源よりも西方面へ飛来している。神奈川県方面では相模川流域ぐらいまでの範囲で検出されている。

第2章　三宅島の火山噴火と遺跡

はじめに

　本章では三宅島の火山噴火史について，考古学資料を手がかりに検討していく。これまでの火山学の研究手法では，大きく噴火順序を層位学的および地質学的に捉えてきた。ここでは主に遺跡の発掘調査で確認された層序をもとに分析していき，縄文時代後半から弥生時代にかけての数百年間について，ミクロな視点で三宅島の噴火を把握したいと考えている。

　まず，第1節にて三宅島における火山学の研究のなかから，考古学と接点をもちつつ分析を行った一色直記および津久井雅志の研究を振り返り，問題点を抽出する。第2・3節では，その問題点について層序とAMS放射性炭素年代測定の成果から検討する。第4節では，これまで三宅島の火山学研究で触れられることが少なかった弥生時代中期の火山噴火について大里遺跡と坊田遺跡の層序から分析し，最後の第5節では，考古学の観点から三宅島の縄文時代から弥生時代の火山噴火史についてまとめる。

第1節　三宅島における弥生時代の火山噴火

　伊豆・富士山火山帯に属する伊豆諸島は，日本列島において有数の火山集中地帯である。伊豆諸島の島々は，有史以後噴火活動のない御蔵島や過去数回，島の形状すらも変えてしまうほどの大規模噴火を起こした新島・神津島や，近年でもなお活発な噴火活動が確認されている大島や三宅島など島によって噴火活動の特徴が異なっている。

1　一色直記の伊豆諸島の地質学的観察

　地質調査所の一色直記は三宅島のみならず，伊豆諸島全島を踏査し地質図の作成ならびに地形・地質的所見を図幅として刊行した（一色1960など）。豊富な写真と詳細な観察スケッチを載せたこれらの資料は，伊豆諸島の火山研究上必携となるものであった。また，一色は堆積層の時期についても考古学者の意見を参考にして年代比定を行った。例えば，三宅島南部の古澪および山澪爆裂火口の記載において，考古学者杉原荘介や芹沢長介の見解を引用し，古澪・山澪の噴出物はココマ遺跡の土器などを含む地層の上に堆積していることから西暦紀元前後より新しいとした（一色1960）。またその後過去3000年間の三宅島噴火史をまとめるなかで，層序と遺跡の関係を重視している（一色1977・1984a）。

一色は，三宅島の調査後，伊豆諸島各島の調査を行っていった。三宅島では考古学者との共同調査および発掘現場当時の地層の観察は行っていないようであるが，大島などでは実際の発掘現場に立ち，堆積土の観察を行っている。その成果は地質学的所見の地層名が，発掘調査時の基本層序名として用いられており，両学問分野において基本土層に関する情報が共有されている（米川1991・1994）。

2　津久井雅志の研究

　津久井雅志はより詳細な三宅島の地質調査を進めた。津久井の研究の特徴は，詳細な地質学的観察のみならず，考古資料や歴史史料も積極的に利用して三宅島の火山噴火史を明らかにしている点にある。また，島内の堆積物の対比も行い，噴火の編年を組み立てた。例えば，西暦838年の神津島天上山テフラおよび西暦886年の新島向山テフラと縄文時代早期後半の火山灰とされる鬼界－アカホヤ火山灰の堆積との間に特徴的な火山豆石層が島の北部に広く分布していることを確認し，上位を八丁平火山豆石層，下位を伊ヶ谷火山豆石層と命名した。
　そして，八丁平火山豆石層の下には友地遺跡，上には坊田遺跡・尾いずみ遺跡があることを述べた（鈴木・津久井1997）。そして，島の南北のテフラの対比を行い，北部の八丁平スコリア層・火山豆石層と南部の古澪マール形成時の降下スコリア層・爆発角礫岩層が同時期のものであると指摘した（津久井・鈴木1998）。このテフラの対比により，島の北部では八丁平スコリア層および八丁平火山豆石層が弥生時代中期の遺跡の下に堆積するのに対して，島の南側では古澪爆発角礫岩層が弥生時代中期のココマノコシ遺跡（筆者註：ココマ遺跡）の上に堆積しており，層位と遺跡の年代観の矛盾を述べた。
　また，土壌から採取した炭化木片の放射性炭素年代の結果からも矛盾を明らかにした。津久井らは坊田遺跡の上に堆積している平山スコリアの年代を2050±40 y.B.P.と推定し，下位に堆積する八丁平火山豆石層の年代は，友地遺跡の土器の年代から3000 y.B.P.と推定している（鈴木・津久井1997）。その後，津久井らはAMS放射性炭素年代測定によって，八丁平火山豆石層の年代を2500～2000年前（較正暦年代）とした（川邊・津久井・新堀2002）。一方，島南部の堆積物については，ココマ遺跡の遺物包含層の下位に堆積する溶岩流の年代を2570±100 y.B.P.（一色・小野・平山・太田1965），爆発角礫岩を堆積する要因となった古澪マールよりも古い横根マールの形成が2160±90 y.B.P.（横山・新井1976）と推定された結果についても北部と整合しないことを認め，考古学の編年に再考を促している（鈴木・津久井1997，津久井・鈴木1998）。
　これらの論文が発表された当時，三宅島にて発掘調査を行うものがいなかったため，この問題についてはいまだ解決をみていない。そこで，本章では，筆者らが行った発掘調査による堆積層の知見，およびAMS放射性炭素年代測定の結果を用いて考古学の立場から三宅島の火山噴火史の一面を明らかにしていきたい。

第2節　三宅島の遺跡にみる火山噴火堆積物

　まず，筆者らが発掘調査を行った遺跡（島下遺跡・坊田遺跡・ココマ遺跡）およびこれまでの発掘調査により堆積土の記載がある遺跡（大里遺跡・友地遺跡）について，層序を確認しておく。なお，先に挙げた3遺跡の火山性堆積物に対する知見は，共同で調査を行った火山学研究者の新堀賢志・大石雅之両氏の所見に基本的に基づいているが，ココマ遺跡の堆積については改めて検討した。本論に関わる火山地形と遺跡の立地については第16図に示した。

1　島下遺跡

　島下遺跡は島の北東部の島下地区に位置する縄文時代晩期から弥生時代中期初頭までの遺跡である。島下遺跡の基本層序は以下のとおりである（第17図）。Ⅰ・Ⅱ層：表土層，Ⅲ層：黒褐色土層（スコリア層），Ⅳ層：黒褐色土層，Ⅴ層：黒褐色土層，Ⅵ層：にぶい黄褐色土層（上部に「八丁平豆石層」のブロックを含む，二次堆積層），Ⅶ層：黒褐色土層（遺物包含層），Ⅷ層：暗褐色土層，Ⅸ層：黒褐色火山灰・スコリア層，Ⅹ層：褐色土層（遺物包含層，上部に「八丁平豆石層」のブロックを含む），ⅩⅠ層：褐色土層（層下部に円礫を含む），ⅩⅡ層：灰色火山灰層（「八丁平火山豆石層」のブロックを含む），ⅩⅢ層：橙色スコリア層（伊豆スコリア層），ⅩⅣ層：「八丁平豆石層」，ⅩⅤ層：「八丁平スコリア層」である。

　遺物包含層はⅩ層とⅦ層である。Ⅹ層では弥生時代中期初頭の土器を少量含むものの，弥生時代前期の土器が主体的に出土し，Ⅶ層では弥生時代前期と中期初頭の資料がともに出土した。Ⅹ層では層位の上面のみに遺物が含まれており，ⅩⅡ層に由来する火山豆石層のブロックが混入していた。そのためⅩ層そのものが二次堆積である可能性が高い。ただし，橋口尚武の1次調査時において，弥生時代中期初頭の遺物が多く出土した12層は，斜地ながらもテラス状に広がると記されている。こ

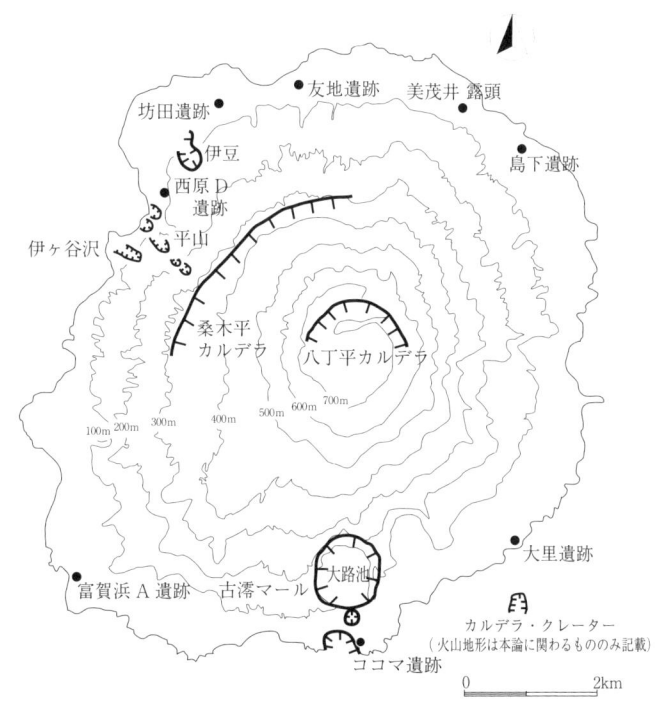

第16図　三宅島の火山地形と遺跡の立地

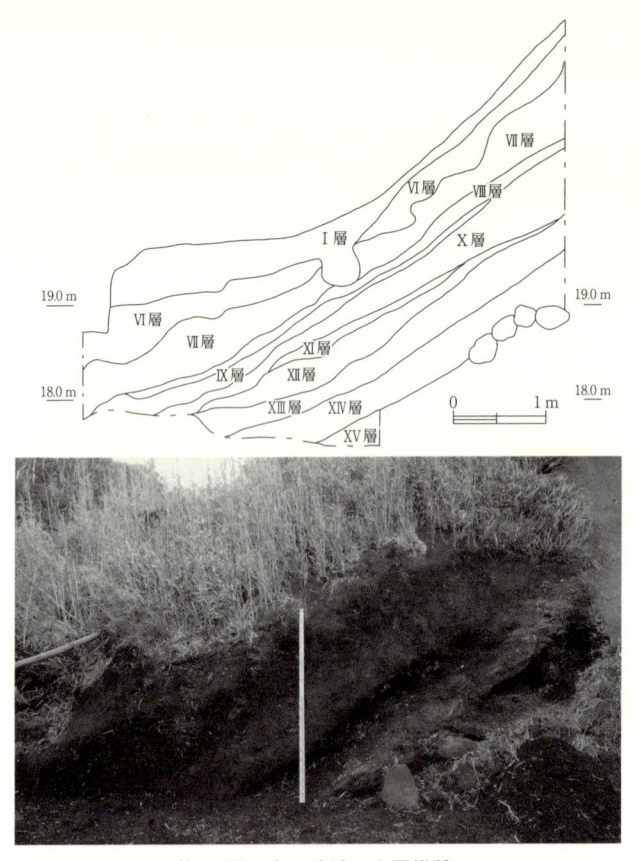

第 17 図　島下遺跡の土層堆積

の層からは，弥生時代中期初頭を主体としつつ，前期末葉の弥生土器も出土している。また，Pitなどの遺構も検出されていることから，1次調査の12層は本調査のⅩ層に相当すると考えられる。Ⅹ層の直上には富賀平火山灰とスコリア（Ⅸ層）が堆積している。富賀平火山灰・スコリアは伊ヶ谷沢スコリアの後の火山噴出物であり，島下遺跡の時期と時間差がある。これは山体崩落などの二次堆積を繰り返すなかで中間の層位が失われたため，調査区Ⅹ層の上に富賀平火山灰とスコリアが堆積したのだろう。

2　坊田遺跡

　坊田遺跡は島の北部の伊豆地区に位置する弥生時代中期後葉の集落遺跡である。坊田遺跡の基本層序は以下のとおりである（第18図）。Ⅰ・Ⅱ層：耕作土，Ⅲ層：明褐色土（西暦886年の新島起源の火山灰を含む），Ⅳ層：暗褐色土，Ⅴ層：明褐色土（西暦838年の神津島起源の火山灰を含む），Ⅵ層：赤灰色シルト層（凹所に部分的に堆積している），Ⅶ層：暗褐色土，Ⅷ層：灰黄色褐色スコリア層，Ⅸ層：黒色土（遺物包含層），Ⅹ層：暗褐色土（8mm大の赤色スコリアを含む），ⅩⅠ層：明褐色土（ローム質土），ⅩⅡ層：暗褐色土，ⅩⅢ層：黄褐色土（伊豆スコリア最上部ローム質土）である。

　坊田遺跡第4・5次調査では，遺物包含層のⅨ層直上にスコリア層（図中のアミ部）がレンズ状に堆積していた。このスコリア層は，北側に位置する第3次調査のトレンチでも堆積している（橋口1983）。火山性堆積物は火山灰とスコリアで構成されており，層厚は3～20cmである。

3　ココマ遺跡

　ココマ遺跡は島の南部坪田地区の西外れに位置する弥生時代中期後葉から後期前葉の貝塚遺跡である。ココマ遺跡の基本層序は以下のとおりである（第19図）。Ⅰ層：表土層，Ⅱ層：古澪爆発角礫岩層（層厚は40～50m），Ⅲ層：黒色土層（亜角礫・スコリア・火山灰を含む），Ⅳ層：

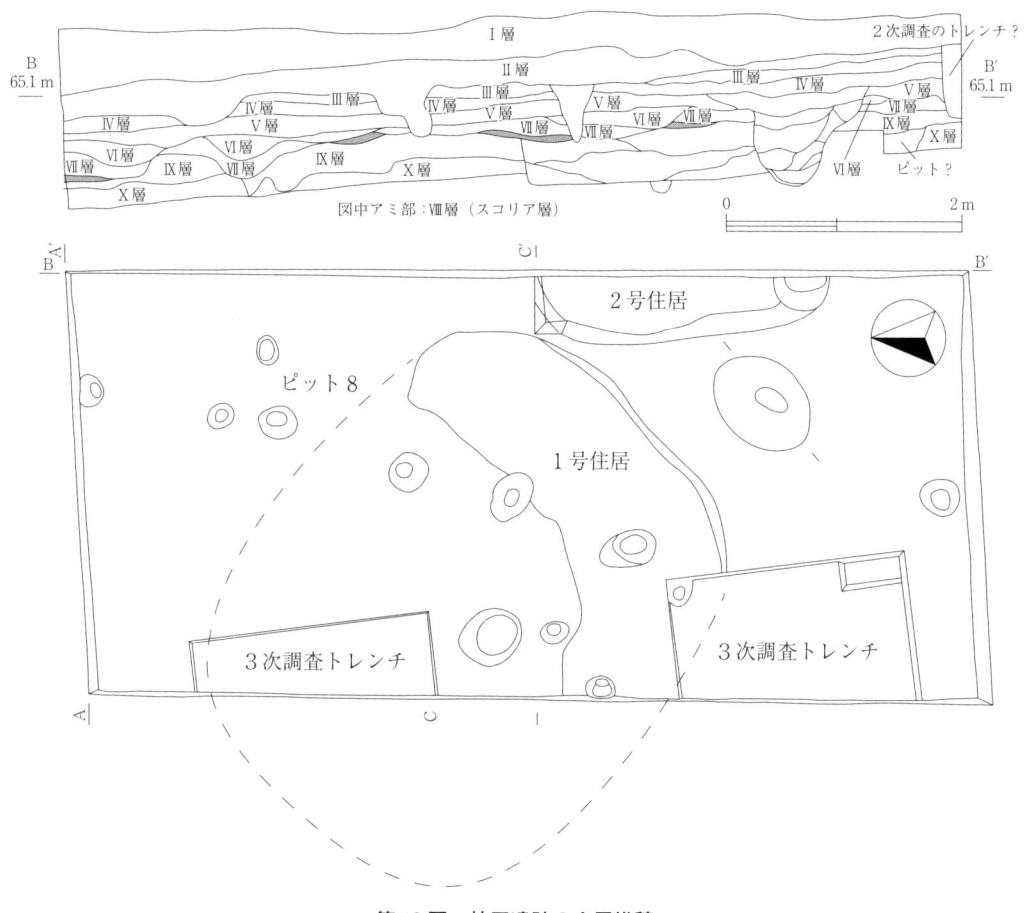

第 18 図　坊田遺跡の土層堆積

黒褐色土層（丸みを帯びた礫を含む，泥流層），Ⅴ層：黒色土層（泥流層の可能性がある），Ⅵ層：黒色土層（遺物包含層），Ⅶ層：黒色土層（遺物包含層），Ⅷ層：黒色土層（遺物包含層，貝を多く含む），Ⅸ層：黒色土層（遺物包含層），Ⅹ層：オリーブ黒色土層（泥流層），ⅩⅠ層：黒色土層（泥流層，成層構造をなす），ⅩⅡ層：黒褐色土層，ⅩⅢ層：橙色土層（亜円礫を含む泥流層），ⅩⅣ層：暗褐色土層（「八丁平豆石層」に相当する），ⅩⅤ層：黒色スコリア層（降下火山灰層，「八丁平スコリア層」に相当する，層厚170 cm 以上）である。

　ココマ遺跡の遺物包含層は混貝土層である。遺物の摩滅がほとんどないことから，距離は短いものの，泥流によって移動しながら遺物包含層は形成されたと考えられる。遺物包含層の直上には風化土壌を挟まず，泥流層（Ⅳ・Ⅴ層）および角礫を多く含むマグマ水蒸気爆発に伴う層（Ⅲ・Ⅱ層）が堆積している。ココマ遺跡では，遺物包含層の下に堆積する泥流層（Ⅹ層〜ⅩⅢ層）→弱い泥流を伴う遺物包含層の形成→爆発角礫岩層に至るまでの堆積が一連の噴火活動によるものと推定されている（新堀・齋藤 2009）。

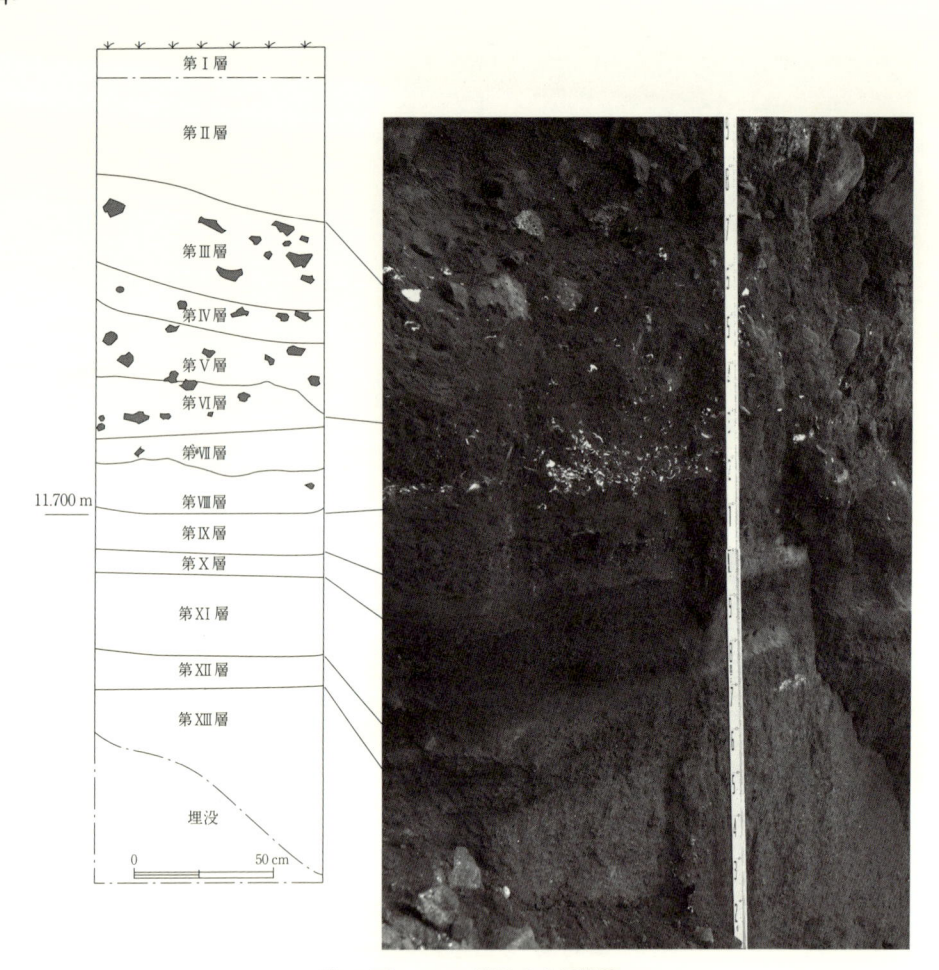

第 19 図　ココマ遺跡の土層堆積

4　大里遺跡

　三宅島南部の坪田地区に位置する弥生時代中期中葉の集落遺跡である。大里遺跡の基本層序は以下のとおりである。大里遺跡1次調査では，Ⅰ層：攪乱層，Ⅱ層：スコリアを僅かに含む黄褐色土層，Ⅲ層：スコリアを含む粘性の弱い黒色土層，Ⅳ層：5mmから10mmの黒色スコリアを含む黒褐色土層，Ⅴ層：黒褐色土層，Ⅵ層：粘性のある暗褐色土層，Ⅶ層：泥岩のような堅さをもつ黄褐色土層，Ⅷ層：黒褐色火山砂礫層（遺物包含層），Ⅸ層：黒褐色火山砂層（遺物包含層），Ⅹ層：スコリアを大量に含む褐色砂質層，Ⅺ層：スコリア層，Ⅻ層：粒子の細かい褐色スコリア層，暗褐色砂質（状）層，火山性多孔質玄武岩層，粘性の強い黄褐色土層となっている。
　大里遺跡の2次調査では，遺物包含層（Ⅹ層）の直上には砂層もしくは褐色シルト層（Ⅸ層）が遺跡全域を覆っているとの記載がある。2次調査のⅨ層はその記載内容から1次調査のⅦ層に相当すると考えられる。

第20図　友地遺跡の土層堆積

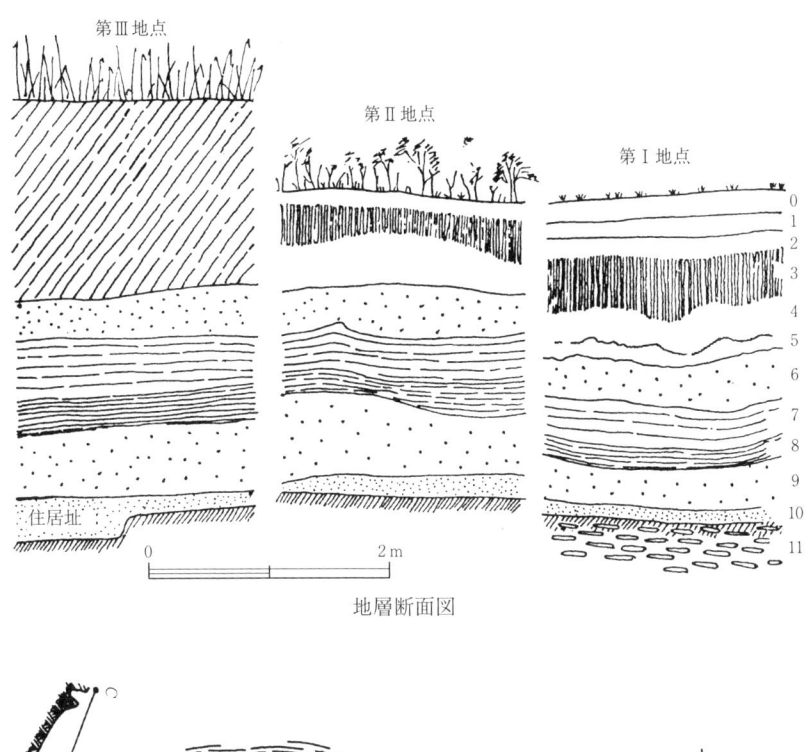

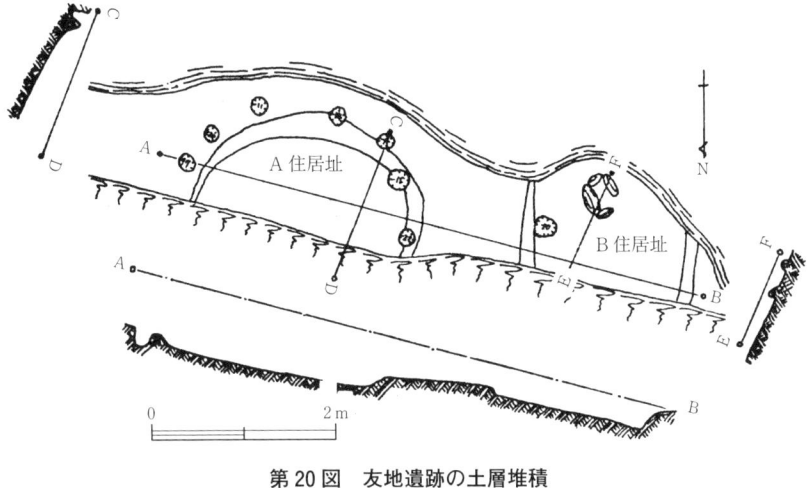

5　友地遺跡

　三宅島北部の神着地区に位置する縄文時代後期中葉から晩期前葉の集落遺跡である。基本層序は以下のとおりである（第20図）。表土，1層：灰色砂質火山灰層，2層：灰褐色火山灰層，3層：黒色火山灰層，4層：黒色砂質火山灰層，5層：軽石混りローム質火山灰層，6層：含火山礫赤色軽石層，7層：褐色火山砂泥薄互層，8層：灰色火山砂泥薄互層，9層：スコリア層，10層：暗褐色ローム質火山灰層，11層：風化層火山灰層となっている。竪穴住居の埋土である暗褐色ローム質火山灰層（10層）が遺物包含層である。10層の直上にはスコリア層（9層）が厚

く堆積し，その上には葉印象化石が多く含まれ，一見，湖沼堆積物にもみえる火山灰層（7層・8層）がある。7層の上には火山礫を含む赤色軽石層（6層）が堆積している（吉田・岡田1963）。

6 遺跡の年代と堆積物

これらの遺跡の年代について出土土器を基準に整理すると，友地遺跡（縄文時代後期・晩期初頭）→島下遺跡（縄文時代晩期終末・弥生時代前期・中期前葉）→大里遺跡（弥生時代中期中葉）→坊田遺跡（弥生時代中期後葉）→ココマ遺跡（弥生時代中期後葉・後期前葉）の順番になる。

三宅島の各遺跡の層序を概観した結果，歴史上の火山噴火に伴う噴出物が厚く堆積しており，改めて三宅島が火山島であることがわかる。しかし，西暦838年もしくは866年の新島・神津島の流紋岩質の降下堆積物を除けば，これらの遺跡で発掘時に各層位の同定が行われている例は皆無である。それは，発掘調査の時点で火山学者との共同調査が行われていなかったためである。そのため，火山学の研究においては，遺跡の土層堆積図と註記のみが検討資料となり後付けで噴出物の同定となった。こうしたことで研究分野相互間の意見が交わされることなくきたため，層位の解釈と考古資料の年代観とに矛盾が生じる事態となったと考えられる。

第3節 八丁平噴火噴出物と遺跡

火山噴火の年代推定では，層位的上下関係にある遺跡の考古資料の年代がひとつの基準となる。三宅島の場合，島内全域に大きな影響を及ぼしたと考えられる「八丁平噴火の噴出物」は三宅島の各所で確認され，「鍵層」となる。

1 八丁平噴火とその堆積物の特徴

全島民の島外避難を余儀なくさせた西暦2000年の噴火は，およそ3000年前の模噴火と言われている。西暦2000年の噴火でマグマ中のガスが大量に放出されたことで雄山の形状は大きく変化し，八丁平噴火で形成されたカルデラは再陥没した。西暦2000年の噴火以前の三宅島は数十年単位で噴火活動が活発になるが，その多くは，割れ目噴火である。

八丁平噴火の噴出物は下位からスコリア層（HCS主部）→細粒のスコリア〜スコリア質火山灰の八丁平スコリア層上部→泥流層（HCM）→その後割れ目噴火へと移行し，新たに海底で開口し古澪爆発角礫岩層（FMB）もしくは同時期に細粒火山灰が火山豆石となり島内全域に降下・堆積したと考えられ，噴火開始期から終焉までの期間はおよそ10年程度と想定されている（津久井・鈴木1998，津久井・新堀・川辺・鈴木2001）。津久井らによる堆積層の観察では，八丁平スコリア層は島の全域に分布し，島の南側では特に層厚が厚く2m程，島の北側ではやや薄く50〜60cmとされている。古澪爆発角礫岩層は島の南部の大路池から古澪マールにかけて分布し，ココマ遺跡の海岸ではおよそ40〜50mの厚さで堆積している。火山豆石層は南部以外ではスコリア層と泥流層の上位に位置する。北部の広い範囲で1m以上の厚さがあり，島では「カタ」

と呼ばれている。津久井らは，八丁平火山豆石層と古澪爆発角礫岩層の上部は同時期のものと考えている（津久井・鈴木 1998：157 頁）。この認識が火山学の成果と考古学の成果において噴火の時期と遺跡の時期の矛盾点として現れてくる。

2　八丁平の堆積物と島北部の考古遺跡

　火山学の研究成果の矛盾に対して，筆者はまず八丁平噴火噴出物が三宅島全域に分布するという前提について検討する。そのため，まず島の南北それぞれについて検討し，遺跡との層序的関係を捉えていくことから始める。

　島の北側の遺跡を対象として八丁平噴火噴出物との対応関係からみていきたい。筆者らが発掘調査を行った坊田遺跡ならびに島下遺跡では，層位的な攪乱は少なくとも調査範囲内で確認することができず，堆積順序の時間的関係を信頼することができる。

　坊田遺跡では，遺物包含層（IX層）の下層に黄褐色土（XIII層：伊豆スコリア最上部ローム質土）が堆積している。伊豆スコリア層は八丁平豆石層の上位に位置する地層である。調査区のトレンチ内では八丁平豆石層を確認することができなかったが，遺跡脇のカッティング面で八丁平豆石層が遺物包含層よりもレベル的に下位にきていることが確かめられており（第 21 図），層位的に八丁平豆石層は坊田遺跡（弥生時代中期後葉）よりも以前の噴火に伴う堆積物と言える。

　島下遺跡では，遺物包含層（X層）の下位に八丁平豆石層（XIV層）および八丁平スコリア層（XV層）が堆積している。出土遺物との層位的な関係では，X層に弥生時代前期の資料が含まれている。1 次調査では 12 層（2 次調査の X 層に対応）から弥生時代前期〜弥生時代中期前葉の遺物が出土しており，下層の 13 層下面で縄文時代晩期末葉の資料が出土している（第 22 図）。図に呈示した土器のなかで 11 については報告論文では晩期前半の安行式土器とされているが，この資料は三叉文の幅が広くその周りも彫刻的手法（石川 2005）を用いて文様が作られており，縄文時代晩期末葉から弥生時代前期にかけて関東地方南部でひろく見られる土器と考えられる[1]。したがって，島下遺跡 1 次調査の 13 層下面の出土土器は縄文時代晩期末葉の一群と捉えられる。

　1 次調査と 2 次調査区とでは距離にして 10 m も離れておらず，土層の断面を見る限り攪乱等の層の乱れも想定されにくいため，縄文時代晩期後葉の資料を含む 13 層は 2 次調査の XI 層もしくは XII 層に該当すると考えられる。したがって 2 次調査で確認された伊豆スコリア層（XIII 層）ならびに八丁平豆石層

第 21 図　坊田遺跡近郊での堆積土

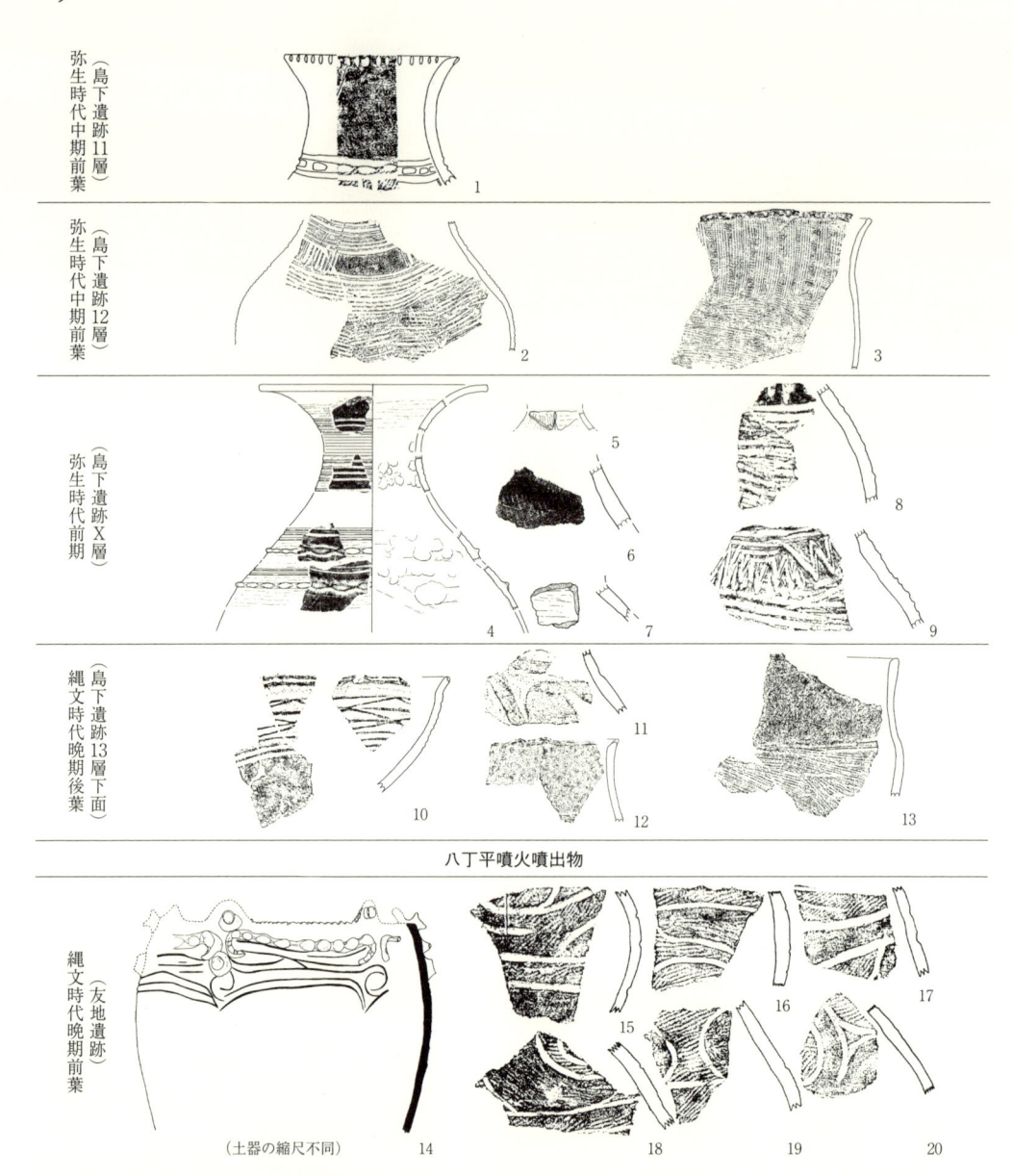

(弥生時代中期前葉) (島下遺跡11層)

(弥生時代中期前葉) (島下遺跡12層)

(弥生時代前期) (島下遺跡X層)

(縄文時代晩期後葉) (島下遺跡13層下面)

八丁平噴火噴出物

(縄文時代晩期前葉) (友地遺跡)

(土器の縮尺不同)

第22図　三宅島北部の縄文土器から弥生土器の変遷

（XIV層）と八丁平スコリア層（XV層）は縄文時代晩期後葉以前の堆積となる。

　次に，他の遺跡の地層堆積について検討しておく。一色や津久井の研究では，友地遺跡は八丁平噴火堆積物の下に位置すると言われている。友地遺跡の遺物包含層（10層）の上には厚さ80cmほどのスコリア層（9層）があり，その上には30～40cmの厚さの灰色火山砂泥薄互層（8層），褐色火山砂泥薄互層（7層），含火山礫赤色軽石層（6層）が堆積している。この層序の対比資料として友地遺跡から東に3kmの美茂井地区の防災工事現場で良好な露頭を観察することができた[2]（第23図）。写真のなかで発電機（K5560と書いてあるもの）の下に堆積しているの

第 2 章　三宅島の火山噴火と遺跡　51

第 23 図　美茂井地区の土層堆積

褐色火山砂泥薄互層(7層)　含火山礫赤色軽石層(6層)
灰色火山砂泥薄互層(8層)
スコリア層(9層)

が友地遺跡で確認された 9 層～6 層に該当すると考えられる。層序も厚いスコリア層と 2 枚の火山砂泥薄互層（火山豆石層）と赤色軽石層（スコリア層）の順序をなしている。こうしたことから、友地遺跡の遺物包含層は、八丁平噴火噴出物の下に位置することは間違いない。

友地遺跡の土器は縄文時代後期から晩期が主体であり、管見の限り晩期中葉以降の資料はない。八丁平噴出物の上に位置する島下遺跡では、最も古い時期を示す資料が縄文時代晩期終末である。つまり、上記に記した三宅島北部における八丁平噴出物と考古遺跡の関係から判断すると、三宅島の北部で観察される八丁平噴火の噴出物は、縄文時代晩期初頭以後、晩期終末までの間に堆積したと考えられる。

3　八丁平噴出物の年代

次に、火山性堆積物および考古資料の年代から噴火年代を検討する。これまで八丁平噴火の噴出物について、放射性炭素年代測定ならびに AMS 放射性炭素年代測定のデータが提示されている。また、考古資料についても縄文土器や弥生土器を中心に近年 AMS 放射性炭素年代測定が行われ、各土器型式の年代幅が明らかにされている。三宅島の資料の年代測定例はココマ遺跡の資料のみであるが、併行関係にある土器型式に示された年代値を援用して議論を進めたい。

まず、川邊禎久らによる八丁平噴火の噴火年代の分析結果について呈示する（川邊・津久井・新堀 2002）。川邊らは、島の北部（神着・美茂井・大般若）に分布する八丁平スコリア（HCS）直下の土壌と南部のココマ遺跡で古澪爆発角礫岩層（FMB）の直下の遺物包含層から得られた炭化木

第7表　川邊禎久らによる八丁平噴火の放射性炭素年代

Lab. Number	Sample name	Type	Geological Unit	Locality	14C age(y BP)	cal.age(ka)
Beta-164154	1001	Soil	HCS	Kamituki	1900±40	1.8-1.9
Beta-164155	1002	Soil	HCS	Mimoi	2680±40	2.7-2.8
Beta-164156	1003	Soil	HCS	Daihannya	2890±40	2.8-3.1
Beta-137519	2001	charred tree	FMB	Kokoma	2220±50	2.1-2.3

第8表　ココマ遺跡出土試料のAMS放射性炭素年代

分析ID	Type	Geological Unit	14C age(y BP)	1σ (68.2% probability)	2σ (95.4% probability)
Kokoma-shell1	ココマ出土ベッコウガサ	D区1層	2382±30	BC95-BC25	BC140-AD10
Kokoma-shell2	ココマ出土ベッコウガサ	D区2層	2344±29	BC40-AD25	BC80-AD60
Kokoma-shell4	ココマ出土ベッコウガサ	C区3層	2491±29	BC235-BC155	BC320-BC130
Kokoma-coral	ココマ出土サンゴ	古澪層下位サンゴ	6357±43	BC4940-BC4810	BC5000-BC4750
Kokoma-charcoal2	ココマ出土木炭	D区3層下層下部	2051±31	BC90-BC70(24.4%) BC55-BC40(43.8%)	BC95-BC35(92.9%) BC10-AD0(2.5%)
Kokoma-charcoal5	ココマ出土木炭	D区3層上層上部	2033±33	BC50-BC35(30.7%) BC30-BC20(15.6%) BC10-AD0(21.9%)	BC55-AD5
Kokoma-charcoal6	ココマ出土木炭	D区3層上層下部	1915±29	AD70-AD90(41.4%) AD105-AD120(26.8%)	AD60-AD125
kokoma18-TG100608	Sus scrofa(イノシシ・歯)	採集	2331±90	2673-2160	2707-2147
kokoma19-TG100609	Sus scrofa(イノシシ・歯)	採集	1853±86	1890-1696	1987-1569
kokoma20-TG100610	Sus scrofa(イノシシ・歯)	採集	2035±85	2114-1897	2305-1817

片の年代測定を行った（第7表）。

　その結果，神着のサンプル（1001）がやや新しい年代値が出ているが，これは露頭が古いため，現生の炭化物の影響と報告者は推定している。美茂井（1002）と大般若（1003）のサンプルの炭素年代は2680±40yBP，2890±40yBP，較正年代で2700～2800年前，2800～3100年前と近い数値が示されている。一方，ココマ遺跡の炭化木材（2001）の炭素年代は2220±50yBP，較正年代で2100～2300年前であり，北部の資料と大きな年代差がある。この年代測定結果を受けて八丁平スコリアと古澪爆発角礫岩層との堆積の年代には無視できない差があると述べている（川邊・津久井・新堀2002）。

　次に筆者らがココマ遺跡の調査で行ったAMS放射性炭素年代測定の結果を呈示し，資料を充足したい。ココマ遺跡の発掘調査報告において7点，イノシシ類の分析の際に3点の試料の年代が呈示されている（第8表）（米田・鵜野2009，覚張・米田2011）。これらの試料は古澪爆発角礫岩層およびその下に堆積する遺物包含層からの出土品である。一部に採集資料も含まれているが，ココマ遺跡では弥生時代中期以前の資料（土器・石器）が出土していないことから，これらの試料はすべて弥生時代中期から後期前葉に属すると考えられる。

　分析した試料のなかでKokoma-coral（サンゴ）は，古澪爆発角礫岩層より出土しているが，

特に古い年代が出ている。これはすでに死んだサンゴが爆発によって堆積したと考えられるため，除外とする。そのほかの試料については，ばらつきはあるが，多くは紀元前1世紀の年代を示している。この分析結果は，先に記した川邊らの分析のなかのココマ遺跡の炭化木片（lab. No. Beta137519）の年代と合致している。川邊らの古澪爆発角礫岩層直下の層位の年代的位置づけも正しいと考えるべきであり，ココマ遺跡の地点における古澪爆発角礫岩層の堆積は紀元前1世紀から紀元後1世紀ごろと推定され，北部の八丁平スコリア層の堆積時期と異なる。

4　考古編年と八丁平噴火の年代

　津久井らの研究では，火山堆積物の層序および年代測定の結果から，考古遺跡の編年について再考を求めている。それでは，ココマ遺跡のAMS放射性炭素年代測定の年代値の妥当性について，土器型式が共通する他の遺跡の年代値を用いて検証する。ここで比較するのは神奈川県三浦市赤坂遺跡の年代測定値である。

　第24図にはココマ遺跡出土の弥生土器と赤坂遺跡出土の弥生土器を呈示した。赤坂遺跡は10次7A号住居・11次調査6c号住居の出土資料である（中村・諸橋2004・2006）。器種は，壺・甕・浅鉢で構成される。壺は，肩部から胴部上半にかけて沈線区画による羽状縄文の文様帯があり，甕は外面のナデ調整を主体とし，頸部に粘土帯輪積み痕を残す。浅鉢は外面を赤彩し，口縁部外面に沈線区画の羽状縄文の文様帯があり，弥生時代後期前葉に位置づけられる。また，10次調査7A号住居出土の土器は浅鉢は型式学的に近い一群である。壺では，沈線区画の横帯縄文施文は共通するものの，折り返し口縁部に棒状や刺突文のある円形浮文をもつ土器もある。そして，甕の口唇部がかなり細かい連続した押捺になるなど，ココマ遺跡や赤坂11次6c住居の資料に比べてやや新しい。土器の型式学的組列からすれば，赤坂11次6c号住居→10次調査7A号住居という時間的順序になる。

　赤坂遺跡では，炭化材の年代測定が行われた（第9表）（小林2006）。11次6c号住居出土の炭化材の暦年較正値はBC50〜AD60である。10次調査7A号住居の試料はBC40〜AD130を示しており，両遺構間での時間的関係に矛盾は認められない。ココマ遺跡の遺物包含層出土資料の年代測定結果は，赤坂遺跡の一群と非常に近い年代値を示しており，ココマ遺跡の年代が他の遺跡と比較しても整合性がとれていることもわかる。そして，少なくとも三宅島北部で採取された八丁平噴火の試料が示す年代とは大きくかけ離れていることもわかる。出土土器の型式が共通している赤坂遺跡の資料の年代値と比較しても，三宅島のココマ遺跡を覆う古澪爆発角礫岩層の堆積が紀元前1世紀から紀元後1世紀頃とする年代測定値は有効性があるとみるべきであろう。

　それでは島北部で観察された八丁平スコリアの年代について検討したい。まず，確認しておくことは八丁平スコリアおよび火山豆石層は，友地遺跡の遺物包含層よりも上位に位置していることである。友地遺跡の出土土器のなかで最も新しい時期のものは清水天王山式土器である（第22図-14）。この土器は巴弧線文があり，刻目隆帯文をもつことから清水天王山中層1式に比定され，縄文時代晩期前葉に位置づけられる（設楽2008）。この清水天王山式土器以外にも友地遺跡

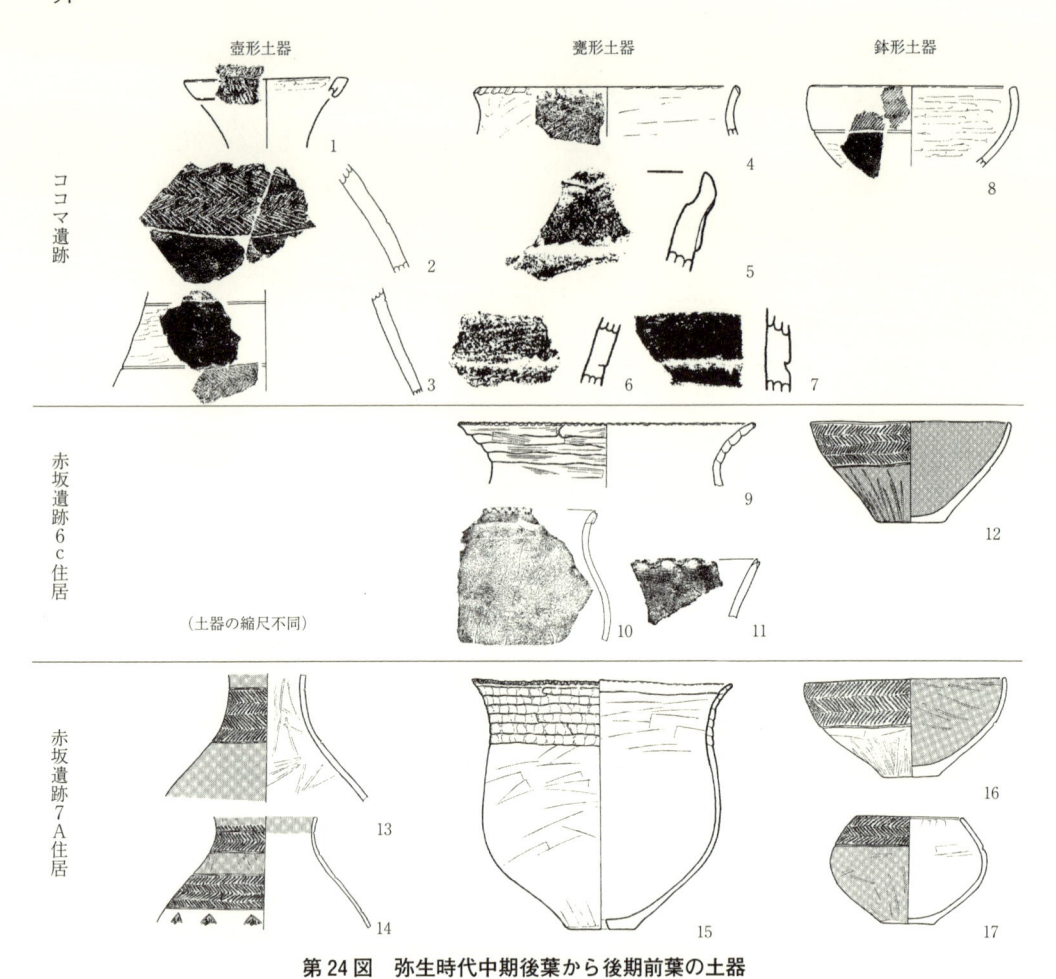

第 24 図　弥生時代中期後葉から後期前葉の土器

第 9 表　赤坂遺跡出土試料の AMS 放射性炭素年代

遺跡	分析 ID	Type	Geological Unit	時期(土器型式)	14C age (y BP)	暦年較正 cal BC	暦年較正 cal BC
赤坂	KNMR-C10	炭化材	11 次調査 6c 号住居 床面	弥生時代後期初頭 (久ヶ原式)	2005±25	BC50-AD60(95.5%)	
赤坂	KNMR-C7	炭化材	10 次調査 7A 号住居 覆土下部	弥生時代後期前葉 (久ヶ原式)	2030±20	BC95-AD25(94.8%)	AD45-AD45(0.6%)
赤坂	KNMR-C14	モモ核	10 次調査 7A 号住居 覆土	弥生時代後期前葉 (久ヶ原式)	1985±25	BC40-AD65(94.9%)	
赤坂	KNMR-C15	オニグルミ核	10 次調査 7A 号住居 覆土上部	弥生時代後期前葉 (久ヶ原式)	1960±25	AD1-AD85(86.6%)	B25-BC10(4.6%)
赤坂	KNMR-C16	モモ核	10 次調査 7A 号住居 床面	弥生時代後期前葉 (久ヶ原式)	1925±25	AD45-AD130(84.7%)	AD25-AD45(10.8%)

から出土しているのは関東地方南部に主体的な分布をもつ安行 3 式の土器（同図 15～20），東海地方西部に分布する雷式土器などの半裁竹管で施文される土器などであり，晩期前葉が友地遺跡の遺跡継続の下限と考えられる（吉田・岡田 1963）。

第10表 縄文時代後期・晩期のAMS放射性炭素年代

遺跡	分析ID	Type	GeologicalUnit	時期（土器型式）	14Cage (y BP)	暦年較正 calBC	暦年較正 calBC
清水天王山	SST-1	土器付着物	D2・3区6号Bピット（ドングリ貯蔵穴）	縄文後期（清水天王山式古）	3400±110	1965-1445(95.3%)	1970-1965(0.1%)
清水天王山	SST-1 (re)	土器付着物	D2・3区6号Bピット（ドングリ貯蔵穴）	縄文後期（清水天王山式古）	3130±40	1495-1310(95.5%)	
清水天王山	SST-2	土器付着物	D2・3区6号Bピット（ドングリ貯蔵穴）	縄文後期（清水天王山式古）	3120±60	1515-1255(94.2%)	1230-1215(1.2%)
清水天王山	SST-3	土器付着物	D3区11号ピット	縄文後期（清水天王山式古）	3120±50	1495-1285(93.2%)	1285-1265(2.3%)
清水天王山	SST-6	土器付着物	F2区第8層	縄文後期（羽状沈線土器）	3340±110	1905-1410(95.4%)	
清水天王山	SST-8	土器付着物	D3区3号ピット	縄文後期（清水天王山式古）	3090±50	1455-1255(91.6%)	1240-1215(2.7%)
原口	KHH-2394	土器付着物		縄文晩期（清水天王山1式）	3290±70	1695-1430(91.5%)	1740-1705(4.0%)
石行	NNMT-116	土器付着物		縄文晩期（氷Ⅰ式新・大洞A2〜A式）	2570±40	810-735(55.2%)	650-545(26.4%)
石行	NNMT-180	土器付着物		縄文晩期（氷Ⅰ式新・大洞A2〜A式）	2570±40	810-735(55.2%)	650-545(26.4%)
女鳥羽川	NNMT-1	土器付着物		縄文晩期（女鳥羽川式）	2440±40	595-405(61.3%)	750-685(21.6%)
女鳥羽川	NNMT-3	土器付着物		縄文晩期（大洞A1式）	2950±40	1295-1025(95.4%)	1740-1705(4.4%)

　三宅島で出土したこれらの時期の年代測定の事例はないため，同じ土器型式の年代測定結果を援用していく。縄文土器の年代測定は，国立歴史民俗博物館を中心とした研究グループにより数多くの成果が公表されている（西本編2006・2007）。この研究成果から関東地方を中心として該当する時期の資料を抽出したのが第10表である。

　清水天王山遺跡出土の土器（SST-3〜10）は縄文時代後期後半から末葉のドングリ貯蔵穴から出土した土器群が分析試料となった（小林・今村・坂本2008）。資料SST-1ならびにSST-6はそのほかの試料群よりも古い年代が測定されているが，それは土器胎土や土壌から付着してきたミネラル分が多かったために，その影響と海洋リザーバー効果が考えられた。この試料を除くと，年代値はBC1500〜BC1200の間に入ってくる。友地遺跡は晩期前葉なのでこの年代値に近いところと考えられる[3]。次に晩期後葉の試料として長野県松本市石行遺跡・女鳥羽川遺跡出土の縄文土器の年代測定値をみてみる。石行遺跡と女鳥羽川遺跡は縄文時代晩期後葉の遺跡であるので，友地遺跡よりも新しく，島下遺跡の13層出土土器群に近い。石行遺跡はBC810〜BC735を示しているが，女鳥羽川遺跡の年代測定値にはややばらつきがあり，BC1295〜BC405を示している。縄文時代晩期末葉の年代測定例は決して多くないが，例えば新潟県新発田市青田遺跡では島下遺跡からも出土している氷Ⅰ式土器の年代がBC830〜BC505と推定されており，縄文時代晩期末葉はBC800〜BC500頃と考えられる。こうしたことから島北部の八丁平噴火噴出物はBC1200〜BC735の間に堆積したと考えられる。

5 八丁平噴火と「ココマ遺跡上層火山性堆積物」

このように縄文土器および弥生土器の年代からみてくると，島北部の八丁平噴火のスコリア層の下の土壌から採取されたサンプル1002（2.7-2.8 cal. age Ka）・1003（2.8-3.1 cal. age Ka）が示す年代は，縄文時代晩期前葉から末葉に近い数値を示している。一方，島の南部のココマ遺跡で確認されるスコリア層・泥流層・古澪爆発角礫岩層の堆積は紀元前1世紀から紀元後1世紀の火山噴火によって堆積したものと考えられる。この島南部の爆発角礫岩層について本稿では，「ココマ遺跡上層火山性堆積物」と名付け，八丁平噴火の堆積物とは分けて考えることにする。

つまり，考古遺跡の層序関係と放射性炭素年代測定の結果から，これまで全島を覆う形で堆積していると考えられてきた八丁平噴火堆積物は島の北部と南部とで堆積年代が異なり，それぞれ別の時期の火山噴火による堆積物であったことが明らかになった。

近年，火山学分野にて及川輝樹・下司信夫によって，三宅島南西山腹で八丁平スコリア・火山灰（八丁平テフラと命名）と爆発角礫岩層との間に土壌層ならびにスコリア層の堆積が確認された。及川らは，爆発角礫岩層とスコリア層を大路池テフラと命名し，八丁平テフラとは別の噴火活動によって堆積したものであると推定した。また各層位の ^{14}C 年代を明示し，八丁平テフラを約 2.5 ka BP，大路池テフラを約 2.0 ka BP と推定し，遺跡の年代との齟齬を解消したと述べた（及川・下司 2011）[4]。発表要旨のみであるため，詳細は不明であるがこの大路池テフラは，筆者のココマ遺跡上層火山性堆積物（巻頭写真2）に相当すると考えられる。この年代値は，筆者が考古資料を操作して導いた年代値と近く，両氏が述べるとおり，それぞれの堆積物が異なる噴火によるものであり，従来説かれてきた堆積物の年代と遺跡の年代との差異を解消したと言える。

第4節 弥生時代中期の火山噴火

本節では，弥生時代中期中葉から中期後葉の火山噴火の痕跡を検討する。対象となる遺跡は島の南部の坪田地区に位置する大里遺跡（弥生時代中期中葉）と島の北部の伊豆地区に位置する坊田遺跡（弥生時代中期後葉）である。

1 大里遺跡

大里遺跡2次調査では，弥生時代中期中葉の遺構が検出され，火山性堆積物も良好な状態で検出された。ここでは，まず遺構覆土の堆積状況について特徴的な例をもって検討し，次に調査区全体に堆積する基本層序を分析する。

遺構では6号土坑と1号土坑を取り上げる。6号土坑は調査区のほぼ中央 H-2 グリットで検出された。この土坑は基盤層であるXII層から掘り込まれ，平面形はややいびつな矩形で，断面は箱形を呈し，底面にピットが数基ある。報告書に記載されている覆土の堆積層は6つに分層されているが，遺物の出土状況をみるとおおよそ上・中・下層の3層に分けて考えることができる（第25図）。下層は覆土の4・5層に相当し，遺物も土坑の底面直上から出土している。

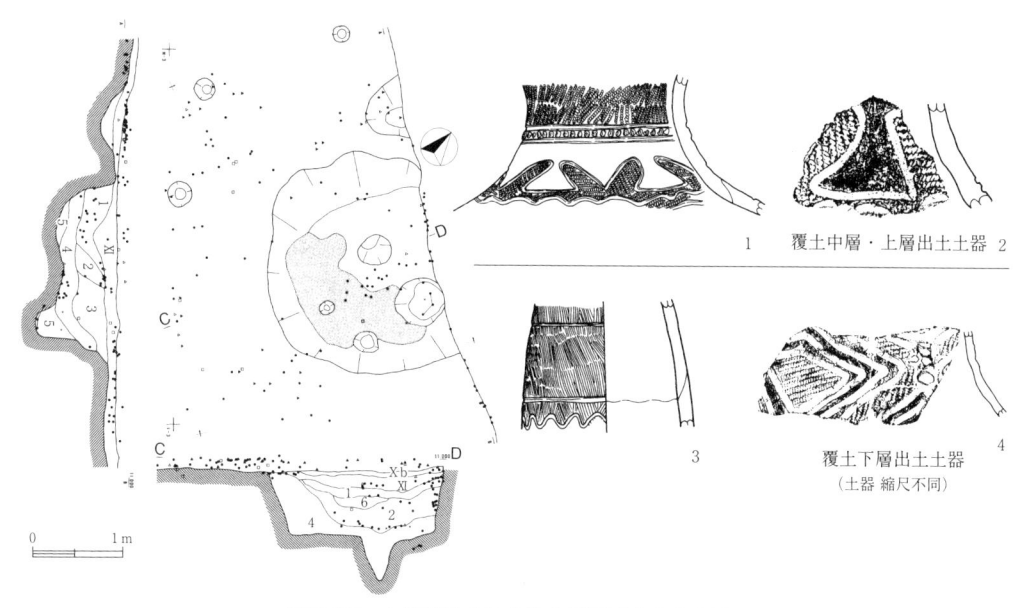

第25図　大里遺跡6号土坑土層断面と出土土器

　中層は1・2・3層に相当し覆土中位に遺物が集中する。上層は覆土最上位で基本層のⅪ層・Ⅹb層に相当する。遺物の出土状況からみた覆土の層序の妥当性についてもみておきたい。中層および上層には中期後葉の宮ノ台式土器へとつながる結紐文様をもつ土器群（同図1〜2）があるのに対して，下層からは中期中葉の土器の特徴を残す棒状の浮文や細頸壺（同図3〜4）が出土しており，下層と中・上層との間には土器型式に時間差がある。また，覆土の特徴をみてみると下層の4・5層は5mm〜1cmの大きさの粒子からなる砂利層で4層では最下部に炭化物の堆積がある。土坑覆土のセクションラインＣ-Ｄでみると南西側からの流れ込みで埋没している様子である。4・5層で観察された砂利層に関して直接的な言及はないものの，発掘調査報告書では，遺構内部で検出された砂層は海岸の砂とは異なり，津波や高潮に伴うものではないと指摘されている（大越1995）。その場合，砂利層の起源の可能性としては，降下火山灰による直接的な堆積もしくはその流入と考えられる。4層の堆積後の中層（1・3層）はよくしまっている砂質土層であり，層の性格が異なっており，別の時期の掘り込みの可能性も報告書では述べられている。そして中層が堆積し土坑の中央付近にやや凹みが残る程度の時期に遺物包含層ⅩⅠ層が堆積した。

　1号土坑は調査区北側Ｃ-3グリットで検出された。平面形はややいびつな円形を呈している。覆土は3層に分かれており，遺物は下層（2層と3層の層境）と上層（1層の上に堆積する遺物包含層）から集中的に出土している（第26図）。この土坑の時期は，下層の遺物に結紐文をもつ壺の破片（同図2）が含まれていることから6号土坑の中層に，本遺構の上層は6号土坑の上層にそれぞれ対比できる。下層の2・3層は土壌質であるが1層には5mm大の砂利が多く含まれていると記載されている。

　こうした遺構が流入土等で埋没した後に遺物包含層のⅩa・Ⅹb層が堆積する。大里遺跡1次

調査でも遺物包含層は2層（8層・9層）検出されており、2次調査のⅩ層・Ⅺ層に対応する。この遺物包含層からの出土土器の特徴としては、磨消手法による結紐文をもつ壺の出土が目立つものの、中里式土器に近い一群も一定量含まれており、異なる時期の土器が共伴している。

また、両層の資料に接合するものが多くあり、遺物包含層の形成の性格を示している。出土土器の内容および出土状況、そして土壌の特徴から判断すると、Ⅹ層・Ⅺ層の遺物包含層は泥流などの流れ堆積物により形成されたと考えられる。

その後、Ⅸ層が堆積している。

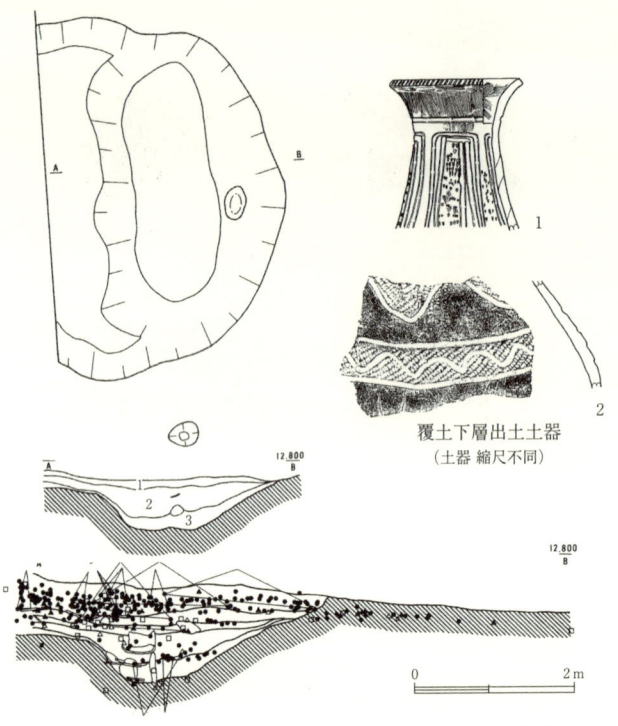

第26図　大里遺跡1号土坑遺物分布と出土土器

Ⅸ層（1次調査の7層に対応）には葉印象化石が多数含まれていることが報告書に記されており、この層の生成要因は極細粒の流れ堆積物もしくは降下火山灰によるものと想定される[5]。降下火山灰であると考えた場合、Ⅹa層に含まれるスコリアは本来Ⅸ層の堆積要因となった火山活動に伴う噴出物である可能性が高い。1次調査で包含層（8層）の掘削について、以下のような記載がある（橋口1975：111頁）。

「(前略) 8層目の上層部分は火山性多孔質玄武岩（筆者註：スコリアのことか？続く文章ではガラと表記される）のため移植ごてや竹べらが通りにくい層であったが、ガラに挟まった状態で遺物が出土するようになった。ガラを取り除くと海側に傾斜した土層に沿って遺物の量が多くなり、包含層の中心部分であることが予想された。(後略)」

この記載に基づくとスコリアは遺物包含層の土壌の上に純層として堆積していたかのようである。つまり、流れ堆積物による遺物包含層の形成→スコリアの堆積→Ⅸ層の堆積となる。第2次調査の土層観察所見では遺物包含層はやや土壌化していたとあり、遺物包含層の形成とスコリアの堆積が時間的に連続したものではない可能性もあるが、これまで火山学の分野では認識されていない弥生時代中期中葉に三宅島南部に影響を及ぼした火山噴火活動があったと推定しておく。

2　坊田遺跡

火山学の研究では坊田遺跡は、伊豆スコリアの上位に位置していることがすでに津久井らの研

第 27 図　坊田遺跡の火山灰埋没ピット

究で指摘されている。そして，直接的な層位の前後関係は明示されていないが，放射性炭素年代結果から平山スコリア（2050±40y. B. P. 未較正）と時間的に近い位置にあると示唆されている（津久井・鈴木 1998）。坊田遺跡の土層に関してはすでに 3 次調査の際に，遺物包含層の直上にスコリアが堆積していることが確認され，噴火の影響が指摘されてきた（橋口 1983）。しかし，そのスコリアの出自については明らかにされていなかった。

　そこで，2009 年 5 月に筆者らは発掘調査（4 次調査）を行い，噴火噴出物の同定を行った。発掘調査ではスコリア層（Ⅷ層）が遺物包含層（Ⅸ層）の直上に堆積していることを確認した。Ⅷ層は明灰色スコリアを主体として，厚く堆積しているところでは火山灰が直上に薄く堆積している。調査区の壁面での堆積状況を確認すると，スコリア層は地形の凹部を中心にレンズ状に連続していた。遺跡の立地する場所が北側へと下る緩斜面地であり，南側ではスコリア等は検出されず，北側の調査区壁面でやや厚く（最大厚は 20 cm）検出された。また，Pit8 とした直径 32 cm×25 cm，深さ 40 cm の小穴は，このスコリア層で埋没していた（第 27 図）。覆土を観察すると，スコリア層と火山灰層とが互層となっており，これらの堆積土は降下堆積物ではなく，流れ堆積物であることを示している。また，Pit8 の壁面上部はやや赤色化しており，炭化物の混入が認められたため，この Pit は火砕流もしくは火砕サージによる埋没の可能性が高い。

　また，Ⅷ層の上位には火山灰層（Ⅵ層）が検出された。Ⅵ層は調査区内の壁面で観察するかぎり凹部に堆積する状態であり，最大層厚は 20 cm である。そして，堆積土は成層構造をなし，暗灰色部を主体として赤褐色部を挟んでいる。また，炭化木片を含む箇所も認められた。

　これらの火山灰層は，坊田遺跡から西に約 1 km の伊豆岬の露頭層序との対比から富賀平火山灰，スコリア層は伊ヶ谷沢スコリアと推定される（新堀 2011）。

次に遺跡の変遷過程のなかでこれらの火山性噴出物を位置づけたい。4次調査では2軒の竪穴住居が検出された。1号住居は3次調査で掘られたトレンチをまず先に掘削し，土層を確認した際に竪穴住居の掘り込みと水平な床面およびそこから掘られたピットを確認した。その後掘削したなかで平面プラン全体を捉えようとしたが，北側については確認することができなかった。ただ床面は部分的に硬化している範囲を確認することができた。2号住居はその大部分が調査区外に伸びているが，平面形が小判型を呈する竪穴住居であろう。これら2軒の竪穴住居の覆土はすべて黒色土である。2号住居の土層断面図をみると，Ⅷ層の伊ヶ谷沢スコリアの純層は埋没したあとに堆積している。両竪穴住居からは弥生時代中期後葉の宮ノ台式土器が出土しているが，その出土量はきわめて少なかったため，土器型式からの時間差を読み取ることはできない。しかし，これらの竪穴住居はほぼ接しており，上屋構造を考えた場合，同時に存在していたとは考えにくく，時間的な前後関係があると推定される。また，伊ヶ谷沢スコリアで埋没するPit8は，その位置から1号住居が埋没したあとに掘削された遺構であると考えられる。つまり，1号住居（もしくは2号住居）→2号住居（もしくは1号住居）→竪穴住居の埋没→Pit8の掘削→伊ヶ谷沢スコリアを伴う流れ堆積物で埋没という時間的変遷である。

こうした観察結果から，Pit8ならびに遺物包含層を直接的に覆う伊ヶ谷沢スコリア層は弥生時代中期後葉の火山噴火活動に伴うものと推定され，坊田遺跡は伊ヶ谷沢スコリアを噴出した火山噴火で終焉を迎えたと考えられる。

おわりに

本章では考古資料の年代観およびAMS放射性炭素年代測定から，三宅島の火山噴火史を整理し，縄文時代晩期から弥生時代後期までの火山噴火史を検証してきた。まとめると第28図のようになる。

1 八丁平噴火とココマ遺跡上層火山性堆積物

八丁平噴火はカルデラを形成した大規模噴火であるため，島北部のスコリア層と火山豆石層，島南部の泥流層・スコリア層・古澪爆発角礫岩層など全島域にその痕跡を残したと考えられてきた。しかし，島北部における層序と考古遺跡の関係，南部のココマ遺跡出土資料のAMS放射性炭素年代測定の結果から，北部と南部で観察される堆積層は異なる時期のものであることが明らかとなった。従来言われてきた八丁平噴火の噴出物は，島北部で観察されるスコリア層ならびに火山豆石層であり，時期は縄文時代晩期前葉から晩期後葉，年代はBC1200〜BC735の間と考えられる。

一方，島の南部のココマ遺跡の上層に堆積する火山性堆積物および遺物包含層の資料の年代は，島北部に堆積する八丁平噴火とはおよそ700〜800年間大きく離れており，同一の火山噴火活動とみなすには無理がある。ココマ遺跡のある断崖で確認される泥流層，そして高さ50ｍの古澪

時期	三宅島 西側	三宅島 北側	三宅島 南側	参考年代
中期後葉―後期前葉	西原D遺跡 富賀浜A遺跡		ココマ遺跡上層火山性堆積物 ココマ遺跡	ココマ遺跡（BC95-BC25, BC40-AD25）
中期後葉		伊ヶ谷沢スコリア層 坊田遺跡		太田長作遺跡（BC170-BC155, BC230-BC195, BC210-BC170） 平山スコリア（2050±50y BP）
中期中葉			2次調査Ⅸ層 大里遺跡	中里遺跡（BC300-BC200, BC400-BC230）
中期前葉		島下遺跡		
晩期末葉				中屋敷遺跡（BC540-BC360, BC570-BC395） 石行遺跡（BC810-BC735）
		伊豆スコリア層 八丁平豆石層		
		八丁平スコリア		
晩期初頭		友地遺跡		土壌（BC800-BC700, BC1100-800）
後期後葉				清水天王山遺跡 縄文後期（BC1495-BC1310, BC1515-BC1255）

第28図 三宅島の火山噴火と遺跡の関係

爆発角礫岩層（ココマ遺跡のⅡ～Ⅴ層）は、山体からの連続噴火に起因し、時期は弥生時代中期後葉から後期前葉、年代は紀元前1世紀～紀元後1世紀ごろと推定される。これらの堆積物を本書では、「ココマ遺跡上層火山性堆積物」と呼称する。この「ココマ遺跡上層火山性堆積物」は、ココマ遺跡の遺物包含層の上に風化土壌を夾むことなく堆積している。つまり、ココマ遺跡の終焉はこの堆積物が直接的な要因となったのである。

なお、「ココマ遺跡上層火山性堆積物」は、古澪爆発角礫岩層と同じ層位を示すものの、「古澪爆発角礫岩層」という名称が八丁平噴火活動に伴う一連の堆積物として認識されてきた経緯があり、今回、新たな噴火活動に伴うものと推定するために、遺物包含層の上位層の泥流層から爆発角礫岩層までの層位について新名称をつけることとする。

2 弥生時代中期の火山噴火

坊田遺跡の発掘調査ならびに大里遺跡の堆積土の検討を行った結果、弥生時代中期中葉から中期後葉にかけても火山噴火が起きていたことが明らかとなった。大里遺跡では弥生時代中期中葉に火山砂（6号土坑4・5層）が堆積し、その後泥流により層厚のある遺物包含層が形成され、再度スコリアが堆積し、最終的に流れ堆積物（Ⅸ層）により遺跡が覆われたというプロセスが明らかとなった。坊田遺跡では集落変遷の最終段階で伊ヶ谷沢スコリアの降下とともに火砕流もしくは火砕サージなど熱を帯びた流れ堆積物によって集落は終焉を迎えていた。

3　まとめ

弥生時代中期の遺構から検出された火山噴火の堆積物は比較的狭い範囲で確認されたものであり，八丁平噴火や西暦2000年の火山噴火の規模には及ばないと考えられる。大量の火山ガスが抜けたことで火山噴火のサイクルが変化したとされる西暦2000年までの火山噴火の形態をみると，山頂噴火が少なく，山体からの割れ目噴火が数十年おきに起きていた。こうした比較的小規模な噴火活動が弥生時代中期中葉から後葉のおよそ100年間にも起きていたと推定される。詳細な記録が残っている20世紀の火山噴火を見てみると，三宅島の割れ目噴火の火山活動の期間は数日から数ヶ月程度のものである。しかし，噴火活動に伴う地震の発生や，火山灰の降灰などは当時の住民へ大きな心理的不安を強い，定住の放棄が行われたことは容易に想像されよう。第1章にみた集落の断絶および集団の出自の変化は，こうした火山噴火という環境変動により，継続的な渡航の断念と再開のなかで行われてきたと考えられる。

註

1) 島下遺跡の彫刻手法の土器については石川日出志氏からご教示いただいた。
2) 写真の露頭観察においては大石雅之氏，新堀賢志氏よりご教示いただいた。
3) 晩期前半の年代推定の分析例としては，栃木県寺野東遺跡で安行3式（3250 cal.B P.），東京都下宅部遺跡での晩期前葉から中葉となる安行3a～3d（3400～2800 cal. BP）の年代値がある。
4) この発表要旨について藤井敏嗣氏からご教示いただいた。
5) 大里遺跡の堆積状況については新堀賢志氏からご教示いただいた。

第3章　伊豆諸島の弥生集落の交易活動

はじめに

　水田稲作を中心とした農耕開始期において，環境条件が必ずしも良好とは言えない伊豆諸島への渡航は，本土内間での集団の移動以上に特別な要因がなければならない。その要因は，伊豆諸島に存在するさまざまな資源の獲得以外に説明することはできないであろう。旧石器時代以降，集団の往来と居住が展開し，本土の地域と交流するなかで，伊豆諸島からもたらされた物資の代表は，石器の素材となる神津島産の黒曜石と貝製品の素材となるオオツタノハやタカラガイ・イモガイなどの貝類である。本章では，黒曜石とオオツタノハをめぐる動きを分析していく。

　農耕以前の社会において黒曜石やオオツタノハは，利器や装飾品の素材として欠かすことができないものであった。農耕社会へと移行した弥生時代は，金属器が普及しはじめる段階であり，縄文文化にその溯源を有するこうした物資の素材が，鉄や青銅へと新たに変化していった。しかし，金属器が一定量出土するようになる弥生時代中期後葉の関東地方南部の遺跡からは，黒曜石製石器や貝輪が出土している。つまり，初期農耕社会を維持していくなかで黒曜石やオオツタノハという前代から続く資源は，必要不可欠な物資であり，それらを求めて伊豆諸島へ渡ったと考えられる。しかし，その生産（獲得）と流通のあり方が縄文文化のままだとする保証はどこにもない。これまで多くの研究では，その点を検討することがなく，短絡的に縄文文化の伝統や残存として解されることが多かった。

　本章において，黒曜石製石器については，蛍光X線分析法による石材産地の分析・石器組成・法量の分析を行い，伊豆諸島の遺跡と本土の遺跡との差異を明らかにする。貝輪については，これまでの研究においてもオオツタノハ製貝輪の製作拠点の1つが，伊豆諸島にあると考えられてきた（金子1975，橋口2001）。しかし，南海に生息すると言われるオオツタノハは，日本列島ではトカラ列島と鳥島など伊豆諸島南部で確認されているにすぎず，縄文時代・弥生時代におけるオオツタノハの捕獲地は不明のままであった。しかし近年，伊豆諸島にてオオツタノハの現生貝が確認された。これによりオオツタノハをめぐる貝輪の生産と流通について検討することが可能な段階になった。そこで，本土における完成品の出土量と分布の推移，および島嶼における未成品の分布・貝輪製作遺跡における出土量の変化を比較し検討する。そして，これらの物資の流通の拠点となった遺跡と本土の遺跡との動態や地域間交流についてもまとめ，伊豆諸島の弥生集落の交易活動を明らかにしたい。

第1節　黒曜石製石器の分析

1　縄文時代後半から弥生時代における黒曜石製石器の産地の推移

　伊豆諸島の神津島には黒曜石の原産地が複数地点存在している（序章 第1図左下）。神津島本島では，島西側の長浜と沢尻湾，東側では多幸湾に突き出した砂糠崎，そして北東側の観音崎で黒曜石の産出が知られている。蛍光X線分析による判別図法では，神津島で採集できる黒曜石は元素比の類別で3つの産出地に分かれる。1つめは神津島本島の沖合5kmにある恩馳島産とされる一群である。この一群には神津島本島の長浜や沢尻湾で採取可能な原石も含まれる。2つめは，島の東南の多幸湾に突き出した岬の巨大な岩脈を起源とする砂糠崎産とされる一群である。3つめはこれに近い産出地をもつものの，蛍光X線の判別分布上で別グループを形成する砂糠崎X産と呼ばれる一群である。

　伊豆諸島の各遺跡の検討に入る前に，神津島産黒曜石の主な消費地である関東地方南部から東海地方東部における黒曜石製石器の産地の推移をみることとしたい。第29図には，本土の縄文時代後期から弥生時代中期までの代表的な遺跡における黒曜石製石器の産地組成を示した[1]。

　縄文時代後期以降，関東地方南部から東海地方東部に流通する黒曜石は，信州系黒曜石が主体を占めており，そのほか伊豆の天城柏峠産や神津島産が続いている。その傾向は弥生時代中期前

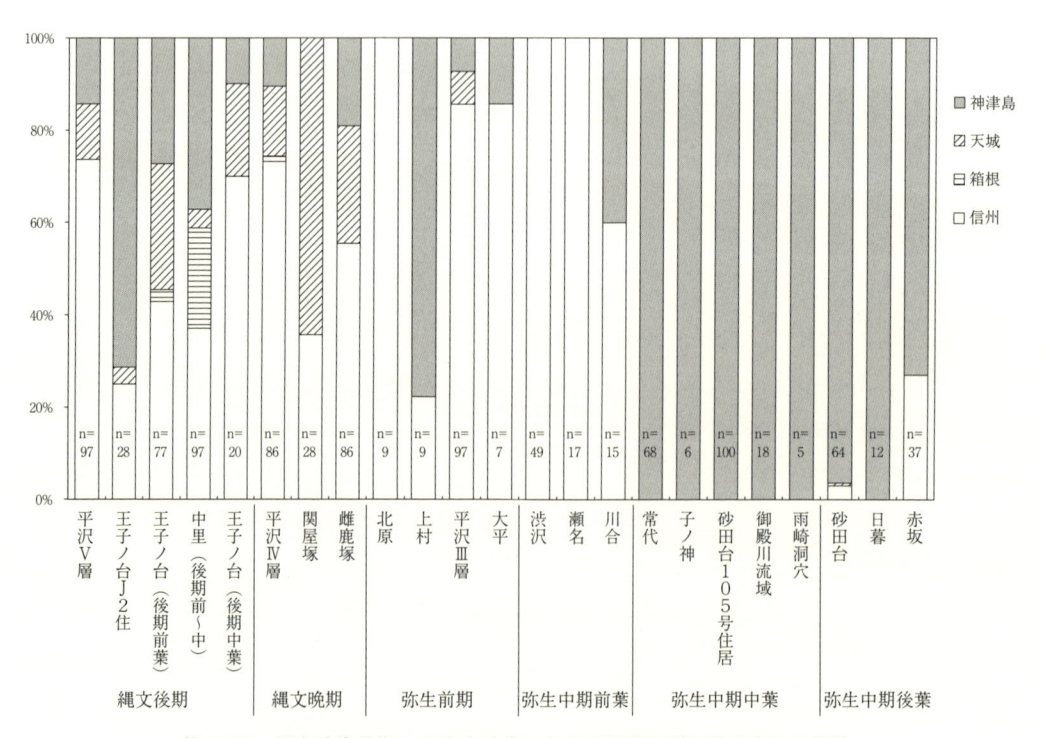

第29図　縄文時代後期から弥生時代における黒曜石製石器の産地の推移

葉まで継続している。しかし，弥生時代中期中葉になると黒曜石の産地は大きく変化し，神津島の恩馳島産黒曜石で独占される。静岡県三島市御殿川流域遺跡群や千葉県君津市常代遺跡や神奈川県秦野市砂田台遺跡 105 号住居出土資料などは，すべて神津島の恩馳島産黒曜石で占められており，原石や大形石核などが出土している。弥生時代中期後葉では，引き続き神津島の恩馳島産黒曜石が主体であるが，信州系黒曜石も再び伴うようになる。弥生時代後期に確実に帰属する黒曜石製石器は管見の限りないため，旧石器時代から続く黒曜石の利用は，弥生時代中期後葉に終焉を迎えたものと考えられる（杉山・池谷 2006，杉山 2010a）。

2 「長期集落」と「短期集落」における神津島産黒曜石の産地分析

黒曜石製石器の石材産地推定分析は，1980 年代までは鈴木正男や藁科哲男らによって行われ（鶴丸・小田・一色・鈴木 1973，藁科・東村 1984a・b・1985・1988），分析資料数自体も少なかった。蛍光 X 線による判別図法が望月明彦と池谷信之によって提唱された 1994 年以降（望月・池谷・小林・武藤 1994），分析例は急増した。近年では，筆者らや杉原重夫らによりさらに分析の蓄積が進んだ（田上 2000，杉山・池谷 2006・2007，杉原・小林 2008）。第 11 表には伊豆諸島および本土の遺跡を対象とした黒曜石製石器（打製石器・原石・石核・剝片等を含む）の産地分析結果を示した。

伊豆諸島の遺跡では，縄文時代中期から神津島の砂糠崎産黒曜石の出土が顕著となる。砂糠崎産黒曜石は島嶼と本土をあわせても縄文時代中期以前では，その出土例はきわめて少ない。しかし，縄文時代中期以降の島嶼では一部の遺跡を除き，恩馳島産黒曜石の出土量を凌駕している。特にその傾向は長期集落で目立つ。田原遺跡の縄文時代中期から後期の遺物包含層では，分析数 47 点中 44 点（93.6%），縄文時代晩期から弥生時代中期前半の包含層においても 180 点中 122 点（67.8%）が砂糠崎産の黒曜石である。そのほかの遺跡をみると，大島の下高洞遺跡 D 地区では，縄文時代後期中葉から弥生時代中期前葉にかけて砂糠崎産黒曜石の占める比率が高くなっている[2]。三宅島の友地遺跡では，67 点中 24 点（35.8%）であり，田原遺跡ほどの占有率ではないが，砂糠崎産黒曜石が多く搬入されている。三宅島の島下遺跡では，弥生時代前期後葉の土器が主体的に含む包含層から出土した黒曜石 163 点中 144 点（88.3%）が砂糠崎産黒曜石である。

しかし，短期集落が築かれはじめる弥生時代中期中葉になると，伊豆諸島の黒曜石の流通にも大きな変化が現れる。この時期には砂糠崎産黒曜石が出土せず，恩馳島産黒曜石のみが流通する。ケイカイ遺跡（大島：11 点）・ケッケイ山遺跡（利島：103 点）・大里遺跡（三宅島：240 点）・ココマ遺跡（三宅島：29 点）では，分析した全点が恩馳島産である。本土の遺跡においても中期中葉に流通する黒曜石は，先にみたように神津島の恩馳島産黒曜石が主体である。つまり，弥生時代中期中葉に伊豆諸島と本土で流通する神津島産黒曜石の産地の構成が同一となる。

このようにみてくると，前章で示した伊豆諸島における長期集落と短期集落の違いは，居住形態の違いとともに神津島の砂糠崎産黒曜石の有無とも明確に相関している。

第11表 伊豆諸島と本土出土の黒曜石製石器の産地比

集落区分	遺跡(島嶼部)	信州系	箱根産	天城産	神津島産	(恩馳島産)	(砂糠崎産)	分析者
長期	田原(JT-JK)	0	0	0	47	3	44	杉山・池谷分析
	大石山(JT)	0	0	0	63	62	1	杉原分析
	大石山(JT-JK)	0	0	0	41	30	11	藁科分析
	波牛登り口(JK)	0	0	0	8	8	0	杉原分析
	半坂(JK)	0	0	0	11	10	1	杉原分析
	下高洞(JKT)	0	0	0	36	20	16	杉山・池谷分析
	下高洞(JKK)	0	0	6	11	8	3	杉山・池谷分析
	友地(JK-JB)	0	0	0	67	43	24	杉原分析
	渡浮根(JK-JB)	0	0	0	31	30	1	杉原分析
	田原(JB-YT)	0	0	0	180	58	122	杉山・池谷分析
	下高洞(JBK)	4	0	12	139	66	73	杉山・池谷分析
	下高洞(YZ)	1	0	7	60	15	45	杉山・池谷分析
	下高洞(YTZ)	1	1	1	57	11	46	杉山・池谷分析
短期	ケッケイ(YT)	0	0	0	103	103	0	杉山・池谷分析
	大里東(YT)	0	0	0	240	240	0	杉山・池谷分析
	ココマ(YTK-YKZ)	0	0	0	28	28	0	池谷・杉原分析

	遺跡(本土部)	信州系	箱根産	天城産	神津島産	(恩馳島産)	(砂糠崎産)	分析者
	井戸川(JKK-JBZ)	6	1	230	12	12	0	杉原分析
	雌鹿塚(JB)	26	0	12	9	9	0	杉山・池谷分析
	平沢同明IV層(JB)	63	1	13	9	8	1	杉山・池谷分析
	平沢同明V層(JB-JBZ)	68	0	11	13	11	2	杉山・池谷分析
	関屋塚(JBK)	10	0	18	0	0	0	杉山・池谷分析
	山王(JBK)	134	0	1	10	10	0	杉山・池谷分析
	姫宮(JB-YZ)	17	0	2	269	7	262	杉山・池谷分析
	中屋敷(YZ)	128	0	0	43	5	38	パリノ分析
	北原(YZ)	9	0	0	0	0	0	杉山・池谷分析
	上村(YZ)	2	0	0	7	7	0	杉山・池谷分析
	大平(YZK)	6	0	0	1	1	0	杉山・池谷分析
	常代(YTT)	0	0	0	68	68	0	杉山・池谷分析
	子ノ神(YTT)	0	0	0	5	5	0	杉山・池谷分析
	砂田台(105号住居)(YTT)	0	0	0	110	110	0	杉山・池谷分析
	赤坂(YTK)	10	0	0	27	27	0	杉山・池谷分析

頭文字2文字：JT（縄文中期）・JK（縄文後期）・JB（縄文晩期）・YZ（弥生前期）・YT（弥生中期）・YK（弥生後期）
末文字：Z（前葉）・T（中葉）・K（後葉）

3　長期集落形成時の黒曜石の流通――神津島産黒曜石のもう1つの流通――

　縄文時代後期から特徴的に流通する砂糠崎産黒曜石は，縄文時代早期の大島の下高洞遺跡A地区で4点出土しており，比較的早くから利用されていた石材である（藁科・東村1985）。砂糠崎産黒曜石製の石器は，原産地に近い伊豆諸島の遺跡においても縄文時代中期までは，神津島島内の遺跡を除いては，1点出土するか否かのきわめて少量でしかない（杉原・小林2008）。しかし，縄文時代後期中葉以後，その出土数は増加する。

　縄文時代後期中葉から晩期前葉の遺跡である下高洞遺跡の26層・39層では，筆者らの分析した資料の範囲で神津島産黒曜石47点中恩馳島産が28点，砂糠崎産が19点であった（杉山・池谷2007）。また縄文時代中期後半の資料も一部混じるが，後期前半の利島の大石山遺跡でも神津島

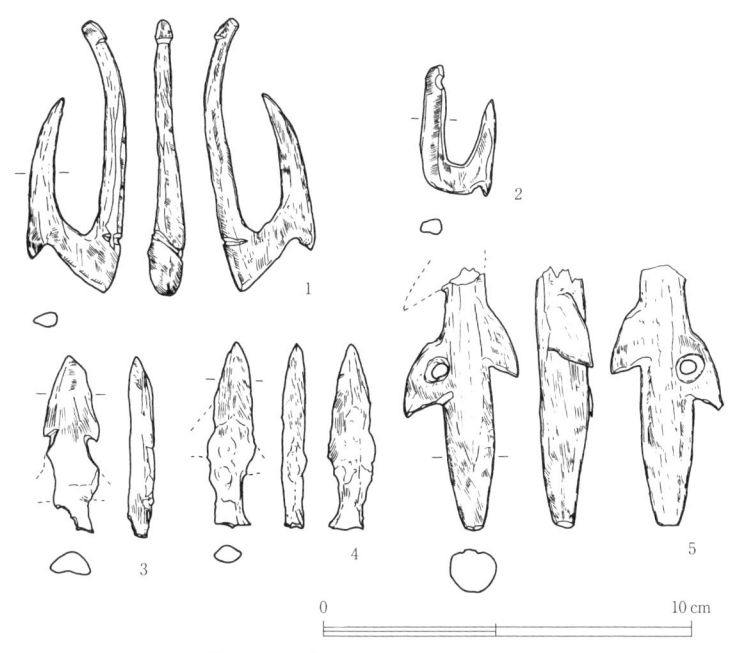

第30図　渡浮根遺跡出土の骨角器

産黒曜石41点中で砂糠崎産黒曜石が11点確認されている（藁科・東村1984b）。つまり，縄文時代後期から晩期前葉の間に砂糠崎産黒曜石のまとまった量の流通が始まったと考えられる。しかし，同じ時期の本土の遺跡における砂糠崎産黒曜石の出土例は，神奈川県秦野市平沢同明遺跡から2点出土しているのみで，その他では確認されていない。

　一方で，伊豆諸島内の遺跡でも，新島の渡浮根遺跡のように恩馳島産黒曜石が主体となる遺跡もある。また，本土に目を移してみると，縄文時代後期中葉から晩期前葉の段階では，千葉県北東部の地域で神津島産黒曜石の恩馳島産が多く出土している。内房地域では信州系黒曜石が主体に出土しており，この神津島産黒曜石の流通は縄文時代中期前葉に始まった「伊豆諸島発房総経由古鬼怒湾行き」の経路をたどった黒曜石の流通（池谷2006）の最終段階に該当する。現状の資料をみる限り，この流通は伊豆諸島のなかでも新島の渡浮根遺跡などを出発点として行われていたと推定しておきたい。その理由は，まず渡浮根遺跡が同時期の他の遺跡に比較して，恩馳島産黒曜石の占める比率が高い点が挙げられる。そして，渡浮根遺跡からは南東北地方から外房地域に主に分布する骨角製の漁具が多く出土しているためである（第30図）。渡浮根遺跡の資料は，採集資料であるために厳密には遺跡が継続する縄文時代後期から弥生時代前期までのどの時期に属するものなのか限定することはできない。しかし，伊豆諸島のほかの遺跡とはやや様相が異なっており，千葉県北東部への恩馳島産黒曜石の流通に関与した可能性が高い（第31図）。

　縄文時代晩期後半から弥生時代前期では，砂糠崎産黒曜石の占める比率が増加する。そして，伊豆諸島の遺跡のみならず本土でも砂糠崎産黒曜石の出土が確認されはじめる。例えば，河津町姫宮遺跡では262点，神奈川県秦野市平沢同明遺跡から4点，同県大井町中屋敷遺跡から38点

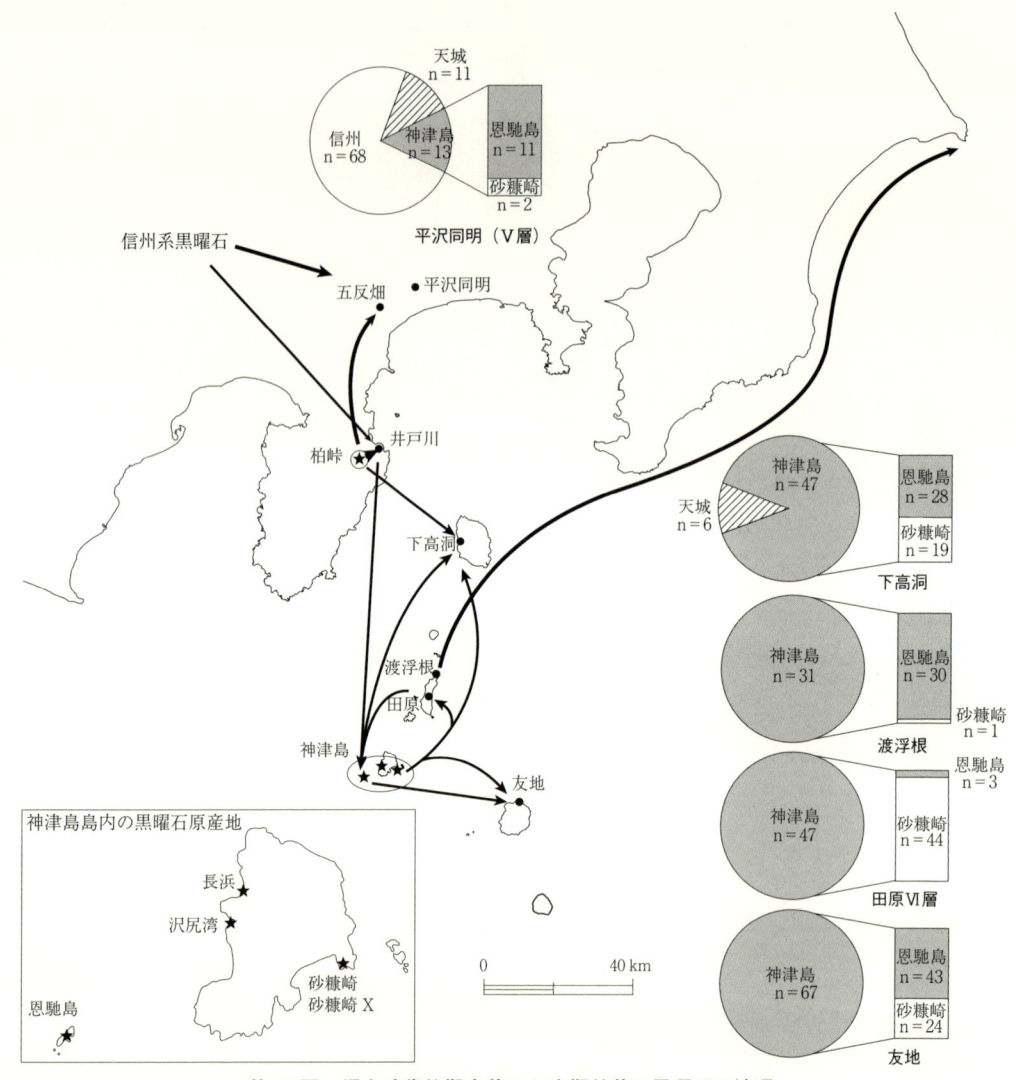

第 31 図　縄文時代後期中葉から晩期前葉の黒曜石の流通

出土している。しかしそのほか池谷や筆者らが分析を行った千葉県・神奈川県・静岡県・山梨県の縄文時代後期から弥生時代中期までの遺跡（27 遺跡）での出土は確認されず，神津島産黒曜石は全点が恩馳島産である（池谷 2003，杉山・池谷 2006・2007）。つまり，縄文時代晩期後葉から弥生時代前期においては，砂糠崎産黒曜石の流通は主に伊豆諸島北部を中心として，伊豆半島南東部から神奈川県西部において流通していたのである（第 32 図）。

　縄文時代後期になると，関東平野で流通する主な黒曜石が，それまでの神津島産から信州系へと大きく変化する（池谷 2003）。なおかつ，神奈川県西部では安山岩，房総半島ではチャートなどの石材も流通し（柴田 2002），それらは石鏃など小形打製石器の素材となる。つまり，縄文時代中期までにはなかった黒曜石と在地石材の補完関係が構築される。こうした流れのなかで大量

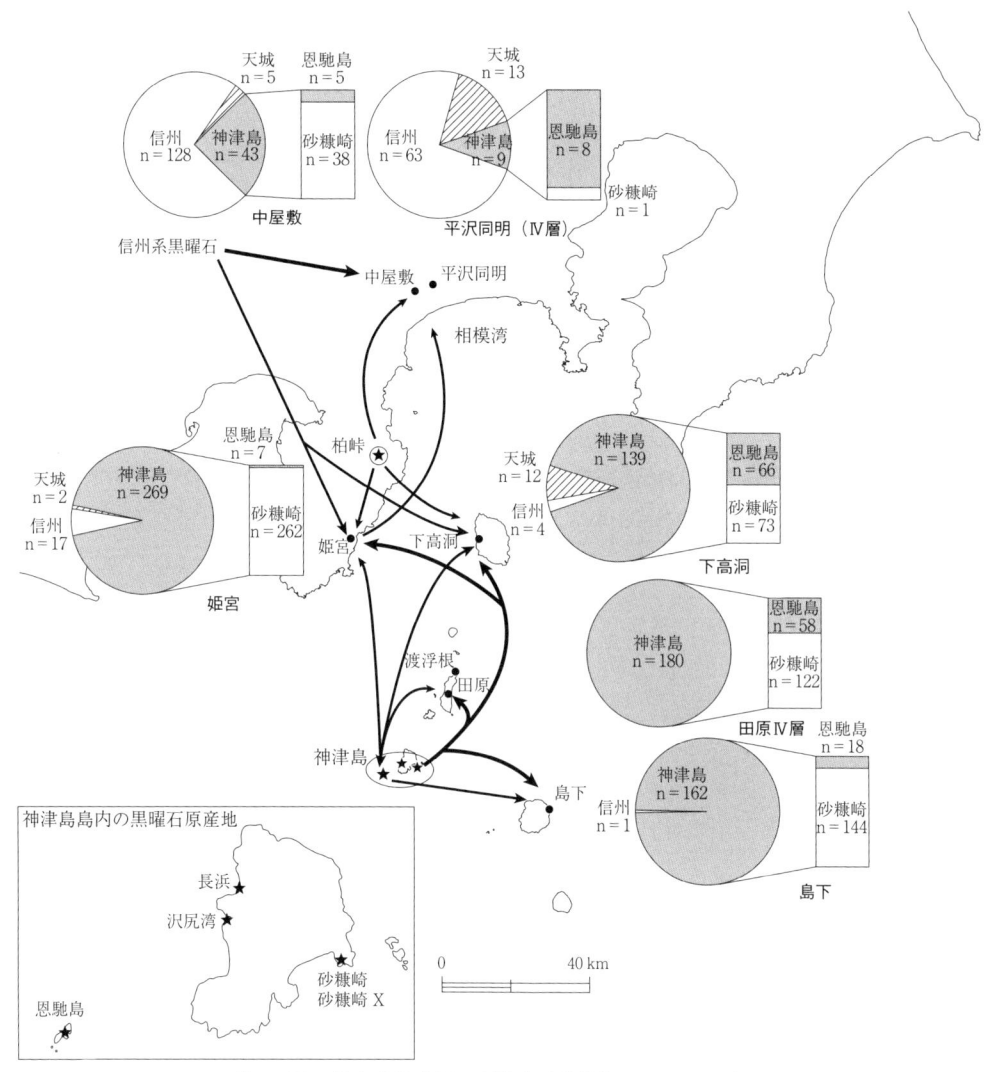

第 32 図　縄文時代晩期から弥生時代前期の黒曜石の流通

の砂糠崎産黒曜石の流通が始まり，弥生時代中期前葉まで継続したのであろう。

　以上，関東平野から東海地方に広く流通した神津島の恩馳島産黒曜石とは異なるもう一つの神津島の砂糠崎産黒曜石の流通が，縄文時代後期から弥生時代中期前葉に存在していた。

（1）下高洞遺跡の砂糠崎産黒曜石の消費

　神津島産黒曜石の流通では，本土に最も地理的に近い伊豆大島が重要と考えられてきた（杉原・小林 2008 など）。しかし，具体的に大島の資料が検討されずに，本土からの距離が近いというだけで，黒曜石の流通拠点と捉えられてきた経緯がある。第 33 図には，下高洞遺跡の砂糠崎産黒曜石の石核・剝片の長径と短径の法量分布を示した。石核は 5 cm 以上と 2 cm～4 cm 台に集中し，小形の石核が量的に勝っている。剝片は，主に 3 cm～4 cm 台に集中し，小形剝片の量が

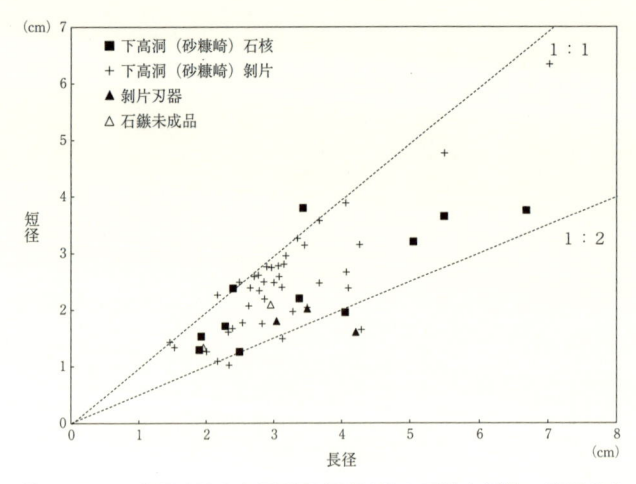

第33図　下高洞遺跡出土黒曜石(砂糠崎)の石核と剝片の法量分布

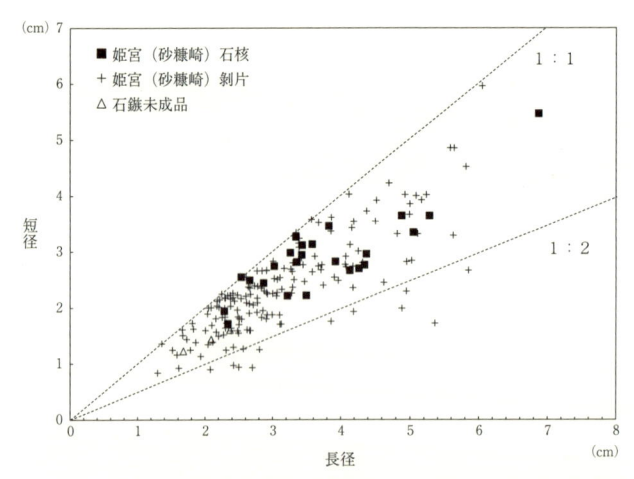

第34図　姫宮遺跡出土黒曜石（砂糠崎）の石核と剝片の法量分布

勝っている。この法量分布は，5cm以上の原石ないしは石核を搬入し，集落内で剝片剝離が行われたことを意味している。下高洞遺跡では，砂糠崎産黒曜石を用いた石鏃の未成品が2点出土しており，グラフ上の剝片の法量分布は石鏃製作に伴う石材消費の様相を示している。

筆者は下高洞遺跡D地区の出土品のなかから産地分析のために資料を選択した際，分析に適さない微小剝片が非常に多かったため，大形剝片を中心に抽出を行った。そのため，この分布図の大形剝片・石核の分布については，サンプルによる偏差はないと考えている。この分布のあり方を消費地遺跡と考えられる伊豆半島の姫宮遺跡と比較してみたい。

第34図には，下高洞遺跡の対岸に位置する姫宮遺跡出土の砂糠崎産黒曜石の石核と剝片および石鏃未成品の法量分布を示した。剝片と石核の分布は大きく3つに分かれ，5cm台，3～4cm台，2～3cm台にそれぞれ集中している。この法量分布図からすると，まず5cm以上の原石を入手し，それから3～4cm台の目的剝片を獲得し，そして石鏃製作を目的とした調整剝離などの剝片剝離作業が集落内で行われていたことを示している。そのため，剝片の法量が入手した原石および石核から調整剝離に伴う剝片の法量を示す1cm台へと連続的に分布している。下高洞遺跡と姫宮遺跡の両遺跡の法量分布を比較してみると，下高洞遺跡と姫宮遺跡の石材消費形態は，類似していることがわかる。

（2）多産地の黒曜石で構成される下高洞遺跡

下高洞遺跡D地区では，神津島産黒曜石の他に信州地方の諏訪星ヶ台産黒曜石が6点（縄文晩期4点，弥生前期1点，弥生中期1点）含まれていた。管見の限りでは原石の出土はなく，剝片（3点），剝片刃器（2点），石鏃（1点）である。これまでにも大島では，縄文時代中期の龍

ノ口遺跡から信州系の黒曜石の出土が報告されている（鶴丸・小田・一色・鈴木 1973）。他の伊豆諸島の遺跡では，弥生時代前期の島下遺跡（三宅島）から信州系黒曜石の剥片が1点出土しているのみで（池谷・増島 2012），大石山遺跡（利島）や田原遺跡（新島），弥生時代中期の大里遺跡（三宅島）などでは出土していない。

また，下高洞遺跡D地区は，信州系黒曜石のみならず，天城柏峠産黒曜石が26点出土している（第11表）。柏峠は大島から30kmほど海を隔てた静岡県伊東市と伊豆市の境に位置する黒曜石の原産地である。天城産黒曜石は，縄文時代晩期末葉の層からの出土が多く，石器器種は原石や石鏃およびその未成品などである。下高洞遺跡D地区の天城産黒曜石が信州系黒曜石と大きく異なるのは，原石や石核が多く出土している点である。天城産の石核には，礫面が複数面残る資料がある。ちなみに石核に2面以上の角礫面が残されている資料は5点確認された。このことは，原石そのものが下高洞遺跡へ持ち込まれ，剥片剥離の作業を経て，石鏃や剥片刃器が作られていたことを示している。また，下高洞遺跡では，信州系や天城産の黒曜石のみならず，神奈川県西部の遺跡で出土するガラス質安山岩製の打製石鏃や剥片類も多く出土している。

砂糠崎産黒曜石の消費形態・信州系や天城産黒曜石の搬入形態など，伊豆半島南部の姫宮遺跡と大島の下高洞遺跡は非常に類似している。神津島産黒曜石に独占され，しかも大形剥片・石核が多いという伊豆諸島のほかの遺跡の様相とは，下高洞遺跡の石材の入手と消費形態は大きく異なる。つまり，伊豆半島の対岸に位置し，伊豆諸島の北端となる大島の下高洞遺跡は，その姿は本土の遺跡と同じである。下高洞遺跡は，伊豆諸島の遺跡ではなく，相模湾を交易の舞台とする本土の遺跡の最前線に位置する遺跡と位置づけることができる。大島と対岸の伊豆半島との距離はおよそ30kmである。この距離は縄文・弥生時代の人々にとって，現代の我々が想像する以上に近い距離だったのかもしれない。ここでは，伊豆諸島の遺跡のなかには，下高洞遺跡のように神津島産黒曜石の流通に携わる遺跡ではなく，すでに黒曜石の消費地となっている遺跡も存在したことを，考古遺物の理化学的分析成果と考古学の石器属性の分析から指摘しておきたい。

4　短期集落形成時の黒曜石の流通
（1）　調査面積あたりの出土量と原石・石核の出土数

短期集落における黒曜石流通の特徴について，島嶼と本土での石材の消費形態および長期集落との比較から明らかにしたい。まず，島嶼と本土の遺跡それぞれにおける黒曜石の出土量について比較する。島嶼の4遺跡と本土の5遺跡の出土量と単位面積（1m^2）あたりの出土量を提示した（第12表）。田原遺跡・下高洞遺跡は筆者が集計し，大石山遺跡は村史の記載（岡崎・芹沢・橋本 1996），坊田遺跡・大里遺跡は橋口尚武の集計（橋口 1975・1983），上の山遺跡は今村啓爾の集計（今村 1980），見高段間遺跡・原口遺跡は池谷信之の集計（池谷 2005）に基づいた。

縄文時代の神津島産黒曜石の陸揚げ地と推定されている伊豆半島南部の河津町の見高段間遺跡では，大量の黒曜石が出土している。神津島産黒曜石が大量消費される縄文時代中期初頭と中期後葉では，それぞれ1m^{2}あたりの出土量が195.9gおよび74.3gである。これは中期初頭の一

第12表　島嶼と本土における黒曜石の出土量

島嶼 遺跡（層位・調査名）	調査面積 (m^2)	出土量 (g)	$1m^2$あたりの出土量 (g)
田原（4層・5層）	66.25	5935	89.6
下高洞（22層・23層）	80	4706.7	58.8
大石山	131	42288	323
上の山（神津島　諸磯）	51	4839	95
大里（1次）	75.6	9572	126.6
坊田（橋口調査）	40	981.6	24.54

本土 遺跡	調査面積	出土量	$1m^2$あたりの出土量
見高段間（中期初頭）	740	145000	195
見高段間（中期後葉）	740	55000	74
原口	59000	90000	1.53
常代	70862	439	0.006
砂田台	7000	1700	0.24

般的な集落である神奈川県平塚市原口遺跡での出土量1.53gと比較するとその差が明らかである。

縄文時代中期初頭における黒曜石の流通では，伊豆諸島・伊豆半島から神奈川県西部において，見高段間遺跡を中心としながらも複数の居住地を移動する生活形態のなかで黒曜石が交易品として機能した。一方，中期後葉では，見高段間遺跡が神津島産黒曜石の流通をほぼ独占し，周辺地域と黒曜石交易を行っていたとされる（池谷2005）。縄文時代では，時期による黒曜石交易の形態に違いはあるが，一貫して伊豆諸島の遺跡ではなく，伊豆半島南部の見高段間遺跡など本土側に大量の神津島産黒曜石が持ち込まれていたのである。そこで，黒曜石流通の拠点遺跡である見高段間遺跡での1m^2あたりの出土量195.9gと74.3gを基準として，島嶼の長期・短期集落ならびに関連する本土の集落の黒曜石の出土量を比較する。

縄文時代中期から後期前葉の利島の大石山遺跡では，1m^2あたり322.8gと大量の黒曜石が出土している。村史の記載では包含層が黒曜石で詰まっていたと表現されたほどである（岡崎・芹沢・橋本1996）。縄文時代晩期では，田原遺跡の第4層・5層が89.6g，下高洞遺跡D地区の22層・23層（縄文時代晩期末から弥生時代前期に該当する）が58.8gである。この両遺跡における黒曜石の出土量は，先行する時期の大石山遺跡に比較して減少している。縄文時代後期以降，特に晩期から弥生時代前期は，本土においても神津島産黒曜石の流通量が極端に減少している。主要な黒曜石の消費地である本土の神津島産黒曜石の流通量の減少と田原遺跡や下高洞遺跡など島嶼における黒曜石の入手・消費量の減少は連動している。

他方，短期集落が営まれる弥生時代中期中葉に，再び黒曜石の出土量は増加する。大里遺跡では，橋口尚武の調査において総重量9572gの黒曜石が出土した。1m^2あたりの出土量では126.6gとなり，田原遺跡や下高洞遺跡の出土量を遙かに超えている。今回の分析では，現在東京都教育委員会に保管されている大里遺跡2次調査での黒曜石の出土総量については未計測であるため加えていないが，報告書の記載によれば調査面積650m^2で1万点を超える黒曜石の出土量があることからすると（青木1995），1m^2あたり126.6gが大きく超えることが予想される。そして，弥生時代中期中葉で大里遺跡ほどの黒曜石の出土量を示す遺跡は，伊豆諸島および本土ではほかにない。

（2）　黒曜石製石器の器種について

次に黒曜石の流通を解明するために，遺跡ごとの石材の消費を器種組成の点から検討する。特に原石と石核の出土数に着目する。それは，石器製作のための剝片剝離作業が石材の原産地もし

第3章　伊豆諸島の弥生集落の交易活動　73

第13表　島嶼の遺跡出土黒曜石製石器の器種構成

層位・遺構 器種	下高洞D遺跡 第21層	第22層	第23・24層	第26層	第39層	合計	比率	田原遺跡 4・5層	Ⅵ層	合計	比率	大里遺跡 6号土坑・3号住居・包含層	比率	姫宮遺跡 K集積	SF48	合計	比率
石錐	0	0	0	0	0	0	0.0%	1	0	1	0.4%	1	0.4%	0	0	0	0.0%
石鏃	0	1	11	3	0	15	4.2%	0	0	0	0.0%	0	0.0%	0	0	0	0.0%
石鏃未成品	0	2	6	3	0	11	3.1%	1	0	1	0.4%	2	0.8%	0	3	3	1.0%
剥片刃器	7	3	9	0	4	23	6.9%	15	6	21	8.9%	87	34.9%	1	17	18	6.2%
両極剥片	1	1	4	0	2	8	2.2%	1	0	1	0.4%	1	0.4%	0	0	0	0.0%
石核	8	7	25	0	5	45	12.6%	26	9	35	14.9%	19	7.6%	4	25	29	10.0%
原石	0	0	0	1	0	1	0.3%	0	0	0	0.0%	0	0.0%	0	0	0	0.0%
剥片	43	56	108	10	26	243	68.3%	141	32	173	73.6%	138	55.4%	38	181	219	75.3%
砕片	2	1	6	1	0	10	2.8%	2	1	3	1.3%	1	0.4%	7	15	22	7.6%
合計	61	71	169	18	37	356		187	48	235		249		50	241	291	
分析不可数	2	3	14	1	1	21		6	1	7		9		0	3	3	
分析実数	59	68	155	17	36	335		181	47	228		240		50	238	288	

くは流通の中継地・消費地のいずれの地で行われたかを検討することが難しい完成品の石鏃等よりも，石器製作の初期段階を示す原石や剥離加工が行われたことを示す石核を対象とすることで，石材の搬出地と消費地とを結ぶ石材の流通を検討することができるためである。

　田原遺跡・下高洞遺跡D地区・大里遺跡，そして伊豆半島南部の静岡県河津町姫宮遺跡（弥生時代前期）の器種構成を示した（第13表）。これらの遺跡の資料は，石材の産地分析を行うために筆者らが任意に抽出した資料である（杉山・池谷2006・2007）。さらに関東地方南部から駿河湾沿岸の地域の縄文時代晩期から弥生時代中期中葉の遺跡を対象として，時期ごとの器種組成・産地別の比率ならびに神津島産黒曜石の器種組成を示した（第14表）。

　縄文時代晩期から弥生時代前期では，下高洞遺跡D地区第23・24層で25点，田原遺跡4・5層で26点の石核が出土している。この出土数はそれぞれの遺跡の前後の時期よりも多く，島嶼での黒曜石の消費量の増加が想定される。石核の黒曜石産地に着目すると，下高洞遺跡D地区では，天城産2点，恩馳島産10点，砂糠崎産11点，不明2点である。田原遺跡では恩馳島産11点，砂糠崎産15点である。つまり，恩馳島産とともに砂糠崎産黒曜石が多く消費されている点で共通している。

　縄文時代晩期の本土では，晩期の資料196点のなかで石核・原石は36点と多いものの，神津島産に限定すると恩馳島産の1点のみである。弥生時代前期の本土では，神奈川県秦野市平沢同明遺跡・清川村上村遺跡・同村北原遺跡，静岡県長泉町大平遺跡で合計144点の黒曜石が出土している。このなかで石核は15点あるが，神津島産に限定すると2点のみときわめて少ない。

　一方，中期中葉になると，大里遺跡では249点の黒曜石のなかで石核は19点である。石核が占める比率は大里遺跡では7.6%であり，下高洞遺跡の14.8%や田原遺跡の13.9%を大きく下回る。これは大里遺跡のなかで消費されるだけではなく，原石・石核などの大形の石器素材が搬出されていたために，結果として石核の出土数が少ないと考えられる。黒曜石を搬入した側の関東地方南部の遺跡を見てみると，207点の黒曜石があり，神津島産黒曜石は石核ないしは一部剥

第14表 本土の遺跡出土黒曜石製石器の器種構成

縄文時代晩期（関屋塚・平沢同明・雌鹿塚：n = 196）

器種	点数	産地別点数		神津島島内産地別点数			
				恩馳島 (n = 17)		砂糠崎 (n = 1)	
石錐	4						
石鏃未成品	2						
石鏃	20	天城	46				
剥片刃器	8	箱根	1	剥片刃器	1	0	
両極剥片	2	神津島	18	両極剥片	1	0	
石核	34	信州	112	石核	1	0	
原石	2	不可	18	剥片	14	1	
剥片	124	分析除外	1				
合計	196	合計	196	合計	17	1	

弥生時代前期（平沢同明・上村・北原・大平：n = 144）

器種	点数	産地別点数		神津島島内産地別点数			
				恩馳島 (n = 15)		砂糠崎 (n = 0)	
石錐	5						
石鏃	25						
石鏃未成品	2	天城	8	石鏃	1		
剥片刃器	12	箱根	0	剥片刃器	3		
両極剥片	2	神津島	15	両極剥片	0		
石核	15	信州	112	石核	2		
原石	0	不可	9	剥片	9		
剥片	83	分析除外	0				
合計	144	合計	144	合計	15		

弥生時代中期前葉（瀬名・川合・渋沢：n = 97）

器種	点数	産地別点数		神津島島内産地別点数			
				恩馳島 (n = 6)		砂糠崎 (n = 0)	
石錐	0						
石鏃	4						
石鏃未成品	1						
剥片刃器	4						
両極剥片	0	天城	0				
石核	2	箱根	0	石核	0		
原石	5	神津島	6	剥片刃器	0		
剥片	76	信州	75	両極剥片	0		
砕片	4	不可	15	石核	0		
空欄	1	分析除外	1	剥片	6		
合計	97	合計	97	合計	6		

弥生時代中期中葉（常代・子ノ神・御殿川・砂田台：n = 207）

器種	点数	産地別点数		神津島島内産地別点数			
				恩馳島 (n = 193)		砂糠崎 (n = 0)	
石鏃	5			石鏃	4		
石鏃未成品	1			石鏃未成品	1		
剥片刃器	13			剥片刃器	12		
石核	11			石核	11		
両極剥片	0	産地別点数		両極石器	0		
原石	1	神津島	193	原石	1		
剥片	174	不可	12	剥片	163		
砕片	2	分析除外	2	砕片	1		
合計	207	合計	207	合計	193		

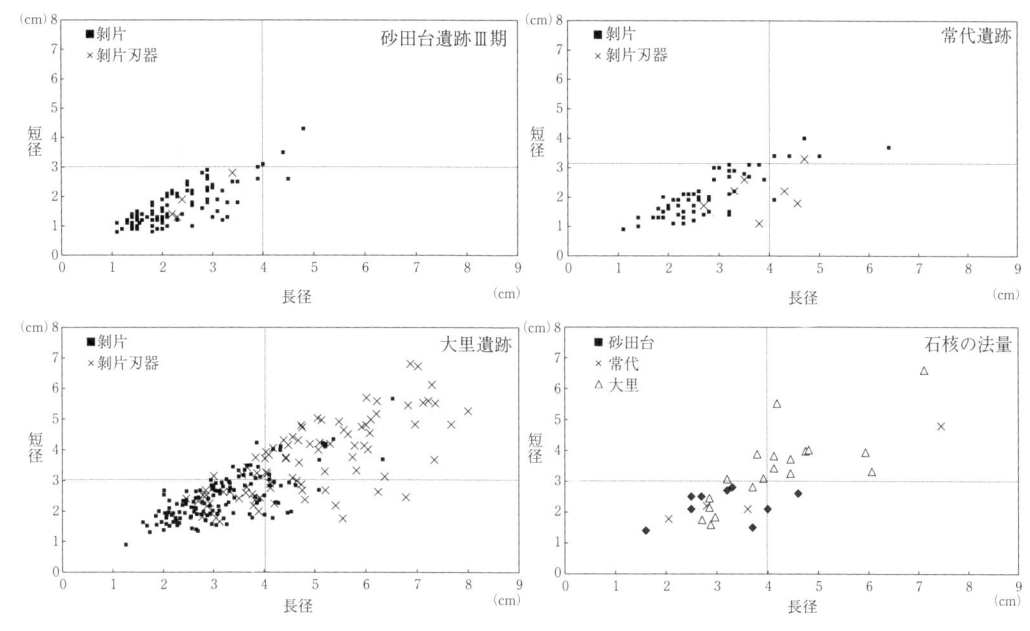

第35図　砂田台遺跡・常代遺跡・大里遺跡出土黒曜石の石核と剥片の法量分布

離加工を行った石核が11点・無加工の原石は砂田台遺跡の1点である。分析した黒曜石の全点が神津島産であるため，石核の出土数は他の時期に比べて増加している。しかし，この石核の出土数を器種全体のなかの比率でみると5.8％であり，決して高い数字ではない。それは弥生時代中期中葉に原石や石核の状態で搬入された黒曜石が，石鏃や剥片刃器の製作のために徹底的に消費された結果，剥片数が174点と多くなり，数値の見かけ上で石核の比率が下がったと解釈することができる。その解釈の裏付けを以下に説明する。

　第35図には大里遺跡と砂田台遺跡（宍戸・谷口1989・1991）（中期中葉の資料に限定）ならびに千葉県君津市常代遺跡（甲斐1996）出土の石核・剥片の法量分布を示した。伊豆諸島の大里遺跡では，石核・剥片ともに長径4cm・短径3cmを超える資料が多いものの，関東地方南部の砂田台遺跡・常代遺跡はいずれも分布の中心は大里遺跡を大きく下回っており，石核・剥片ともに小形化している。また，石核に残る礫面の残存率を見ると，大里遺跡では42.1％であるのに対して，砂田台遺跡や常代遺跡では20％台である（第15表）。つまり，砂田台遺跡や常代遺跡など本土の遺跡では，握り拳大かそれよりもやや大きめの原石もしくは石核を搬入し，徹底的な石材消費が行われたために，石核や剥片は小形化した。そして，各遺跡では打点を変えながら剥片剥離を行い，石材消費を進めたため，結果として礫面の残る剥片の比率が下がったと推定される。

（3）弥生時代中期中葉の黒曜石の流通

　三宅島島内で大里遺跡に後続する坊田遺跡では，黒曜石の出土量が減少している。1m²あたりの出土量は24.5gとなる。坊田遺跡は主な時期が中期後葉（Ⅳ-1期）にあたり，同時期の本土での黒曜石の産地を見ても，例えば神奈川県小田原市山ノ神遺跡では筆者の肉眼観察によると

第 15 表　原礫面の残存率

	剝片 出土数	礫面 個体数	個体数/出土数	石核 出土数	礫面 個体数	個体数/出土数
大里2次	131	29	22.1%	19	8	42.1%
砂田台	136	37	27.2%	9	2	22.2%
常代	57	23	40.4%	4	1	25.0%

恩馳島産黒曜石のみを対象。

信州系と箱根産の黒曜石が含まれており，本章第1節(1)でみた神津島産黒曜石の独占的な流通は衰退している。この衰退の要因としては，第2章第4節で検討した弥生時代中期の火山噴火の影響が考えられる。

　弥生時代中期中葉の関東地方南部および駿河湾沿岸における神津島産黒曜石の流通量の増加と伊豆諸島，特に三宅島の大里遺跡での大量出土の動態は一致している。弥生時代中期中葉では，本土においても神津島産黒曜石の原石や大形の石核が，先に挙げた神奈川県秦野市砂田台遺跡以外にも，静岡県三島市鶴喰前田遺跡，静岡県静岡市川合遺跡から出土している。そして大形の石核は千葉県君津市常代遺跡から出土している（杉山2010a）。つまり，消費地である本土においては，遺跡間での黒曜石素材（産地と大きさ）に差異が認められないことから，この時期の神津島産黒曜石の流通は，神津島（恩馳島）での原石の獲得，大里遺跡への搬入，関東地方南部および駿河湾沿岸へ向けた直接的な搬出というルートが想定される（第36図）。

（4）弥生時代中期後葉の黒曜石の流通

　中期後葉の宮ノ台式土器期における黒曜石の流通は大きく2つの時期に分けられる。1つはⅣ-1からⅣ-4までであり，もう1つはⅣ-5である。前半の時期については，現段階において明確に神津島産黒曜石の流通に関与する遺跡は不明である。消費地遺跡である砂田台遺跡からはこの時期の黒曜石製石器の数はきわめて少ないものの出土しており，中期中葉に比較して黒曜石の流通量の絶対量は減少しているが，途絶えたわけではない。

　三宅島においても坊田遺跡がⅣ-1期まで営まれているが，黒曜石の出土量が大里遺跡では20kgほどであるのに対して，坊田遺跡では981.6gときわめて少なくなっていることを橋口尚武は指摘している（橋口2001）。筆者らの発掘調査によっても，黒曜石の出土数は少なく，流通の拠点として機能した様相をうかがうことができない。こうしたなかで，相模湾側の伊豆半島の中部に位置する伊東市日暮遺跡からは黒曜石が比較的多く出土している。筆者は日暮遺跡の石器の多くを観察する機会を得たが，未報告資料であるので，帰属時期など詳細は不明である。本書第1章の弥生土器の胎土分析で述べたように，坊田遺跡の土器の主要産地の一つが伊豆半島であることから考えると，日暮遺跡が中期後葉の黒曜石流通の重要な鍵を握っている可能性が高い。

　後半のⅣ-5期については，三宅島のココマ遺跡が三浦半島方面へ黒曜石を搬出したと考えられる。ココマ遺跡出土の黒曜石のなかで，礫面が確認されたのは5点である。そのすべてが風化した摂理面であり，原石は角礫と推定される。ココマ遺跡出土資料のなかで円礫面をもつ資料は管見の限りない。本土の遺跡で，弥生時代中期に流通する神津島産黒曜石は円礫を原石とするも

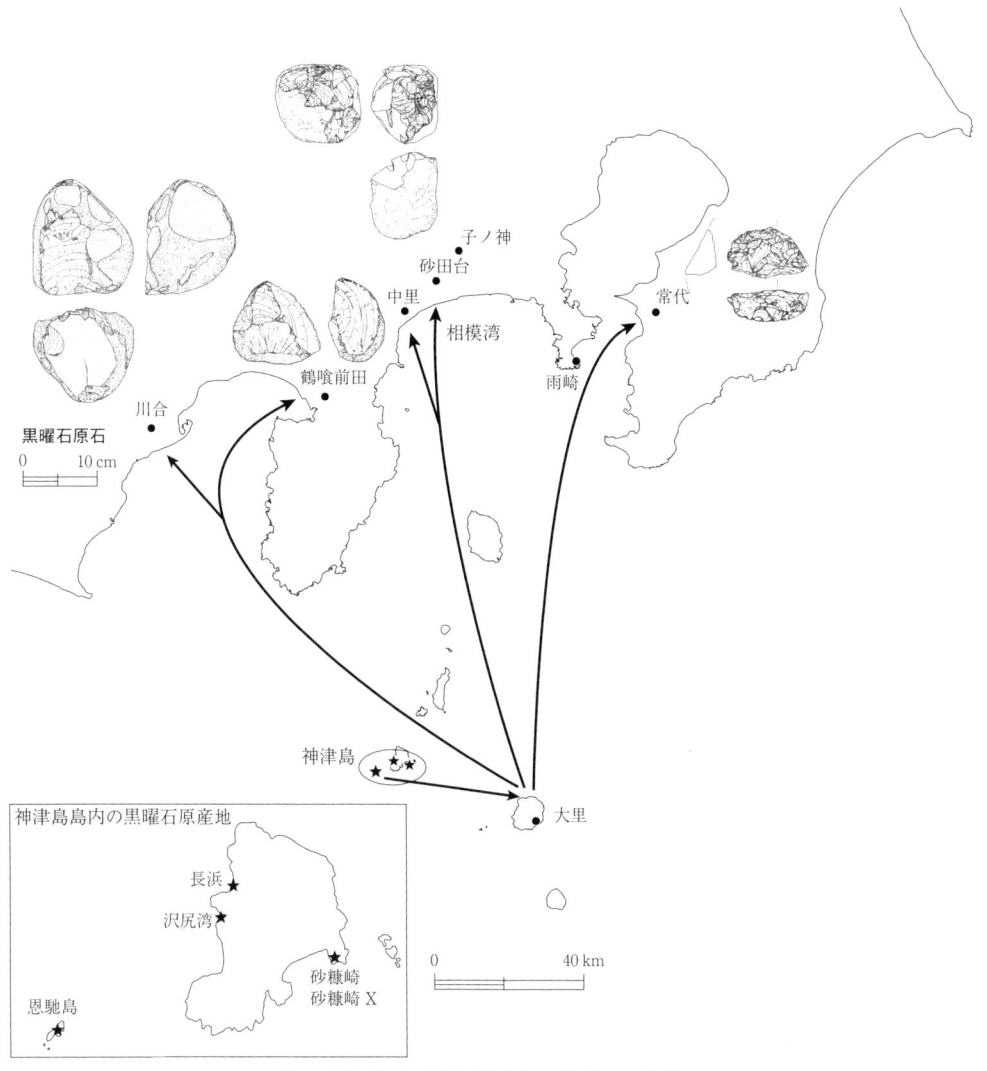

第36図　弥生時代中期中葉の黒曜石の流通

のが多く，角礫を利用するのは神奈川県赤坂遺跡のみである（杉山・池谷2006）。中期後葉のⅣ-5期に属する赤坂遺跡3次調査の1A住居および3号住居からは，角礫面が残る剝片刃器が出土している（岡本1992）。つまり，ココマ遺跡と三浦半島の赤坂遺跡のみが角礫を利用しており，両遺跡間で黒曜石の角礫が流通していたと考えられる。

5　長期集落と短期集落の黒曜石の流通の特質

　縄文時代後期から弥生時代前期にかけて，神津島産黒曜石の流通量が減少するなかで，大島・新島・三宅島などの伊豆諸島北部と姫宮遺跡など伊豆半島南部の地域で，神津島の砂糠崎産黒曜石が流通した。しかも原石・石核の比率に遺跡間で差異が認められない。つまり，伊豆諸島に

「長期集落」が営まれている段階は，石材の搬出・搬入という流通に関わる機能が集落間においてほぼ均衡していた。一方，弥生時代中期中葉になると，三宅島の大里遺跡での大量出土が示すように，大里遺跡から原石もしくは粗割した石核が本土へ向けて直接的に搬出され，消費地で徹底した石材消費が行われていった。このことから「短期集落」である大里遺跡には，関東地方南部および駿河湾沿岸に黒曜石を集中的に搬出するという機能の特化を認めることができる。

以上，「長期集落」と「短期集落」のそれぞれが形成される時期において，黒曜石の流通に大きく違いがあることを明らかにした。それでは，次にもう1つの交易品であるオオツタノハ製貝輪について検討していきたい。

第2節　オオツタノハ製貝輪の流通

1　オオツタノハ製貝輪の出土量の推移

オオツタノハは，岩礁性のカサガイの1種である。南海性のこの貝は，伊豆諸島では800kmも離れた鳥島周辺での生息が従来確認されてきた。しかし，近年，オオツタノハの生息調査を推進してきた忍澤成視は，八丈島・御蔵島・三宅島でオオツタノハを捕獲することに成功し，その生息域を一気に北上させた（忍澤・戸谷2001，忍澤2009b・2010）。なかでも三宅島と御蔵島でのオオツタノハの生息の確認は，オオツタノハ製貝輪の生産と流通を考える際に非常に意義深い。

オオツタノハ製貝輪は縄文時代早期から古墳時代までの遺跡から出土しており，その数は日本列島でおよそ500点である（戸谷2002）。本稿では，縄文時代と弥生時代の資料に限定して検討を進めていくことにする。第16表は戸谷敦司の集成を時期ごとに分類し，第37図は出土量の推移をグラフ化したものである。

縄文時代早期から始まるオオツタノハ製貝輪の出土例は，縄文時代後期前葉にピークを迎え48点と最も多い。また，後期前葉では1遺跡から大量出土する例がある。例えば茨城県五霞村冬木A遺跡で14点，同県日立市南高野貝塚で12点，千葉県船橋市古作貝塚で9点出土している。後期中葉から晩期中葉は，貝塚遺跡から主に出土し，出土量の総量は徐々に減少していく。ただし，2・3点と少数のオオツタノハを出土する遺跡の数は先行する時期に比較して多くなる。そして，縄文時代晩期後葉は22点と増加し，特に千葉県館山市安房神社境内洞窟遺跡からは10点の貝輪が出土している。

弥生時代前期および中期前葉では，当該時期の遺跡そのものの検出例がきわめて少ないため，現段階では貝輪の出土例は知られていない。続く中期中葉になると群馬県万場町岩保津洞穴や同県月夜野町八束脛洞穴の再葬墓から，10点を超える量のオオツタノハ製貝輪が出土している。これらの遺跡では，貝輪が破片状になっているため最小個体数が判然としないが，合計で22点～38点であり，縄文時代後期前葉の出土数に匹敵する。中期後葉以後では，茨城県ひたちなか市差渋遺跡の土器棺墓から14点の貝輪が出土している（鈴木・色川2008）。そのほかは，三浦半島の洞穴遺跡から4点[3]，千葉県市原市東千草山遺跡から1点である。

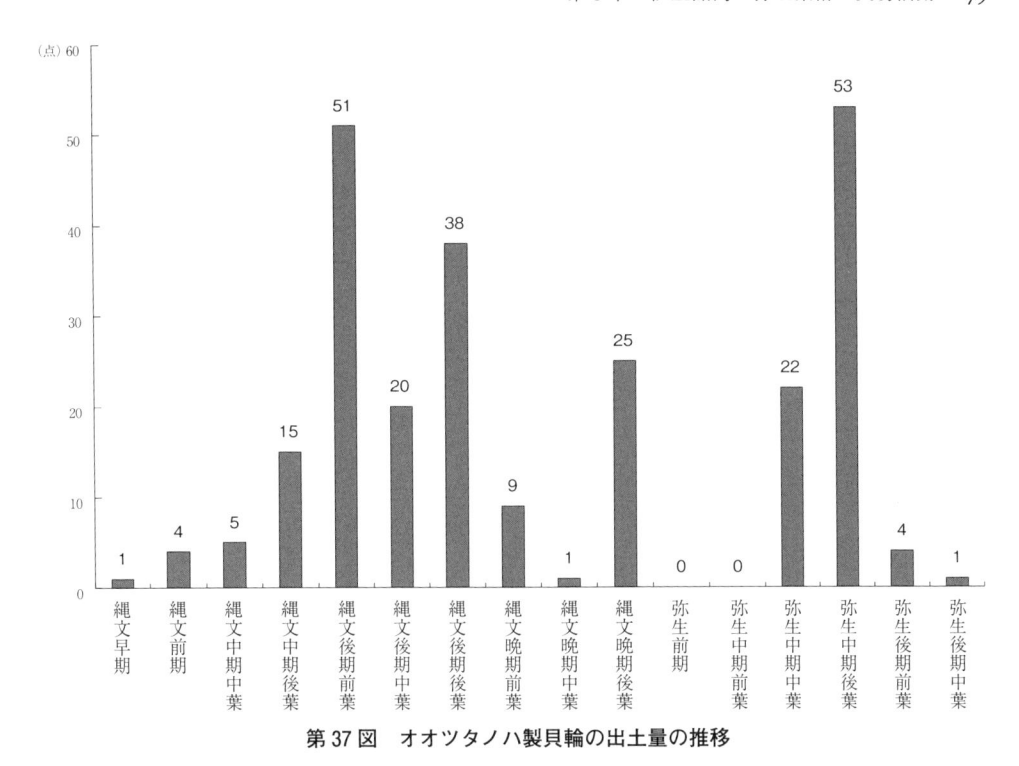

第37図　オオツタノハ製貝輪の出土量の推移

つまり，時期的な出土量の推移をまとめると，オオツタノハ製貝輪の出土は縄文時代早期から連続的に出土しているのではなく，縄文時代後期前葉と縄文時代晩期後葉，そして弥生時代中期中葉から後期中葉にかけて多く出土している。そして出土する遺跡は，縄文時代は主に貝塚遺跡から出土し，弥生時代は洞穴遺跡や墓地遺跡からの出土例が多い。

2　オオツタノハ製貝輪の分布の推移

　オオツタノハ製貝輪は東海地方から北海道西南部にかけて広く分布している。しかし，その分布は一律ではなく，時期ごとに特徴がある（第38図・第39図・第40図）。

　縄文時代早期から縄文時代中期中葉までのオオツタノハ製貝輪は，主に東京湾沿岸ならびに霞ヶ浦（古鬼怒湾）沿岸の地域から出土し，縄文時代中期後葉では東京湾沿岸のほか，東北地方中北部の太平洋沿岸の地域での出土事例が増加している。最も出土点数が多い縄文時代後期前葉では分布範囲がさらに広くなり，北は北海道函館市戸井貝塚で1点，西は愛知県田原市伊川津貝塚で1点出土している。後期後葉以後では，東北地方および東海地方において貝塚数が増加するため分布範囲は広くなり，北海道から愛知県まで出土している。

　弥生時代前期・中期前葉には出土例はなく，中期中葉では主に北関東地方の再葬墓から出土している。弥生時代中期後葉（Ⅳ-5）から後期前葉（Ⅴ-2）では，三浦半島の洞穴遺跡（神奈川県三浦市間口洞穴・同市大浦山洞穴・同市雨崎洞穴など）からの出土が目立っている。

第16表　オオツタノハ製貝輪の集成

時期		遺跡名	所在地	出土数
縄文時代早期	茅山上層式	吉井城山第1貝塚	神奈川県横須賀市	1
				出土点数：1
縄文時代前期	関山式	宮久保坂上貝塚	千葉県市川市	1
縄文時代前期	縄文前期	夏島貝塚	神奈川県横須賀市	1
縄文時代前期	下小野式・五領ケ台式	白井大宮台貝塚	千葉県小見川町	1
縄文時代前期	興津式	興津貝塚	茨城県美浦村	1
				出土点数：4
縄文時代中期中葉	阿玉台式〜安行式	良文貝塚	千葉県小見川町	1
縄文時代中期中葉	阿玉台式〜加曾利E式	姥山貝塚	千葉県市川市	1
縄文時代中期中葉	阿玉台Ⅱ式	根木内貝塚	千葉県松戸市	1
縄文時代中期中葉	勝坂式-加曾利E1式	宮の原貝塚北貝塚	神奈川県横浜市	1
縄文時代中期中葉	勝坂式-安行Ⅰ式	杉田貝塚	神奈川県横浜市	1
				出土点数：5
縄文時代中期後葉	中峠式・加曾利E1式	有吉北貝塚	千葉県千葉市	1
縄文時代中期後葉	中峠式・加曾利E1式	有吉北貝塚	千葉県千葉市	1
縄文時代中期後葉	加曾利E1式-堀之内2式	青ケ台貝塚	神奈川県横浜市	1
縄文時代中期後葉	加曾利E式	上の内貝塚	茨城県ひたちなか市	2
縄文時代中期後葉	縄文中期-晩期	加曽利貝塚	千葉県千葉市	1
縄文時代中期後葉	加曾利E1式	加曾利北貝塚	千葉県千葉市	1
縄文時代中期後葉	加曾利E2式	加曾利北貝塚	千葉県千葉市	1
縄文時代中期後葉	加曾利E2式-安行Ⅲd式	西ヶ原貝塚	東京都北区	1
縄文時代中期後葉	加曾利E4式-称名寺Ⅰ式	武士遺跡	千葉県市原市	1
縄文時代中期後葉	加曾利E4式	中野木新山遺跡	千葉県船橋市	1
縄文時代中期後葉	大木9式-大洞BC式	南境貝塚	宮城県石巻市	1
縄文時代中期後葉	大木8b式-大洞A'式	沼津貝塚	宮城県石巻市	1
	縄文中期	火達山遺跡	静岡県下田市	1
	縄文中期-後期	門前貝塚	岩手県陸前高田市	1
				出土点数：15
縄文時代後期前葉	称名寺式	鉈切洞穴	千葉県館山市	1
縄文時代後期前葉	称名寺式-安行Ⅱ式	祇園原貝塚	千葉県市原市	1
	縄文時代後期前葉〜後期中葉	下高洞遺跡D地区	東京都大島町	3
縄文時代後期前葉	称名寺式-堀之内1	称名寺B貝塚	神奈川県横浜市	1
縄文時代後期前葉	堀之内1式	冬木A貝塚	茨城県五霞村	14
縄文時代後期前葉	天佑寺式	戸井貝塚	北海道戸井町	1
縄文時代後期前葉	堀之内1式	南高野貝塚	茨城県日立市	12
縄文時代後期前葉	堀之内2式	中妻貝塚	茨城県取手市	2
縄文時代後期前葉	堀之内-安行式	堀ノ内貝塚	千葉県市川市	1
縄文時代後期前葉	堀之内-安行式	山野貝塚	千葉県袖ヶ浦市	1
縄文時代後期前葉	堀之内-安行式	六通貝塚	千葉県千葉市	1
縄文時代後期前葉	堀之内-安行式	小豆沢貝塚	東京都板橋区	1
縄文時代後期前葉	堀之内1式-安行Ⅱ式	西広貝塚	千葉県市原市	1
縄文時代後期前葉	堀之内1式	古作貝塚	千葉県船橋市	9
縄文時代後期前葉	堀之内式-安行Ⅱ式	下沼部貝塚	東京都大田区	1
縄文時代後期前葉	堀之内式-水神平式	伊川津貝塚	愛知県渥美町	1
				出土点数：51
縄文時代後期中葉	加曾利B式	西ヶ原貝塚	東京都北区	1
縄文時代後期中葉	加曾利B式	金土貝塚	茨城県水街道市	2
縄文時代後期中葉	加曾利B式	神生貝塚	茨城県伊奈町	3
縄文時代後期中葉	加曾利B式	中妻貝塚	茨城県取手市	1
縄文時代後期中葉	加曾利B式	上新宿貝塚	千葉県流山市	2
縄文時代後期中葉	加曾利B式	加曽利南貝塚	千葉県千葉市	5
縄文時代後期中葉	加曾利B式-安行Ⅱ式	祇園原貝塚	千葉県市原市	1

時期		遺跡名	所在地	出土数
縄文時代後期中葉	加曾利B1式-安行Ⅲc式	大森貝塚	東京都品川区	1
縄文時代後期中葉	加曾利B式-安行Ⅱ式	牛熊貝塚	千葉県横芝町	1
縄文時代後期中葉	加曾利B式-安行Ⅲ式	広畑貝塚	茨城県桜井村	1
縄文時代後期中葉	加曾利B式-大洞BC式	余山貝塚	千葉県銚子市	1
縄文時代後期中葉	縄文後期中葉	立木貝塚	茨城県利根町	1
				出土点数：20
縄文時代後期後葉	宮戸Ⅲa式	田柄貝塚	宮城県気仙沼市	1
縄文時代後期後葉	曾谷-安行式	吉見台遺跡	千葉県佐倉市	1
縄文時代後期後葉	縄文後期後葉	入江貝塚C地点	北海道虻田町	1
縄文時代後期後葉	縄文後期末-晩期初頭	伊川津貝塚	愛知県渥美町	3
	縄文後期	西ヶ原貝塚	東京都北区	4
	縄文後期後葉～晩期中葉	下高洞遺跡D地区	東京都大島町	19
	縄文後期-晩期	館貝塚	宮城県若柳町	1
	縄文後期-晩期	富崎貝塚	宮城県石越町	1
	縄文後期-晩期	吉胡貝塚	愛知県田原町	2
	縄文後期・晩期	荒海貝塚	千葉県成田市	1
	縄文後期・晩期	殿台貝塚	千葉県成田市	1
	縄文後期末-晩期	渡浮根遺跡	東京都新島村	3
				出土点数：38
縄文時代晩期前葉	大洞B式-大洞A'式	貝鳥貝塚	岩手県花泉町	2
縄文時代晩期前葉	大洞BC式	中沢目貝塚	宮城県田尻町	1
縄文時代晩期前葉	寺津式	伊川津貝塚	愛知県渥美町	1
縄文時代晩期前葉	桜井式・稲荷山式	伊川津貝塚	愛知県渥美町	2
縄文時代晩期前葉	蜆塚上層式	西貝塚	静岡県磐田市	1
縄文時代晩期前葉	蜆塚A式	蜆塚貝塚	静岡県浜松市	2
				出土点数：9
縄文時代晩期中葉	大洞C1・C2式	西屋敷貝塚	愛知県知多市	1
				出土点数：1
縄文時代晩期後葉	大洞A式	有珠モシリ	北海道伊達市	2
縄文時代晩期後葉	縄文晩期	二子貝塚	岩手県久慈市	1
縄文時代晩期後葉	縄文晩期	真福寺貝塚	埼玉県岩槻市	3
縄文時代晩期後葉	縄文晩期	白岡町出土品	埼玉県白岡町	1
縄文時代晩期後葉		下高洞遺跡D地区	東京都大島町	3
縄文時代晩期後葉	縄文晩期前半	大草貝塚	愛知県知多市	1
縄文時代晩期後葉	荒海式	荒海川表遺跡	千葉県成田市	3
縄文時代晩期後葉	五貫森-弥生	安房神社境内洞窟	千葉県館山市	10
	縄文-弥生	竹岡村洞口洞穴	千葉県富津市	1
				出土点数：25
弥生時代中期中葉	野沢Ⅰ式	岩津保洞穴	群馬県万場町	11～27
弥生時代中期中葉	野沢Ⅱ式	八束脛洞穴	群馬県月夜野町	11
				出土点数：22-38
弥生時代中期後葉	足洗2式	差渋遺跡	茨城県ひたちなか市	14
弥生時代中期後葉	宮ノ台式	間口洞穴	神奈川県三浦市	1
弥生時代中期後葉～後期前葉	宮ノ台式～久ヶ原式	ココマ遺跡	東京都三宅村	38
				出土点数：53
弥生時代中期中葉	久ヶ原式	雨崎洞窟	神奈川県三浦市	1
弥生時代後期前葉	久ヶ原式	大浦山洞穴	神奈川県三浦市	1
弥生時代後期前葉	久ヶ原式	間口洞穴	神奈川県三浦市	1
弥生時代後期前葉	久ヶ原式	毘沙門洞穴	神奈川県三浦市	1
				出土点数：4
弥生時代後期中葉	山田橋式	東千草山遺跡	千葉県市原市	1
				出土点数：1

縄文時代 早期　　　　　　　　　　　　　　縄文時代 前期

ほか：
岩手1点

縄文時代 中期中葉　　　　　　　　　　　　縄文時代 中期後葉

ほか：
北海道1点

縄文時代 後期前葉　　　　　　　　　　　　縄文時代 後期中葉

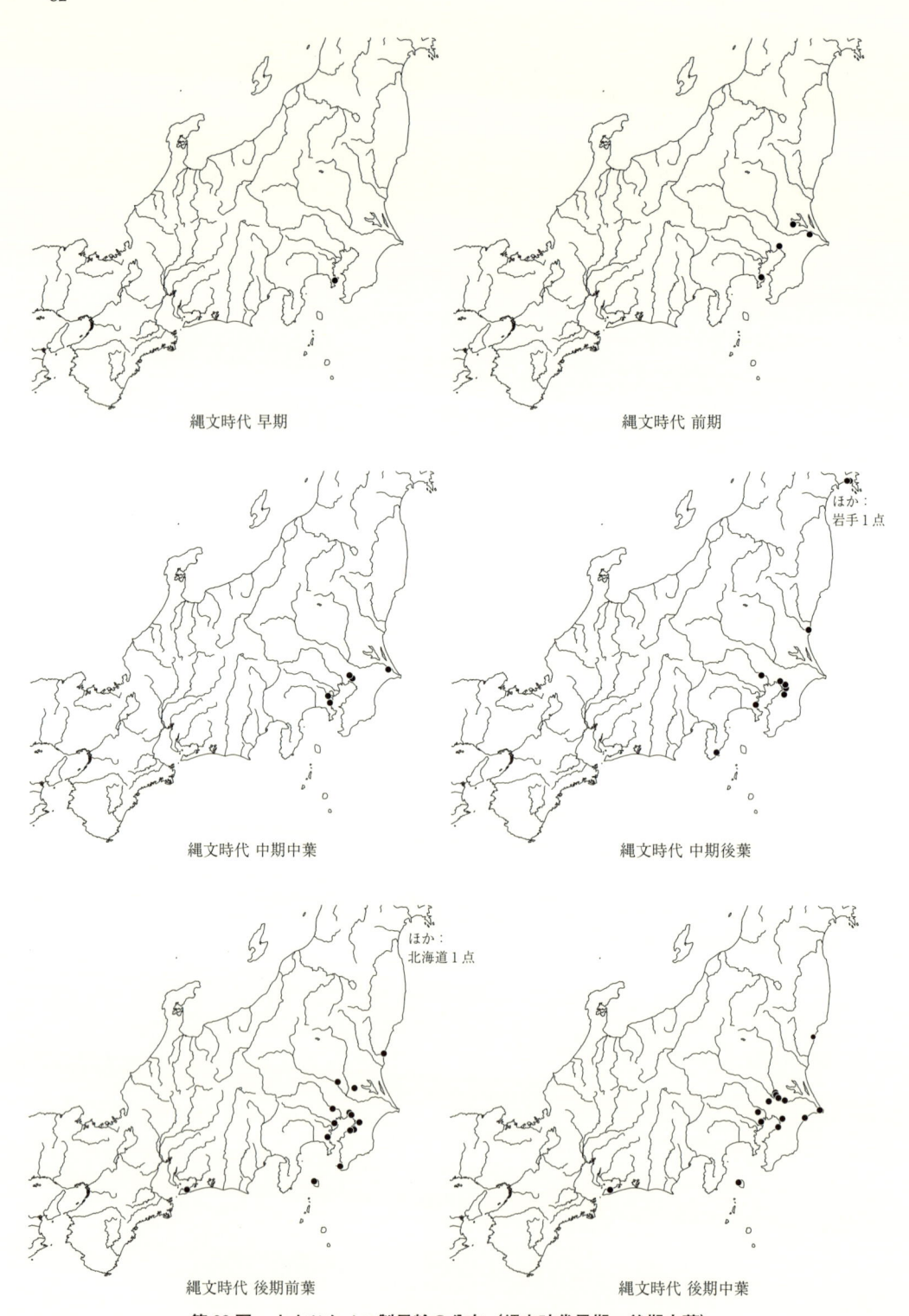

第 38 図　オオツタノハ製貝輪の分布（縄文時代早期～後期中葉）

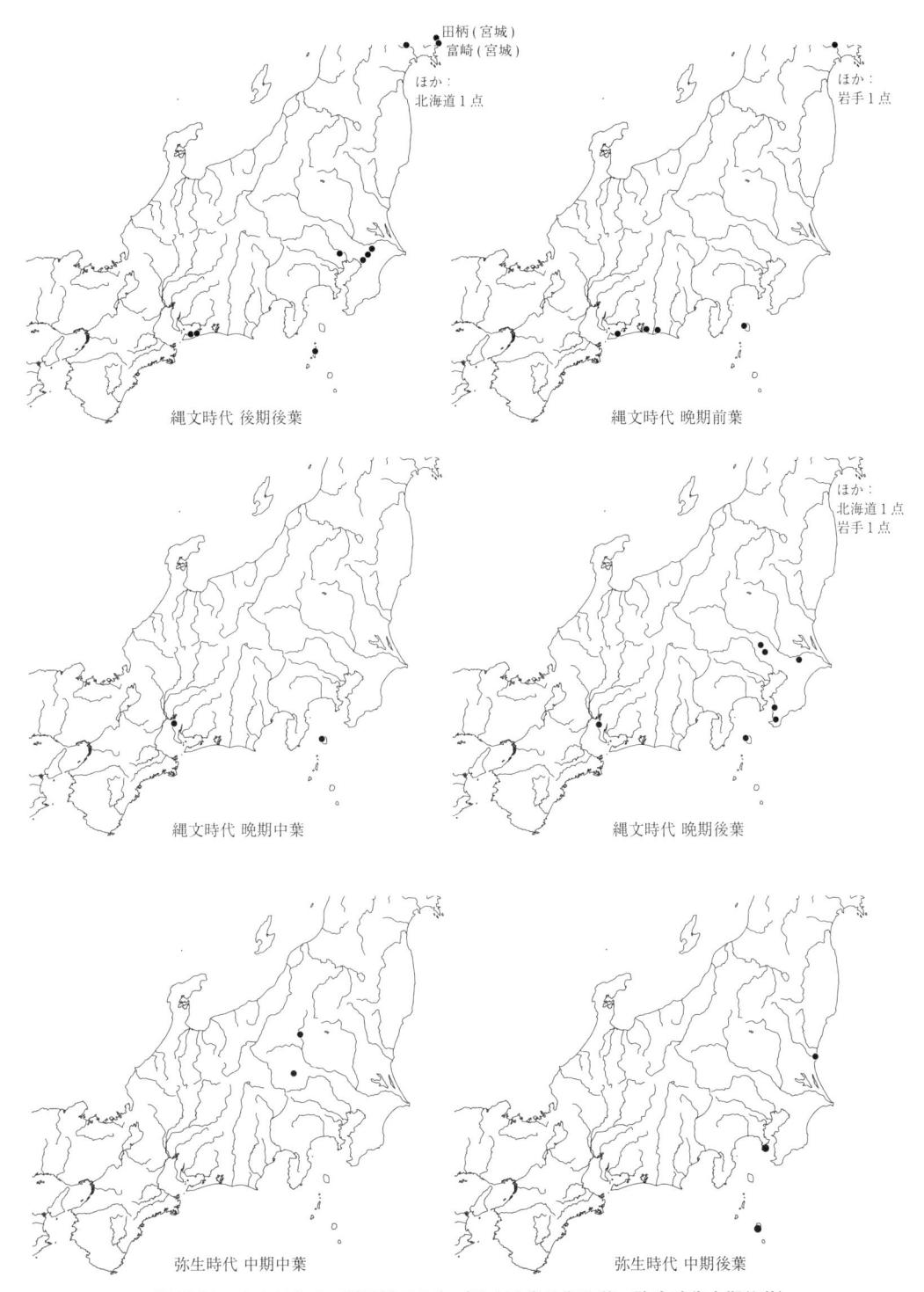

第 3 章　伊豆諸島の弥生集落の交易活動　83

田柄 (宮城)
富崎 (宮城)
ほか :
北海道 1 点

ほか :
岩手 1 点

縄文時代 後期後葉

縄文時代 晩期前葉

縄文時代 晩期中葉

ほか :
北海道 1 点
岩手 1 点

縄文時代 晩期後葉

弥生時代 中期中葉

弥生時代 中期後葉

第 39 図　オオツタノハ製貝輪の分布（縄文時代後期後葉～弥生時代中期後葉）

第40図 オオツタノハ製貝輪の分布（弥生時代後期前葉～弥生時代後期中葉）

3 オオツタノハ製貝輪の未成品について
（1） 未成品の集成

カサガイの1種であるオオツタノハを用いた貝輪は、殻の中央を敲打で打ち抜き、その後に腕と触れる内輪部と貝の表面を研磨することで完成する（忍澤2001）。本稿で述べる未成品とは、原素材である貝や研磨が施されていない資料のことである。また、貝輪の最初の製作地であることを示す殻頂部や未加工品の出土をもって、その遺跡を貝輪の製作地と考える。

まず、未成品が出土しているのは以下の遺跡である（戸谷2002、忍澤2009a、岡本・柳沢2010）。

・東京都大島　下高洞遺跡D地区：縄文時代後期前葉から晩期末葉
・東京都新島　渡浮根遺跡：縄文時代後期から晩期
・千葉県安房神社洞穴遺跡：縄文時代晩期後半
・東京都三宅島　ココマ遺跡：弥生時代中期後葉（Ⅳ-5）から後期前葉（Ⅴ-2）
・神奈川県大浦山洞穴遺跡：弥生時代中期後葉（Ⅳ）から後期（Ⅴ）
・神奈川県雨崎洞穴遺跡：弥生時代後期（Ⅴ）

これらの遺跡のなかで下高洞遺跡D地区とココマ遺跡では、貝輪製作の初期段階を示す殻頂部が出土しているのに対して、渡浮根遺跡と安房神社洞穴遺跡ならびに雨崎洞穴遺跡と大浦山洞穴遺跡では、殻頂部を打ち抜いたあとの内輪部もしくは貝の表面が研磨されていない状態の未成品が出土している。つまり、下高洞遺跡・ココマ遺跡で、貝輪製作工程の第1段階である殻頂部の打ち抜き加工が行われ、製作途上の未成品が島外に搬出されている。そして第2工程である貝輪の内輪部もしくは表面の研磨が、渡浮根遺跡と安房神社洞穴ならびに三浦半島の洞穴遺跡で行われたと考えられる。

（2） オオツタノハ製貝輪の生産遺跡

次に貝輪製作の一次加工が行われた下高洞遺跡D地区・ココマ遺跡の出土量とその時期について検討する。下高洞遺跡D地区の出土資料については忍澤成視により再検討が行われ、時期

別の出土量がまとめられている（忍澤2001，第17表上）。下高洞遺跡D地区での貝輪製作の時期は，縄文時代後期前葉から晩期末葉までである。未成品の出土量は，貝塚形成前（縄文時代後期前葉から後期中葉：堀之内1式から加曾利B式）の39層から41層では3点，貝塚形成期（後期後葉から縄文時代晩期中葉：寺津下層式から大洞C式）の26層から32層および遺物ラベルに貝層・純貝層A・B・灰色貝層[4]と記されている資料は19点である。貝塚形成後（晩期末葉）は3点のみであり，製作量が減少している。そのほか表採2点，時期不明の褐色土Bから1点，合計で28点の貝輪が出土している。

弥生時代中期後葉（Ⅳ-5）から後期前葉（Ⅴ-2）の遺跡であるココマ遺跡では，調査面積0.35m²に対して，オオツタノハの破片157点，最小個体数38点ときわめて多いオオツタノハが出土している（第17表下）。未成品や未加工の貝のほか，殻の中央部を打ち抜く工程で生じた殻頂部や縁辺部の破片等の残滓も多く出土している（第41図）（忍澤2009a）。

このように下高洞遺跡D地区とココマ遺跡での貝輪の生産の時期的な変化を見てくると，本土での出土量の増減に対応していることがわかる。つまり，本土で最も出土量の多い縄文時代後期前半から晩期後葉にかけては，下高洞遺跡で製作が行われている。晩期後半以降，本土での出土量の減少に呼応するかのように下高洞遺跡での製作活動が低調となる。

弥生時代中期中葉の貝輪の製作遺跡は発見されていないが，ココマ遺跡で採集されている櫛描文や重三角形文や刺突文の文様をもつ土器（第4図1～3）や大里遺跡で出土している抗火石製の切れ込みをもつ砥石（第42図）などは，貝輪の製作遺跡である下高洞遺跡のものと類似しており，

第17表　下高洞遺跡とココマ遺跡における貝輪の生産量

下高洞遺跡D地区

時期	層位	出土点数	合計
	表採	2	2
縄文時代晩期末	21・23・24層	3	3
縄文時代後期後葉～晩期中葉	26・28・32層	4	
縄文時代後期後葉～晩期中葉	純貝層B	4	
縄文時代後期後葉～晩期中葉	貝層	8	
縄文時代後期後葉～晩期中葉	灰色貝層	1	
縄文時代後期後葉～晩期中葉	貝層1・2	2	19
縄文時代後期前葉～中葉	38・39・41層	3	3
	褐色土B	1	
	合計	28	

ココマ遺跡

時期	層位	出土点数
	表採	51
弥生時代中期後葉～後期前葉	1層	27
	2層	12
	3層	67
	合計	157

貝輪状(1)　　　　　　　　　　　　　　　　　　　　未加工(2～3)

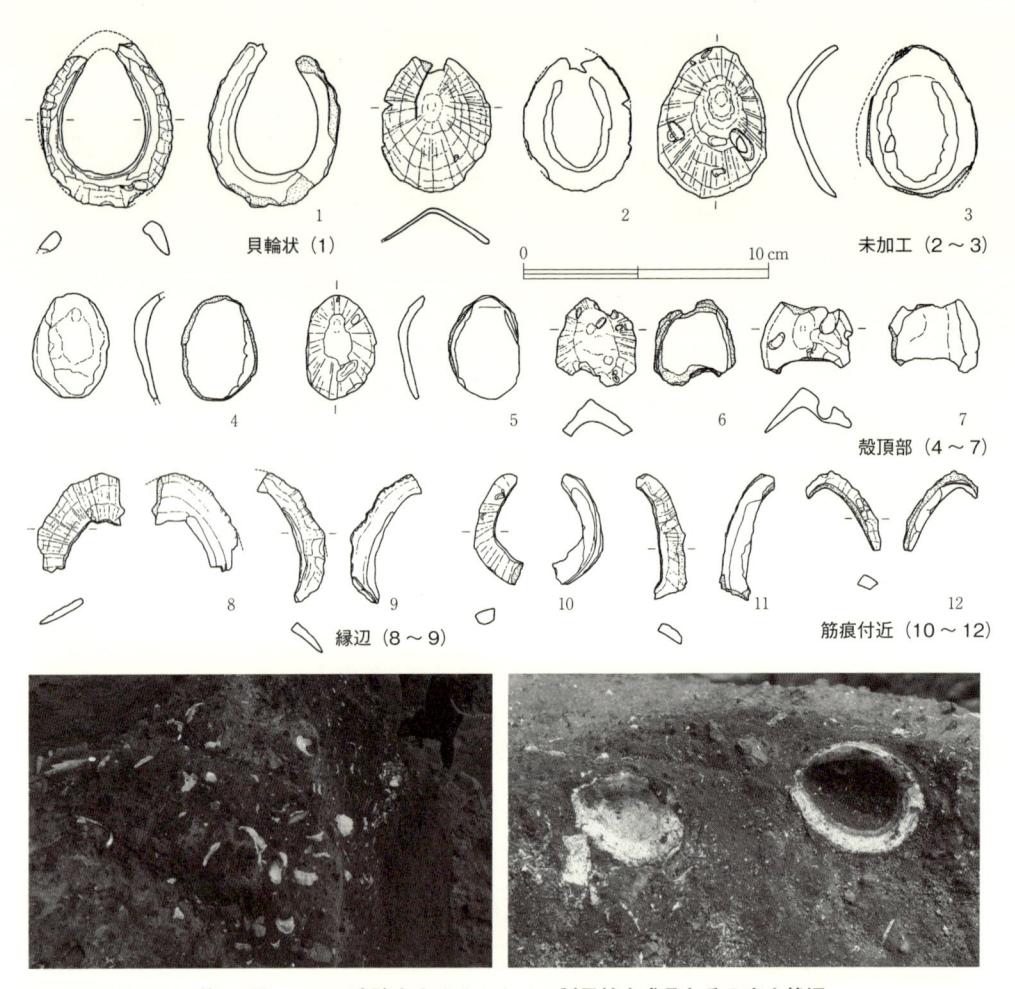

殻頂部(4～7)

縁辺(8～9)　　　　　　　筋痕付近(10～12)

第41図　ココマ遺跡出土オオツタノハ製貝輪未成品とその出土状況

貝輪の生産活動の存在を推定させる。この点については今後の調査に期待したい。三浦半島での出土が最も多くなる弥生時代中期後葉から後期前葉では，ココマ遺跡での貝輪製作が活発になっている。

つまり，縄文時代後期以降のオオツタノハ製貝輪の流通量の増加に伴い，下高洞遺跡ならびにココマ遺跡が貝輪生産遺跡として営まれたと考えられる。ただし，群馬県神流町岩津保洞穴遺跡（今村・小泉1984）（Ⅲ-1），茨城県ひたちなか市差渋遺跡（Ⅳ-3），千葉県市原市東千草山遺跡（近藤・田中1989）（Ⅴ-3）のように三宅島での生産

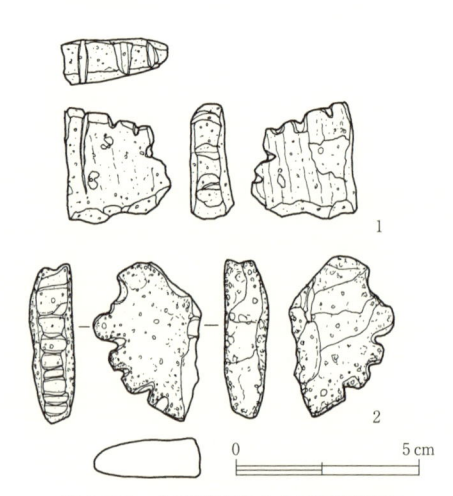

第42図　大里遺跡出土の軽石製砥石

活動が確認できない時期の資料もある。これらについては今後の資料の増加をまって再度検討したい。

第3節　貝輪・黒曜石をめぐる島と本土の交流

1　下高洞遺跡

　下高洞遺跡では，層位ごとで出土土器に地域的な特徴が認められる（川崎・谷口・實川1998）（第43図）。後期初頭の資料は称名寺式が主体となり，他の地域では東海地方西部地域の中津式の土器片が3点確認される（第43図－23～25）。後期前葉から中葉はD地区の42層から39層に該当し，堀之内1式・2式・加曾利B1式の土器が主体である。しかし，加曾利B2式の段階になると，精製土器が減少する。後期後葉から晩期中葉は37層および36層から26層の貝層に該当する。この時期は，清水天王山式（同図9）が主体であり，次いで安行2式が含まれる。そのほか，東北地方の新地式（同図18）・大洞B式（同図11）・大洞B－C式（同図12）・大洞C式（同図5～8）が出土している。東海地方西部の縄文時代後期末葉の寺津下層式（同図13～17）・晩期前葉の寺津式（同図10）も出土している。縄文時代晩期後葉は23層・25層が該当し，イノシシやウミガメを多く含む骨層である。浮線文系土器（同図1～2）を主体として少量の東海地方西部の弥生時代前期の土器である樫王式や水神平式が出土している。図には表していないが，弥生時代前期から中期前半になると下高洞遺跡出土の土器は，水神平式土器およびその系統の条痕文系土器群で占められる。このように見てくると，縄文時代後期中葉，特に加曾利B2式以降に関東地方に系譜をもつ土器が相対的に減少しているかにみえる。そして，出土破片数が多くはないが，東北地方や東海地方西部の土器群の出土が目立ってくる。貝輪の分布は，後期後葉以降に関東地方での出土事例が減少して，東北地方や東海地方西部での出土事例が増加する（第39図）。

　つまり，下高洞遺跡出土の土器の地域性と下高洞遺跡で生産されるオオツタノハの貝輪の分布が合致している。もちろん，これらの時期に本土の遺跡においても同じように東北地方や東海地方西部の土器群の出土は確認されている。しかし，貝輪の生産遺跡においてもこれらの土器が持ち込まれている事実は，貝輪の生産地から消費地を結ぶ証左として重要視すべきである[5]。また，愛知県東部の渥美半島の川地遺跡（縄文時代後期）からは，神津島1群（筆者註：恩馳島産）の黒曜石や同県豊川流域の榎下遺跡（縄文時代晩期）からは天城の柏峠西産黒曜石が出土しており（藁科1993），オオツタノハ製貝輪のみならず，黒曜石も縄文時代後期・晩期に伊豆諸島および伊豆半島から東海地方西部へと広域に流通していたのである。

2　大里遺跡

　大里遺跡からは大量の黒曜石のほかに各地の土器・石器が出土している（第44図）。特に大里遺跡では，2回の調査で併せて碧玉製管玉29点，翡翠製勾玉4点が出土している。大里遺跡出土の管玉には2形態があり，細く短いタイプ（同図2～7）と太く長いタイプ（同図8）がある。特

88

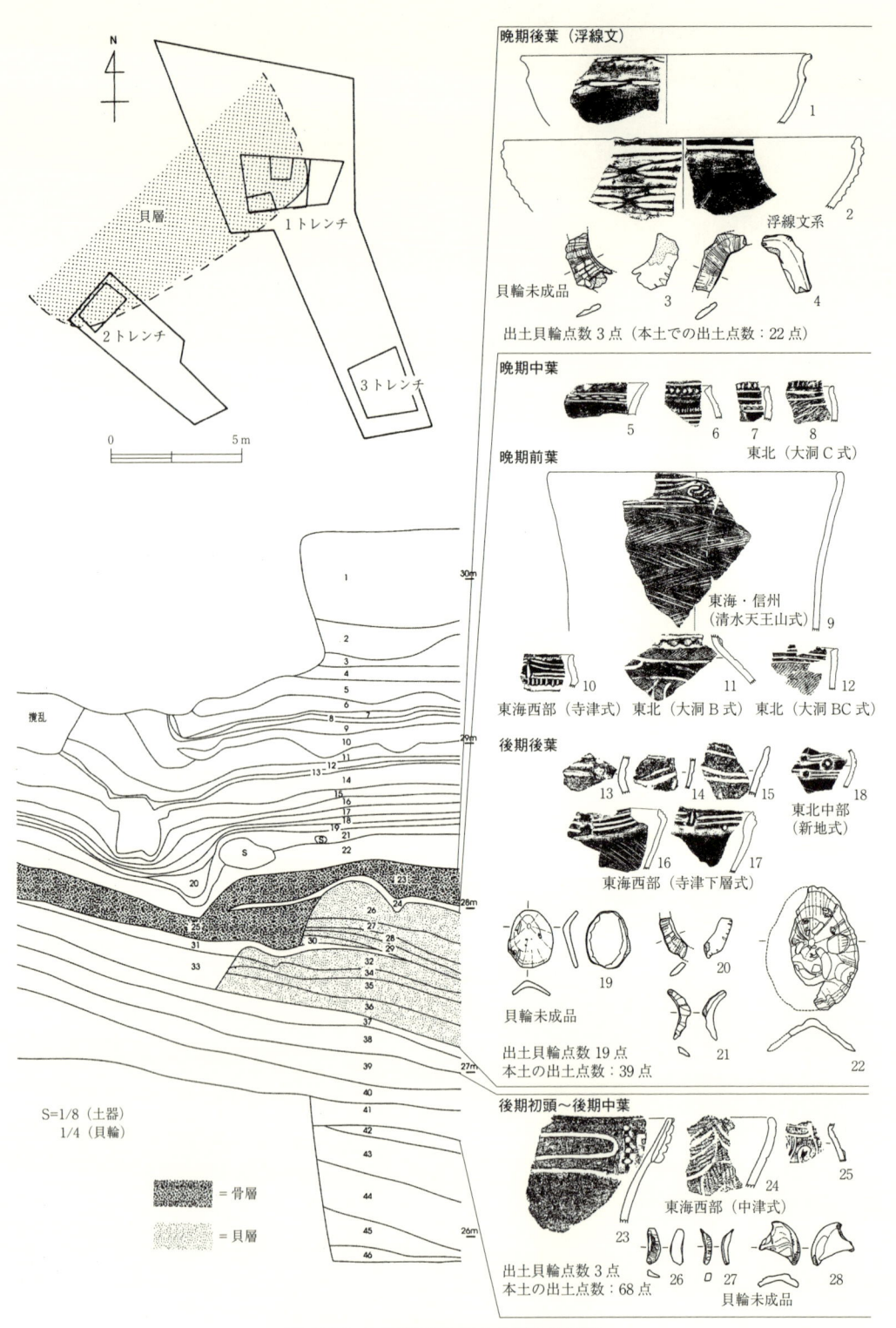

晩期後葉（浮線文）

浮線文系

貝輪未成品

出土貝輪点数 3 点（本土での出土点数：22 点）

晩期中葉

東北（大洞 C 式）

晩期前葉

東海・信州
（清水天王山式）

東海西部（寺津式） 東北（大洞 B 式） 東北（大洞 BC 式）

後期後葉

東北中部
（新地式）

東海西部（寺津下層式）

貝輪未成品

出土貝輪点数 19 点
本土の出土点数：39 点

後期初頭～後期中葉

東海西部（中津式）

貝輪未成品

出土貝輪点数 3 点
本土の出土点数：68 点

S=1/8（土器）
1/4（貝輪）

= 骨層
= 貝層

第 43 図　下高洞遺跡出土土器の地域性

に後者は，弥生時代中期中葉に北陸・中部・関東地方で多く出土するタイプである。また，大里遺跡で出土する勾玉も半玦状勾玉（同図1）であり，石川県小松市八日市地方遺跡で製作される半玦状勾玉の法量と一致する（浅野2003）。環状石斧（同図9）は，長野盆地で製作され広く関東地方へ流通した磨製石斧と同じ緑色岩製である。これらの玉・石斧類は，北陸地方あるいは中部高地と大里遺跡との直接的な接触によってもたらされたのではなく，関東地方南部の集落へ一度もたらされたものが，その後に大里遺跡へ土器とともに持ち込まれたとみるべきであろう。

関東地方北部に系譜があるものとして，中期前葉の大形壺を祖形とする肩部が張る壺の破片（同図11）や御新田式（同図14）・池上式（同図16～17）の土器片が出土している。関東地方東部からは，狢式土器の壺破片（同図15）が出土している。遠江および三河地域に系譜があるものは，櫛描文を用いる一群の土器であり，嶺田式（同図22～24）や瓜郷式（同図25）が該当する。これらの地域の土器は数が少なく，壺に限定される。

一方，駿河湾沿岸と相模湾沿岸に系譜をもつと考えられる土器は，その量が多く，壺と甕のいずれもが出土している。駿河湾沿岸系の甕には，胴部中央での指頭による磨消線文が施される特徴がある。大里遺跡からも同様の文様をもつ甕が多く出土している（同図19）。一方，外面調整が上から縦→横→縦という順番で施される相模湾沿岸の中里式の甕は，土壙墓から出土している（同図18）。また，石器では駿河湾沿岸を中心に分布する燕尾状に切れ込みをもつ磨製石鏃（同図21）が出土している。

関東地方北部および遠江・三河地域に系譜をもつ壺のみの出土と，駿河湾・相模湾沿岸系の壺・甕・石器の出土，そして出土量の多寡の違いは，本土と大里遺跡との往来の形態と頻度の違いを表していると考えられる。生活必需資材である壺・甕・石器が出土することは，その回数や時期を問わずして日常的なヒトの往来を意味している。一方で壺のみが出土する地域は，ヒトの往来よりもむしろ土器の中身等を目的とした交換行為に起因する間接的な往来の姿を反映していると考えるべきであろう。

交流の経路としては3つ想定される。1つは駿河湾を経由するルートであり，もう1つは相模湾から三浦半島経由で関東地方北部方面に向かうルートである。内陸へ向かうルートは鈴木正博が千葉県市川市木戸口遺跡の分析を通じて伊豆諸島を結ぶ交流を指摘している（鈴木2000）。3つめは相模湾から外房経由で鹿島灘へ向かうルートである。大里遺跡からは狢式土器が出土しており，那珂川流域と伊豆諸島の交流が想定される。この遠隔地の交流では千葉県方面からの内陸経由の交流ルートも考えられるが，静岡県三島市長伏六反田遺跡では龍門寺式土器片が出土し（芦川1999），宮城県から福島県の太平洋沿岸に起源をもつ側面索孔燕形銛頭が弥生時代中期中葉から後葉にかけて三浦半島・静岡県・三重県に至る太平洋沿岸に広く分布しており（設楽2005），外洋ルートを想定することもあながち間違いではない。こうしたルートを通じたオオツタノハや黒曜石などの伊豆諸島の海洋資源の交換を目的とした人々の往来が考えられる。

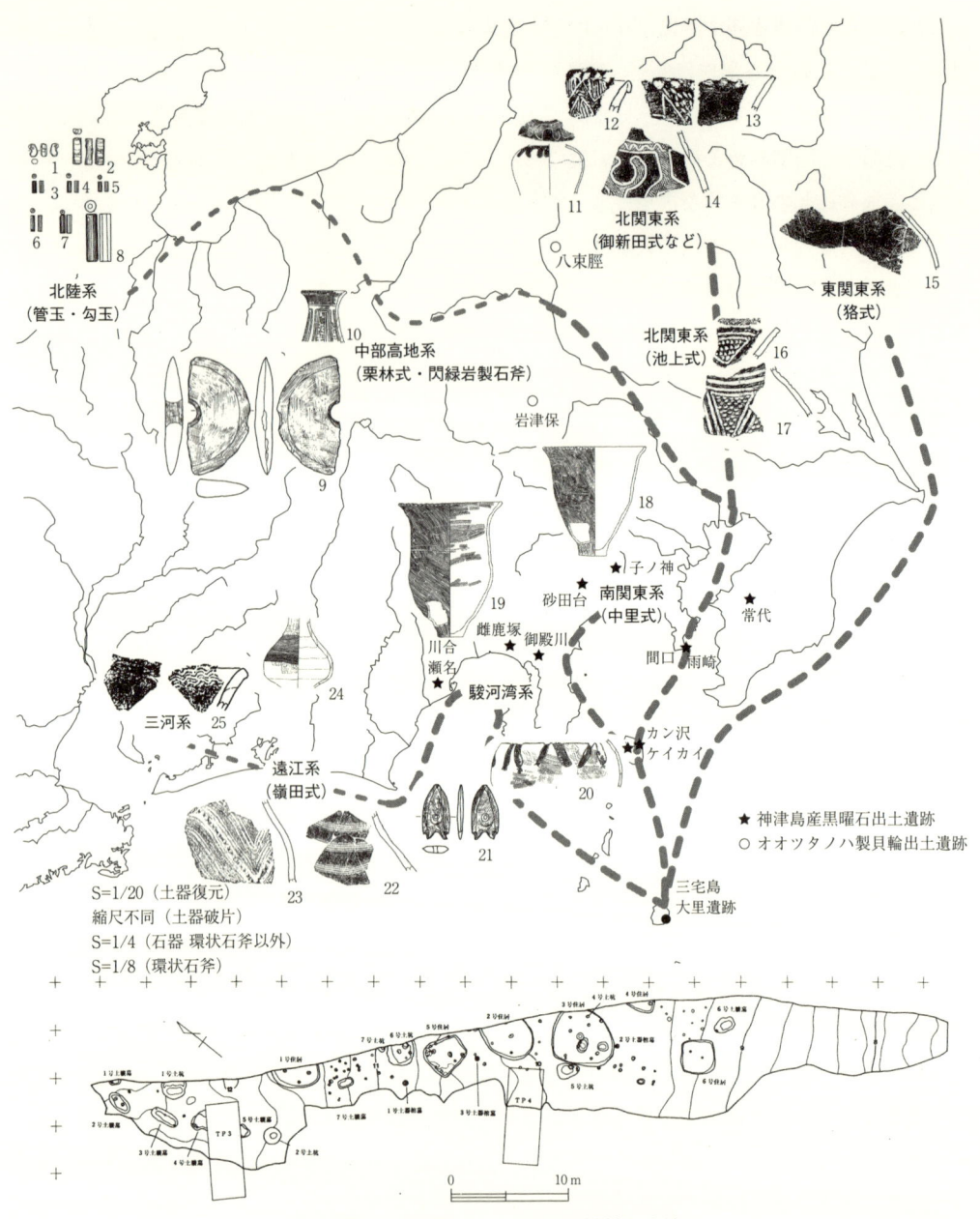

第 44 図　大里遺跡出土土器の地域性と交流

3　ココマ遺跡

　ココマ遺跡から出土した弥生土器の器種は壺・甕・浅鉢である。壺・浅鉢は器面が赤彩され，細縄文を沈線で区画する文様帯を特徴としている。甕は口縁部に粘土帯が認められる（第45図-22・23）。こうした特徴を有する本土での土器は三浦半島に多く分布している。また，ココマ遺跡以外にも三宅島には同時期の遺跡として，富賀浜A遺跡や伊豆墓地下遺跡や西原D遺跡などで土器・石器が出土している。富賀浜A遺跡と伊豆墓地下遺跡はともに小さい破片であるが，

第3章　伊豆諸島の弥生集落の交易活動　91

差渋遺跡 出土資料
（Ⅳ-3）

黒曜石（角礫）
赤坂遺跡
出土資料
（Ⅳ-5～Ⅴ-2）

東千草山遺跡
出土資料
（Ⅴ-3）

鹿角

池子遺跡
出土資料
（Ⅴ-2）

砂田台
池子　赤坂
日暮
川合
カン沢
三宅島
西原D　ココマ

三浦海蝕洞穴遺跡
出土資料
（Ⅳ-5～Ⅴ-2）

アワビオコシ

有栓弭形角製品　（上：毘沙門、左：大浦山、右：間口）（大浦山）

カン沢遺跡
出土資料
（Ⅴ-2）

★ 神津島産黒曜石出土遺跡
○ オオツタノハ製貝輪出土遺跡

西原D遺跡出土資料
（Ⅳ-5～Ⅴ-3a）

ココマ遺跡出土資料
（Ⅳ-5～Ⅴ-2）

黒曜石
（角礫）24

弭の栓？

オオツタノハ製貝輪未成品

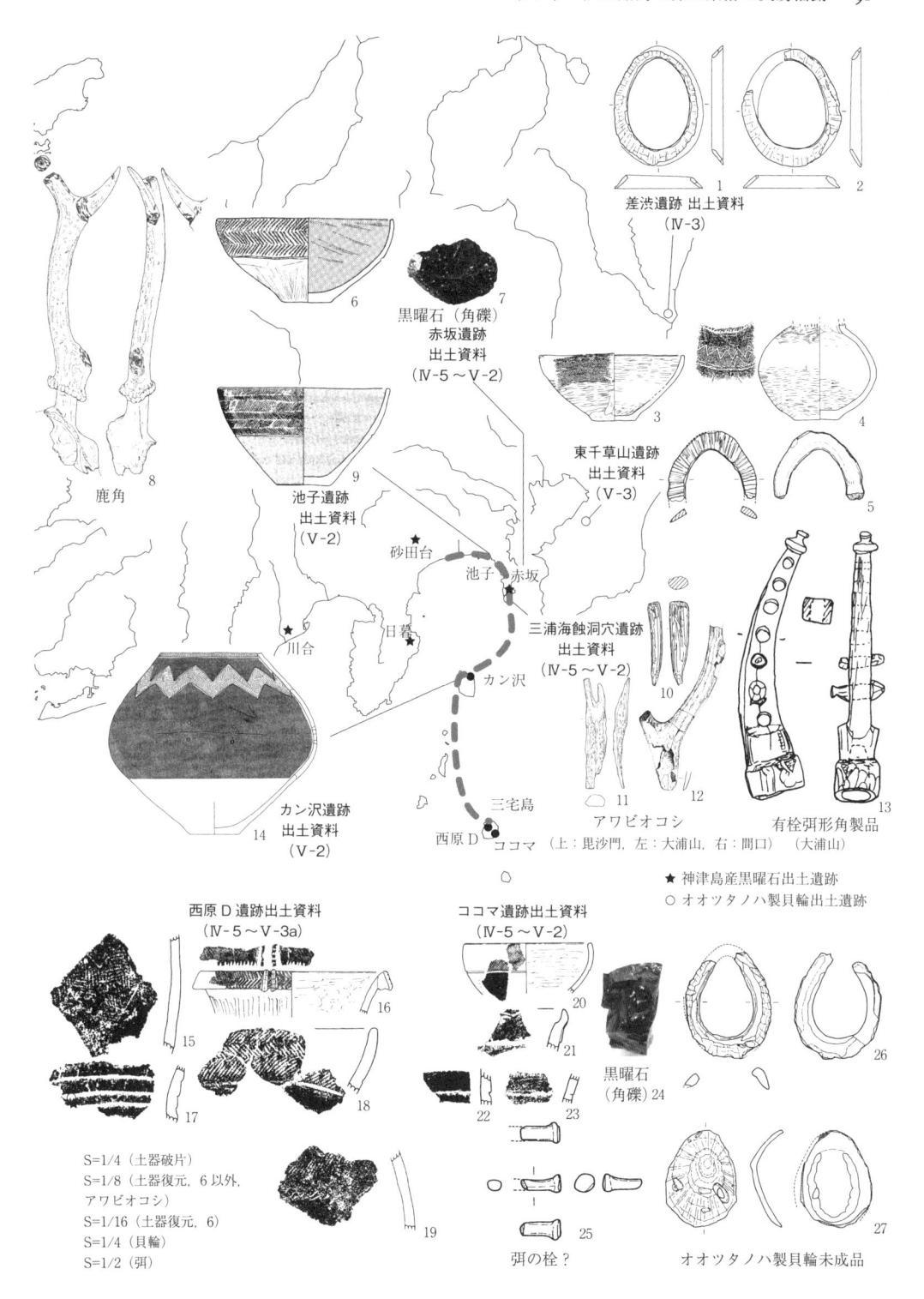

S=1/4（土器破片）
S=1/8（土器復元，6以外，アワビオコシ）
S=1/16（土器復元，6）
S=1/4（貝輪）
S=1/2（弭）

第45図　ココマ・西原D遺跡出土土器の地域性と交流

胎土の特徴および文様はココマ遺跡と共通している。西原D遺跡では，棒状浮文をもつ壺の口縁部片（同図16）や沈線区画の山形文をもつ壺の胴部片（同図15），4段の粘土帯を残す甕の頸部片（同図17）が出土している。これらの土器は，三浦半島から東京湾沿岸の地域性（同図3・6・9）を表す資料である。ココマ遺跡と三浦半島の洞穴遺跡におけるオオツタノハ製貝輪の流通のほかにも，先に記したように両地域の交流を示すものが，神津島産黒曜石の角礫（同図7・24）の流通や骨角器（同図13・25）の共通性が認められる。

　これまで見てきたように，弥生時代中期後葉（Ⅳ-5）から後期前葉（Ⅴ-2）において，三宅島と三浦半島の遺跡との間には土器型式の共通性および黒曜石・貝輪をめぐる交易があり，三浦半島が伊豆諸島産文物の荷揚げ場所と推定される[6]。

おわりに

　伊豆諸島の海洋資源である神津島産黒曜石とオオツタノハ製貝輪の生産と流通について検討してきた。本土におけるそれぞれの資源の出土量は，通時的に均一ではなく，増減の幅が認められた。その変異幅に呼応するように伊豆諸島に遺跡が展開していく。この集落の活動内容が，まさに伊豆諸島へ赴いた要因である。つまり，縄文時代後期から晩期における伊豆大島の下高洞遺跡でのオオツタノハ製貝輪の生産と搬出，弥生時代中期中葉における三宅島の大里遺跡での黒曜石の獲得と搬出，そして弥生時代中期後葉から後期前葉における三宅島のココマ遺跡でのオオツタノハ製貝輪の生産と搬出という目的が，渡航の要因であったと言える。

　下高洞遺跡と大里遺跡およびココマ遺跡を比較してみると，同じ生産および流通の拠点となる遺跡ではあるが，大きく異なる特徴がある。それは物質資源の原産地に立地しているか否かという点である。下高洞遺跡では大量のオオツタノハ製貝輪を製作しているが，オオツタノハを捕獲することができる海域とは離れている。大島の海岸の現生貝調査を行った忍澤成視によれば，少なくとも現状ではオオツタノハの生息を確認することができておらず，また，その生息の可能性についても黒潮本流が当たらない大島では低いと示唆している。大島でのオオツタノハの捕獲が難しいとなると，三宅島もしくは御蔵島まで貝の捕獲に赴き，その後大島へ持ち込み，製作の後に搬出したと考えられる。大島は伊豆諸島最北の島ではあるが，素材の原生地から遠く離れたところに，オオツタノハ製貝輪の生産と流通の拠点が築かれている。この点は，縄文時代中期までの神津島産黒曜石の流通が，伊豆半島南部の見高段間遺跡に築かれているように，素材の原産地直下に遺跡を築くことなく距離がある点で，縄文時代におけるオオツタノハと黒曜石の流通は共通している。

　一方，大里遺跡やココマ遺跡をみてみると，黒曜石は原産地そのものの神津島ではないが，距離にして20kmの三宅島に遺跡が築かれている。そして，オオツタノハに関しては原生地の島，もしくは距離にして10kmの御蔵島に面したところに獲得と生産活動を行う遺跡が築かれている。つまり，弥生時代中期においては黒曜石とオオツタノハの原産地直下の範囲に生産と流通の

拠点遺跡が築かれており，縄文時代の下高洞遺跡や見高段間遺跡とは大きく異なっている。

　大里遺跡やココマ遺跡が主として営まれた弥生時代中期中葉から中期後葉は，東日本各地で太形蛤刃石斧などの大陸系磨製石器が製作され，広域に流通する時期である。この時期の大陸系磨製石斧の生産遺跡の特徴は，素材となる石材の原産地直下に遺跡が築かれ，豊富な資源をもとに大量の石器を生産し，広域な範囲と交易活動を行うという特徴がある。

　こうした大陸系磨製石器の生産遺跡と大里遺跡ならびにココマ遺跡を比較すると，非常に類似している。つまり，弥生時代における黒曜石製石器やオオツタノハ製貝輪の系譜は，縄文時代に求められるものの，原産地直下における生産と流通に関わる拠点遺跡の形成など，その物資をめぐる地域間の交流と機能の分化に関しては縄文時代とは異なる。これらの物資をめぐる交易活動は，大陸系磨製石器の交易活動などの影響を受けて，縄文時代の交易活動から変容していったと解釈すべきである。

　　註
1）　黒曜石製石器の帰属時期を限定するため，遺構出土例については床上10cmまでの範囲で出土した石器を対象とした。遺構を検出していない遺跡の場合には包含層出土の石器を対象とした。ただし，縄文時代の遺物を多く含む遺跡は他時期の混入の可能性が残るので除外した。
2）　伊豆諸島の同時期の他遺跡では，波牛登り口遺跡（大島）・渡浮根遺跡（新島）・半坂遺跡（神津島）で砂糠崎産黒曜石は出土しているがその量は少ない（杉原・小林2008）。
3）　旧稿（杉山2010b）では，弥生時中期後葉以後の三浦半島出土貝輪を3点としていた。その後，雨崎洞穴の資料見学を行った際に，同遺跡出土のオオツタノハ製貝輪は中期末葉から後期初頭に属するものであると御教示いただいた。そのため，旧稿との数値が異なる。
4）　貝層，純貝層A・B，灰色貝層はラベルに層の番号が記載されていなかったが第43図のなかの貝層（26～36層）を指していると考えられる。
5）　下高洞遺跡の縄文時代後期・晩期の土器については，現段階で胎土分析が行われていない。遠隔地で製作された土器そのものが持ち込まれたのか，それともどこかの経由地でその在地粘土を用いて文様・器形を模倣された土器が持ち込まれたのかは現段階では判断することができない。
6）　ココマ遺跡での未成品の出土量からすると，膨大な量の貝輪が弥生時代中期後葉から後期前葉にかけて流通していたと推定され（忍澤2009a），交流のルートは網の目状になっていた可能性が高い。

第4章　島嶼における食糧資源の問題

はじめに

　近年の弥生時代の生業研究において，水洗選別法やレプリカ・セム法の普及により，イネのみならずヒエやアワなどの雑穀栽培の評価が高まり，弥生時代の農耕は「農耕複合文化」と考えられるようになった（設楽 2009：10 頁）。本土の弥生文化におけるこうした生業活動に対して，島嶼という限定された自然環境での食糧の確保は，より計画的であり，組織的な営為であることは言を俟たない。しかし，その実態を具体的に知るために，これまでの研究では，食糧生産・採集・捕獲に関わる石器の形態的研究からアプローチせざるを得なかった。かつて，島嶼の研究を進めていた橋口尚武は，三宅島の大里遺跡や坊田遺跡から出土する石鍬・石皿などから，焼き畑農耕の存在を推定した（橋口 1975・2006）。しかし，その研究は，植物質資料がほとんどない状況のなかで，民俗例を引用しつつも推定の域を出るものではなかった。そこで，島嶼でどのような食糧の生産活動が行われていたのか，もしくは行われていなかったのか，この点について本章にて検討する。

　まず，第1節にて伊豆諸島での動植物質食糧の資料を集成する。その後，論点を食糧の生産と生業活動関連の石器に絞り，議論を進めていきたい。食糧の生産に関しては，第2節で土器に残る種子圧痕が示す島嶼での農耕の可能性について，土器の胎土分析をもとに検討する。次に，古くから議論のある島嶼のイノシシ類について，理化学的分析の成果を示す。第3節では，生業関連の石器を分析する。まず，横刃石器・剝片刃器の使用痕分析を行い，その用途を推定する。そして島嶼の弥生時代の遺跡で多く出土する石皿と磨石について，型式学的検討を行うとともに残存デンプン粒分析を行い，被加工物を推定し，植物質食糧の問題にアプローチを試みたい。

第1節　出土動植物質食糧について

1　出土動植物質資料の集成

　縄文時代から古代を対象にして，伊豆諸島の遺跡（17遺跡・18地点）から出土した動植物質資料の集成を提示する（第18表）。集成では，動植物質遺存体のほかに炭化木材の樹種同定結果，可食植物の存在を示す花粉や植物珪酸体（プラント・オパール）の分析結果も併せて記載した。動物遺存体の出土例は，貝塚等があるため比較的多いものの，植物遺存体の検出例や炭化木材の樹種同定など自然環境に関する分析例は少ない。それは，1970年代から80年代にかけて行われ

第18表　伊豆諸島出土の動植物質資料の集成

	遺跡	時期	陸上動物	魚類海洋動物	貝類	植物遺存体	花粉・珪酸体	文献
大島	下高洞A地区	縄文早期（押形文）	キジ ヒヨドリ ネズミ科 タヌキ イノシシ	ウツボ類 イシダイ メジナ属 ムロアジ属 サバ属 マグロ亜科 マカジキ科 ブダイ ニザダイ スズキ目 カサゴ目 アオウミガメ イルカ科				川崎・谷口・實川 1998
	鉄砲場岩陰	縄文前期末	アホウドリ ミズナギドリ キジ イノシシ	サメ類 ウツボ コブダイ ブダイ アオウミガメ マハタ イシダイ カンダイ メバル クジラ	トコブシ アワビ マツバガイ ヘソアキクボガイ クマノコガイ バテイラ サザエ レイシガイ オメガカサ ベッコウザラ			金子 1959 金子 1984
	龍の口	縄文中期（五領ヶ台〜加曾利E）	イノシシ イヌ	サメ類 カジキ類 カツオ類 フエフキダイ類 ハリセンボン ウミガメ類 イルカ類				金子 1959
	下高洞D地区	縄文晩期	イノシシ シカ(角のみ) アホウドリ	カツオ ウツボ ネコザメ ハリセンボン ブダイ ハタ ウミガメ	クボガイ バテイラ イシダタミ アマオブネガイ サザエ レイシガイ ナンカイボウ ヒメイトマキボラ ボウシュウボラ マツバガイ ヨメガサガイ カメノテ ウニ			川崎・谷口・實川 1998
	野増	古墳後期（6C後半〜7C前半）	イノシシ シカ(角のみ) ウシ	イシダイ カツオ ウミガメ	サザエ			川崎・谷口・實川 1998
利島	大石山	縄文中期〜後期	ニホンイヌ イノシシ ウミツバメ科	メジロザメ科 アオザメ科 サバ科 クロダイ ウミガメ イルカ科 サメ類 クジラ類	サザエ			金子 1959
新島	田原	縄文中期〜後期 縄文晩期〜弥生中期	イノシシ	ウミガメ サメ類 カサゴ類 ハリセンボン	サザエ			杉原・大塚・小林 1967
	渡浮根	縄文後期〜晩期	イノシシ 鹿角 ウミウ アシカ菌	イシダイ ブリ アオウミガメ マイルカ マッコウクジラ ニホンアシカ	サザエ コシダカアマガイ オオツタノハ ベッコウガサカイ マツバガイ			金子 1984 金子・谷口 1996

第4章　島嶼における食糧資源の問題　97

	遺跡	時期	陸上動物	魚類海洋動物	貝類	植物遺存体	花粉・珪酸体	文献
	西原	縄文前期	イノシシ ニホンシカ	ウミガメ類 マイルカ類				金子1975 金子2011
	島下	弥生時代前期				シイ属（炭化木材） ガマズミ属（炭化木材）	スギ バラ科 イネ科	杉山2012
	友地	縄文後期～晩期	イノシシ（5個体）	ウミガメ類				金子1975 金子2011
三宅島	大里	弥生中期中葉	イノシシ 鹿角		サザエ（蓋） サンゴ	マツ属複維管束亜属 トウヒ属 ヤマグワ マキ属 シイノキ属 ヒノキ属 広葉樹散孔材 スギ 広葉樹 ツバキ	イネ属穎珪酸体	青木1995 杉山2010c
	坊田	弥生中期後葉			アワビ（時期不詳）		カバノキ属 クリ シイ属 コナラ属コナラ亜属 ケヤキ モクセイ科 イラクサ科 イネ科 カヤツリグサ科 キンポウゲ科 アブラナ科 セリ亜科 シソ科 タンポポ亜科 キク亜科 ヨモギ属 シダ植物胞子 イネ科（キビ族・ススキ属・ウシクサ族） ブナ科	杉山2011 渡邊・茗荷・坂上2011
	ココマ	弥生中期後葉～後期前葉	ミズナギドリ類 ウミスズメ科 クイナ科 チドリ科 ネズミ科 イノシシ 鹿角	ウミガメ科 メジロザメ ツマジロ エイ ウツボ カツオ スズキ科（ハタ類？） ハリセンボン クジラ バンドウイルカ ウニ カメノテ クロフジツボ？ アカフジツボ？	ナガニシ ボウシュウボラ ホシダカラ アマオブネ ヤコウガイ ヘソアキクボガイ クマノコガイ コシダカガンガラ ベニシリダカ ツタノハ オオツタノハ カサガイ ウシノツメ カキ イボニシ サザエ（フタ） ヒザラガイ ベッコウガサ ヨメガカサ カモガイ フクトコブシ クボガイ イシダダミ アマオブネ ミジンムカデ類 ハナマルユキ	シイ属（炭化材） キハダ（炭化種子）	マツ属複維管束亜属 スギ ヒノキ科 ハンノキ属 アサダ クリ シイ属 コナラ亜属 アカガシ亜属 ケヤキ ゴマノハグサ科 イネ科 フサモ属 タンポポ亜科 キク亜科 ヨモギ属 シダ植物胞子	杉原1934 曾野・中川1950 金子1958 金子1975 金子2009 黒住2009 金子2011

	遺跡	時期	陸上動物	魚類海洋動物	貝類	植物遺存体	花粉・珪酸体	文献
三宅島	ココマ	弥生中期末葉～後期初頭			レイシ ヒロクチイガレイシ ホソスジテツボラ 中形イモガイ類			
	富賀浜	弥生～古代	イノシシ					金子 2011
八丈島	倉輪	縄文前期末・中期初頭	イノシシ イヌ	ネズミザメ科 メジロザメ科 スズキ科 コブダイ モンガラカワハギ科 ハリセンボン ウミガメ科 ヨゴレ ウツボ トラウツボ イシガキダイ イシダイ ハタ類 ハマフエフキ カンムリベラ属 タキベラ属 ブダイ ニザダイ科 アオウミガメ アホウドリ ウ属 バンドウイルカ サカマタ ニホンアシカ ハリセンボン属	マルスダレガイ	スダジイ		中山 1986 金子 1986 金子 1987
	湯浜	縄文期併行				イネモミ	ハンノキ属 スギ属 イチイ科 ヒノキ科 スギ科 マキ属 マツ属 カシ属 ケヤキ属	一色 1984b
	八重根A地点	古墳後期					ハンノキ属 イチイ科 ヨモギ属 カヤツリグサ科 イネ科 タンポポ亜科 シダ類胞子 タケ亜科 ウシクサ族チガヤ属 ウシクサ族ススキ属	米川 1993

た当時の発掘調査には，往事の自然環境の復元に関する研究が組み込まれていなかったためである。

　なお，式根島・神津島・御蔵島では，発掘調査が行われているものの，動植物遺存体などの出土例や分析例がないため省略した。また出土品の種別分類は報告書の記載に従った。

第 4 章　島嶼における食糧資源の問題　99

2　出土

　陸上動物○○○○○○○○○○○○○が出土している遺跡では，必ず出土している。イノシシは出○○○○○○○○○○○○○から四肢骨まで全身の骨格が出土している。つまり，遺跡で○○○○○○○○○○○○○イノシシ本体が島内で消費・廃棄されたのである。一方，○○○○○○○○○○○○○は骨角器の素材となる鹿角の出土が大部分であり，骨は三宅○○○○○○○○○○○○○ら中期）出土の尺骨片 1 点のみである（金子 1975）。鳥類では○○○○○○○○○○○○○島に多く生息する鳥類が出土している。

　魚類・海洋動○○○○○○○○○○○○○息する岩礁性魚類や表層性回遊魚などが多い。また，中小形の○○○○○○○○○○○○○かやアシカなど，銛猟の対象となる動物類も多い。そのほか，ア○○○○○○○○○○○○○アオウミガメは，縄文時代から古墳時代の遺跡で出土例が確認○○○○○○○○○○○○○生態として水温が 15℃以上を好み回遊し，雌は産卵のために 6○○○○○○○○○○○○○る。現在の三宅島でも複数の浜で上陸が確認されている[1]。

　植物に関する資料○○○○○○○○○○○○○出土例は，大里遺跡出土のヤブツバキ[2]とココマ遺跡出土のキハダ○○○○○○○○○○○○○三宅島のココマ遺跡・坊田遺跡・島下遺跡・八丈島の八重根遺跡の○○○○○○○○○○○○○オンダシ遺跡（米川 1994）と和泉浜 B 遺跡（米川 1991）で行われてい○○○○○○○○○○○○○遺跡・坊田遺跡とココマ遺跡で行われている。

　花粉分析では，ク○○○○○○○○○○○○○遺跡で検出されており，果実の採集が想定される。また，坊田遺跡○○○○○○○○○○○○○キビ族が検出されている。キビ族にはヒエ属（ヒエが含まれる）とエ○○○○○○○○○○○○○れる）などの可食植物が含まれている。大里遺跡では遺物包含層からススキ属のほか，オオムギ属やキビ属の穎，そして 2 号住居からの炉内焼土からは，ススキ属・オオムギ属・コヌカグサ属・カヤツリグサ科の植物珪酸体が検出された（大越 1995）。

3　まとめ

　動物については，遺跡個々の差異はあるものの，総じてイノシシと鳥類が捕獲の対象となっている。魚類ではカツオなどの表層性回遊魚とメジナなどの岩礁性の魚類が漁の対象となっている。そのほか大形獣としてイルカやクジラなども多く捕獲されている。

　植物については，弥生時代中期中葉から後期前葉の遺跡では，雑穀類に属すオオムギ属とキビ属の穎，そしてキビ・アワの可能性がある植物珪酸体が検出され，花粉分析ではクリが検出された。これらの植物が栽培種か否かは判断できないが，本土では本格的な農耕段階を迎えた弥生時代中期中葉に伊豆諸島でも可食植物の管理的生育活動の可能性を示す資料が存在している。

第2節　食糧生産の問題

1　レプリカ・セム法による種子圧痕と胎土分析
（1）　伊豆諸島出土土器のレプリカ・セム法分析

　土器に残る種子圧痕のレプリカ・セム法は，近年，弥生文化の□□□□□□□□□□□□□□□した。伊豆諸島の遺跡を例にとると，新島の田原遺跡と三宅島の□□□□□□□□□□□□□□た，三宅島のココマ遺跡では分析を行っていないが種子圧痕を検出□□□□□□□□□□□□□照）。

　田原遺跡　1964年・1965年に明治大学により行われた発掘調査資料□□□□□□□□□□□□□藤英子・那須浩郎が行った（Katsunori T., Eiko E., Hiroo N. 2011）。50点の砂□□□□□□□□□□を検出した。土器は縄文時代晩期末（氷 I 式）〜弥生時代中期前葉（丸子□□□□□□□□□□これらの土器のなかには，弥生時代前期の遠賀川系土器も含まれている。□□□□□□□□□□

　分析の結果，54点中39点を同定した（15点はその由来が不明）。種子で□□イネ・アワ・キビが最も多く，縄文時代晩期の土器にキビ・アワなどの雑穀類の圧痕，弥生時代前期の土器にイネの圧痕が残されている。

　島下遺跡　2009年に筆者らが行った発掘調査資料のなかに，種子圧痕があり，真邊彩氏にその分析を依頼した（真邊2012）。土器は2点とも半裁竹管による条痕施文が施されている土器であり，時期は弥生時代前期末と考えられる。分析の結果，2点ともイネの圧痕であった。

　ココマ遺跡　2007年に筆者らが行った発掘調査資料のなかに種子圧痕が含まれていた（鷹野・杉山2009）。レプリカ・セム法による分析を行っていないが，中沢道彦氏に圧痕の接写写真を見ていただき，イネであるとのご教示をいただいた。

（2）　土器の製作地

　次に，種子圧痕が検出された島下遺跡とココマ遺跡の土器の製作地について検討する。生業に関する本章において，土器の製作地を検討するのには理由がある。それは，種子圧痕が検出されることと，その種子を用いた栽培等が土器の出土地で行われていたこととは，直接的に結びつかないためである。つまり，伊豆諸島で種子圧痕の土器が出土しても，それらの土器が別の地点で製作された搬入土器であるならば，当然ながら伊豆諸島での農耕活動の証明とはならない。

　田原遺跡を分析した高瀬らは，土器の製作地についても触れている。少し長くなるが，筆者の考えと異なるところもあり，高瀬らの論点を整理しておきたい。1点目として，高瀬らは，田原遺跡出土土器の胎土分析が行われていないことを指摘し，土器の型式学的特徴から土器製作地の分析を進めた。田原遺跡出土の遠賀川系土器は，濃尾平野を含めた西日本の遠賀川系土器に比較して色調が濃く，器壁が厚く，ハケメとヨコナデの位置が低い特徴がある。そして遠賀川系土器と在地土器との中間的な土器が多く見つかっていることから，田原遺跡の縄文時代晩期から弥生時代前期の土器は西日本から持ち込まれた搬入品ではなく，その製作者も西日本の土器を熟知し

ているわけでもなければ，西日本の土器の製作者によって作られたものでもないとした。つまり，田原遺跡の土器の大部分は，伊豆諸島内か対岸の東海地方から南関東地方で製作されたものであり，その周辺に栽培種子があり，土器に混入したものであろうと推定した（Katsunori T., Eiko E., Hiroo N. 2011：35-36 頁）。

　そのうえで，2 点目として田原遺跡が，後の三宅島のココマ遺跡（弥生時代中期後葉～後期前葉）に比較して長期定住的な遺跡であることを指摘した。田原遺跡では大量の黒曜石が出土しているが，その黒曜石の産地は神津島の砂糠崎産である。この産地の黒曜石は，本土の遺跡からの出土例が少ないため，縄文時代晩期から弥生時代前期においては，島嶼と本土との交流が比較的低調であるとみなした。一方，ココマ遺跡の段階では，物資の流通を目的とした渡島が行われ，遺跡の時期幅は短期的で田原遺跡とは異なっている。こうしたことから，高瀬らは定住性が高い田原遺跡では，栽培種がもたらされ，小規模な農耕活動が行われた可能性を推定した。ただし，農耕地の地形や農耕に用いる石器群の欠如が問題であり，今後土器の製作地の検討も含めて追求する必要性を説いている（Katsunori T., Eiko E., Hiroo N. 2011：36-37 頁）。

　こうした新島の田原遺跡の状況に対して，筆者らが調査を行った三宅島の島下遺跡を例に再考してみたい。島下遺跡の調査では，弥生時代前期と中期前葉の土器が出土した（杉山 2012）。縄文時代の資料は，橋口尚武によって行われた 1 次調査の際に晩期末葉の浮線文土器が出土している（伊豆諸島考古学研究会 1978）。田原遺跡のように縄文時代早期から後期の土器が島下遺跡では出土していないが，縄文時代晩期後葉から弥生時代中期前葉（丸子式）まで継続する時期幅は田原遺跡と同じである。

　島下遺跡 2 次調査では 116 点の土器が出土し，およそ 90 点を報告している。そのなかから 44 点の弥生時代前期の土器（籾痕を有する土器片 2 点を含む）の胎土分析を池谷信之と増島淳が行った。第 1 章で述べているように蛍光 X 線分析では，糸魚川・静岡構造線を基準にして土器の産地の東西を区別することができる（池谷・増島 2009b）。その結果，東西ともに半々の結果となった（第 1 章 第 3 表参照）。島下遺跡の籾痕を有する条痕文土器は，ともに半裁竹管による条痕文土器であり，産地分析の結果，糸魚川・静岡構造線よりも西側の胎土であることが明らかになった（池谷・増島 2012）。

　この結果を先に挙げた田原遺跡の解釈と照らし合わせて検討する。田原遺跡では在地系の土器として一括した条痕文土器は，施文原体に地域性があり（前田 2003），必ずしも伊豆・相模の地域で製作されたとは限らない。それゆえ，条痕文土器のなかに籾痕を有する土器が含まれていたというだけで，島嶼でも農耕が行われていたと結論づけることはできないであろう。

　また，定住性についても，島嶼の遺跡における竪穴住居址や磨石・石皿などの検出・出土数は少なく，積極的に認めることができない。当該期において東海地方から関東地方南部では，竪穴住居址の検出例はきわめて少ない。砂糠崎産黒曜石が特定の遺跡で多く出土する傾向からすると，定住というよりも遊動的で一定空間での回帰性の強い生活形態であったと考えられる。つまり，島嶼において弥生時代前期段階で定住し，稲作および雑穀類の栽培という生業活動に従事してい

る可能性は低いと考える。

　弥生時代中期後葉から後期前葉のココマ遺跡の土器は，池谷と増島が出土土器36点の胎土分析を行った（池谷・増島 2009a）。それらの土器はすべて三宅島以外で製作された土器であり，その多くは相模湾沿岸地域の特徴を表していた（第1章 参照）。弥生時代中期後葉から後期前葉は，すでに神奈川県域の集落遺跡では多くの炭化米が出土しており，水田稲作が実施されていたことは間違いないが，ココマ遺跡で出土した土器も搬入品であるため，三宅島島内での稲作の痕跡を示す証左とはならない。

2　島嶼のイノシシ類の問題
（1）　イノシシの家畜化・弥生ブタの問題

　金子浩昌は，大阪府和泉市池上遺跡の動物遺存体を分析するなかで，出土イノシシの年齢構成に偏りがあり，幼獣が大多数を占めていることを明らかにした。自然状況における動物の年齢構成と比較すると，池上遺跡出土イノシシの年齢構成は不自然であった。そして，池上遺跡のイノシシの年齢構成が，イノシシの飼育を行っていた中国の西安半波遺跡，浙江省河姆渡遺跡の事例と類似するため，池上遺跡で農耕儀礼に用いるイノシシの飼育の可能性を指摘した（金子・牛沢 1980）。ただし，金子等はこのイノシシをブタとは明言しておらず，あくまでも管理下においたなかでのイノシシの飼育としている。安部みき子は岡山県岡山市南方遺跡や奈良県田原本町唐古・鍵遺跡出土のイノシシと現生イノシシの下顎骨を比較した結果，幼獣には有意な差はみられず，遺跡出土のイノシシがブタとは言い切れないと指摘した。しかし，成獣については家畜化の可能性があるとした。その背景には渡来人により大陸から持ち込まれたブタが，粗放的な飼い方により在来のイノシシと交配したため，ブタとしての品種を維持できなかったと推定した（安部 1996）。

　金子浩昌による検討以後，イノシシ類をめぐる問題は停滞していたが，西本豊弘によって「弥生ブタ」の存在が提起され（西本 1991・1993），各地の新資料をもとに弥生ブタの存否をめぐる議論が再び活発に行われるようになった。まず，弥生ブタに関する議論の嚆矢となったのは，大分県大分市下郡桑苗遺跡出土の頭蓋骨であった。この頭蓋骨が野生のイノシシのものと異なるため，西本はブタの存在を主張した（西本 1989・1992）。西本は全国の事例を検討していくなかで野生イノシシとブタの相違点を列挙した（西本 1991）。1つは第1頸骨の大きさの違いであり，縄文時代のイノシシも含めた野生イノシシは，上面が高く隆起するのに対して，ブタは上面が低い特徴が認められる。そして歯については，上顎第3後臼歯の大きさが縄文時代の平均値が33.6mm以上であるのに対して，弥生時代では平均値32mm以下になり，小形化する。そして，野生イノシシよりもブタのほうが頭蓋骨の後頭部が丸く，高く，前頭骨の幅が広く，やや骨密度が粗いという特徴を挙げた。下顎骨では下顎連合部が短くなり，連合部と下顎底のなす角度がブタは大きくなる点を指摘した。一方，四肢骨では，差違を見いだしにくいと述べている。西本はこうした基準および陸獣種や年齢構成を分析した結果，弥生時代には大陸から持ち込まれたブタが存在す

ることを主張した。

　ただし，遺跡から出土するイノシシの遺体で検討可能な部位が少なく，かなり条件的に限られているのは否めない。西本も指摘しているように，弥生時代にもブタがいると同時に一定数（愛知県清須市・名古屋市朝日遺跡の例をとれば，イノシシ類の15％はイノシシと考えられる）のイノシシも存在している。また，金子と西本の見解においては，大陸からの持ち込みについて相違があるものの，西日本の弥生時代ではイノシシ類の飼育が始まっていたとする点では共通している。こうした西本の一連の研究により「弥生ブタ」の存在が意識され，各地の資料がさまざまな方法で分析されていった。例えば，姉崎智子は神奈川県逗子市池子遺跡のイノシシ類を分析した結果，それらは「弥生ブタ」であり，東日本においても遺跡外からブタが持ち込まれ，飼育されていたと推定した（姉崎 1999・2003）。

　弥生ブタの存否に関わる論争があるなかで，西中川駿は各地の現生イノシシを計測し，そもそもイノシシの大きさには地域差・個体差が存在していることを指摘した（西中川・上村・松元 1999）。しかし，遺跡出土のイノシシの骨は形状では現生のイノシシと差が認められず，イノシシの範疇にあるとして（西中川 2010），弥生ブタ説に再度否定的な意見も出されており，議論は平行線のままである。

（2）　遺跡出土イノシシの理化学的分析

　こうした骨の形態・計測による分析以外に，理化学的手法を用いた研究も多く行われている。

　渡部琢磨らは，ミトコンドリア DNA 分析により大陸に系譜をもつイノシシか日本固有のイノシシかを判別することに成功した。大陸に系譜のあるイノシシが検出されたのは，愛媛県や長崎県の五島地域など西日本の限られた地域であり，愛知県の朝日遺跡などでは大陸系のイノシシは検出されなかった。つまり，大陸からのイノシシもしくはブタの持ち込みは，限られた地域のみで行われたと推定した。しかし，渡部も述べているように，この事実が家畜化という行為をも否定するものではない（渡部・石黒 2003）。

　伊豆諸島では，ココマ遺跡のほか大島の下高洞遺跡 D 地点（分析者註：縄文時代後期）と新島の渡浮根遺跡（縄文時代後期）および八丈島の倉輪遺跡の骨の分析が実施された。ココマ遺跡と倉輪遺跡についてはミトコンドリア DNA の増幅が行えなかったため，結果がでなかったが，下高洞遺跡 D 地点と渡浮根遺跡の資料については，ニホンイノシシのグループに属するものであることが明らかになった（石黒・山崎 2001，石黒 2010）。

　また，中川毅人は，イノシシの下顎第 1 臼歯に形成されるセメント質年輪に着目し，家畜化か否かの判断材料とした。中川の観察では，現生の家畜ブタでは歯牙セメント質には年輪が形成されない[3]。一方，野生のイノシシでは年輪が形成されるという違いが認められた。1 年中同質の飼料を与えられる家畜種と，季節によりえさが異なる野生種とでは，歯の年輪形成に大きな違いがある。こうした現代種の観察をもとに弥生時代のイノシシを観察した結果，すべて年輪が形成されていた。このことは野生種が多いことを示しているが，同時に中川はイノシシのキーピングの可能性も指摘している（中川 2009）。

（3） ココマ遺跡出土イノシシの炭素・窒素安定同位体分析

筆者らは，ココマ遺跡出土のイノシシの歯を用いた炭素・窒素安定同位体分析を行った。試料は杉山が選定し，まず金子浩昌に種・部位の同定とイノシシの咬耗の程度についての分析を依頼し，その後米田穣・覚張隆史の両氏に理化学的分析を依頼した（金子2011，覚張・米田2011）。まず，それらを紹介することにしよう。

金子は下高洞A遺跡（大島：縄文時代早期），倉輪遺跡（八丈島：縄文時代前期〜中期），友地遺跡（三宅島：縄文時代後期〜晩期），ココマ遺跡（三宅島：弥生時代中期〜後期），武士遺跡（千葉県市原市：縄文時代後期）出土資料から臼歯の咬耗程度を比較した（第46図）。その結果，臼歯が未萌出もしくは萌出途中であるⅠ-1とⅠ-2段階の幼体は少なかった。特に多く検出されたのは，歯槽が開孔したⅢ-1の段階と第3咬頭が萌出したⅢ-4から，すべての咬頭が咬耗し，第1咬頭の象牙が露出したⅤ-1段階の成体である。つまり，この傾向は幼体の捕獲には一定の規制が働き，狩猟が成獣を対象とした計画的なものであったことを示している。そして，出土イノシシ歯の咬耗の程度が伊豆諸島全体で共通することから，その規制の普遍性を指摘した（金子2011：27頁）。

次に，ココマ遺跡出土のイノシシ骨の化学分析を行った。脊椎動物の骨や歯に含まれるタンパク質であるコラーゲンは，その動物が摂取した食物のアミノ酸に多くが由来し，コラーゲンの安定同位体比は，その脊椎動物が摂取した食物の情報を反映している。こうした分析が遺跡出土の動物遺存体の研究に応用され，特に遺跡出土イノシシ類のコラーゲンの安定同位体分析は，動物の管理や移出入に関わる情報源として利用できる（覚張・米田2011：36頁）。例えば貝塚時代の琉球列島に生息したリュウキュウイノシシは分析の結果，アワなどの雑穀類が給餌されていたか，ヒトの居住域に近い場所でヒトの残飯や排泄物を食していた可能性がある。また1つの遺跡で出土したイノシシの給餌内容が多彩であったことから，南川雅男らはイノシシ類がヒトによって島外から移入された可能性を指摘した（Minagawa・Matsui・Ishiguro 2005）。

覚張・米田はココマ遺跡出土のイノシシ類の歯5点からコラーゲンを抽出し，そのうち3点についてAMS放射性炭素年代測定も行った（第47図）。

ココマ遺跡のイノシシ類の安定同位体比は，縄文時代の本土のイノシシ類と非常によく似た傾向を示している。一方で，ヒトによる給餌もしくはヒトの居住地の近くにいたと考えられる窒素同位体比が高い数値を示すリュウキュウイノシシに比較して，ココマ遺跡のイノシシ類の窒素同位体比は低い結果となった（第48図）。また，リュウキュウイノシシで見られたアワなどの雑穀利用の影響がある高い炭素同位体比を示す個体も検出されなかった（覚張・米田2011：39頁）。つまり，ココマ遺跡出土のイノシシ類には，ヒトの関与を積極的に認める材料がそろっていないと判断できる。たしかに，覚張らが述べるとおり，窒素同位体比の低い植物が，三宅島で給餌されていたならば，ヒトにより管理されたものと野生のものとの区別は難しい。またココマ遺跡のイノシシ類の窒素同位体比が大島の下高洞D遺跡（縄文時代後期〜晩期）と比較しても低いことなどから，島ごとに窒素同位体比が異なる可能性もある（覚張・米田2011：39頁）。未だ，検討す

第 4 章　島嶼における食糧資源の問題　105

	I-1	I-2	II-1	II-2	II-3	III-1	III-2	III-3	III-4	III-5	IV	V-1	V-2	V-3	V-4
大島・下高洞A								1		7		5	3		
八丈島・倉輪	8					6	10			23		19	11	4	
三宅島・友地						3				2			3		
三宅島・ココマ	1				1					4		2	1		
市原・武士	1		3			13		3	1	4	8	2	5	1	4

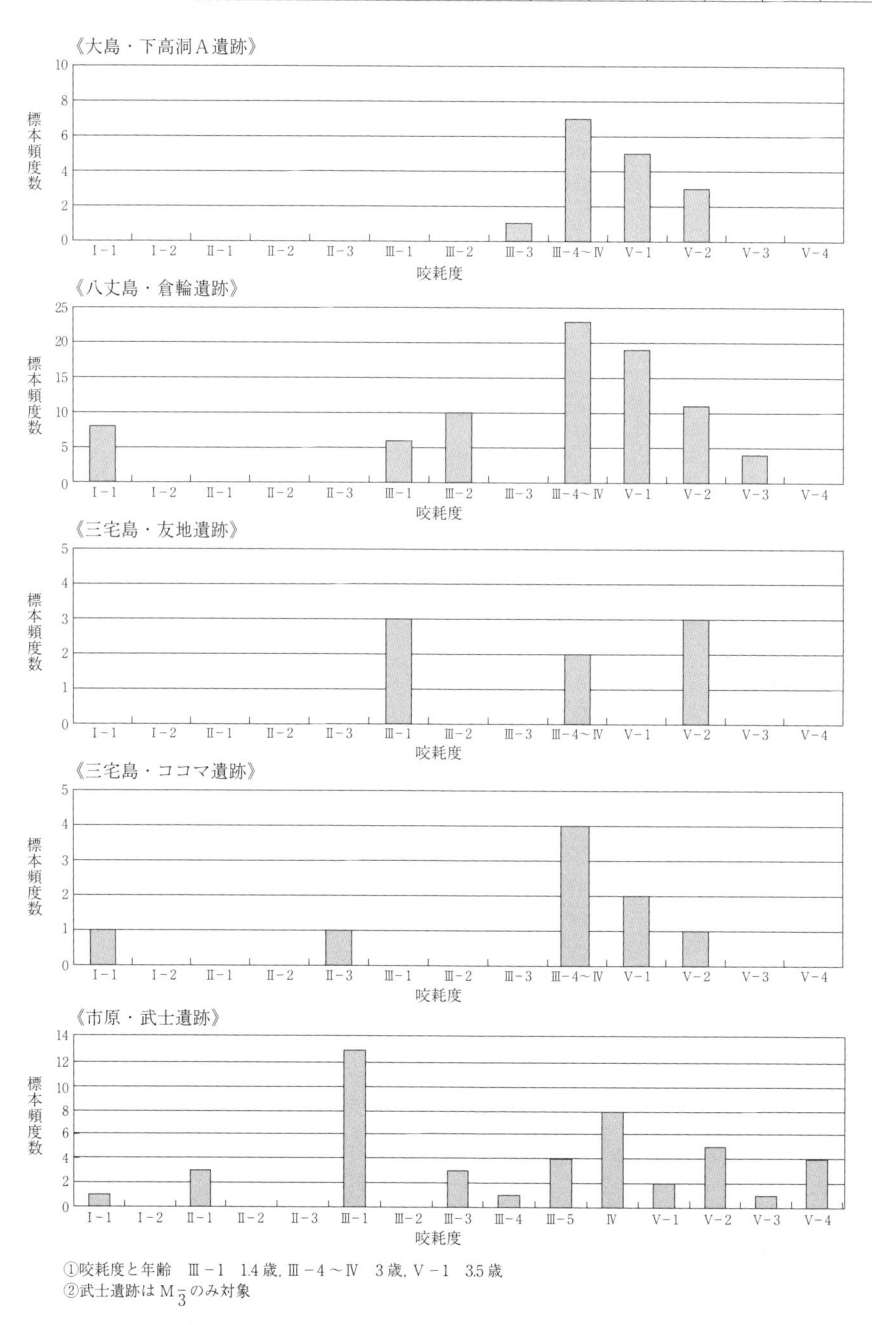

①咬耗度と年齢　III-1　1.4歳, III-4〜IV　3歳, V-1　3.5歳
②武士遺跡は $M_{\overline{3}}$ のみ対象

第 46 図　島嶼・本土出土イノシシの第 3 臼歯咬耗程度

Sample name	Analysis ID.	Species	δ^{13}C	δ^{15}C	C/N	^{14}C Age(BP)	Callibrated Age 1σ	Callibrated Age 2σ
Koko13	TG100605	Sus scrofa	−21.3	2.5	3.5	—	—	—
Koko16	TG100606	Sus scrofa	−20.4	1.6	3.5	—	—	—
Koko17	TG100607	Sus scrofa	−20.3	2.1	3.9	—	—	—
Koko18	TG100608	Sus scrofa	−21.5	3.2	3.3	2331±90	2673〜2160	2707〜2147
Koko19	TG100609	Sus scrofa	−20.3	2.2	3.5	1853±86	1890〜1696	1987〜1569
Koko20	TG100610	Sus scrofa	−22.0	2.1	3.3	2035±85	2114〜1897	2305〜1817

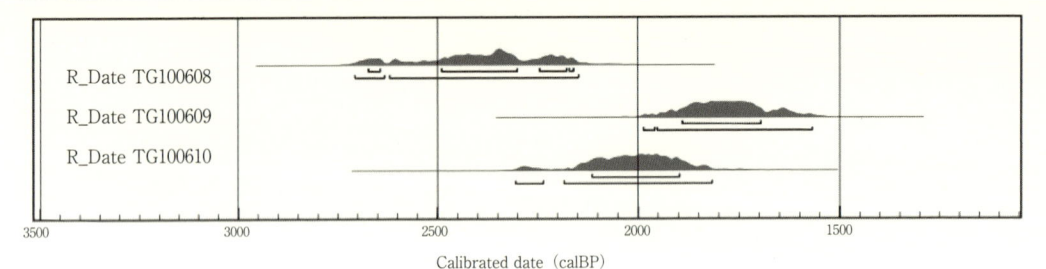

暦年較正は，Intcal 09（Reimer *et al.* 2009）による。計算は，OxCal ver4.1.7（Ramsey 2009）を用いた。

第47図　ココマ遺跡出土骨の AMS 放射性炭素年代

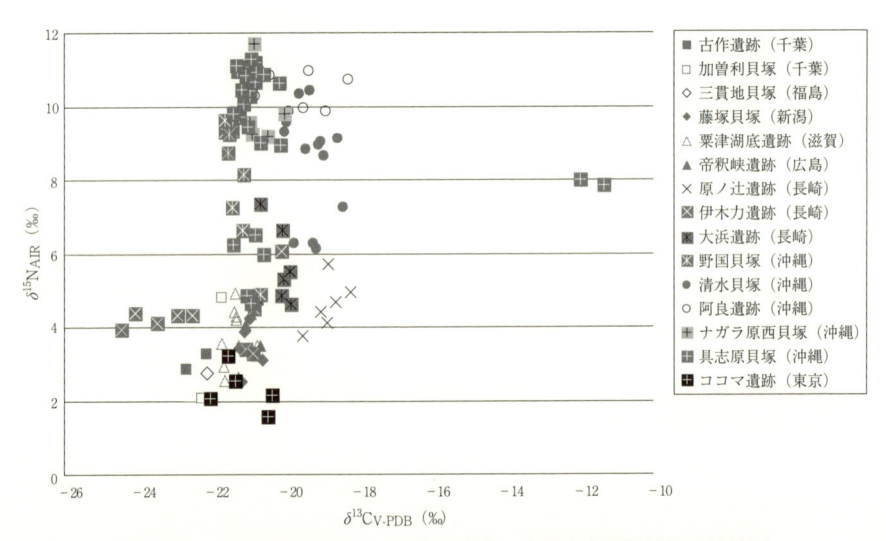

第48図　日本列島出土イノシシ類の炭素・窒素安定同位体比の比較図

べき余地が多くあり，断定的なことは述べられないが，ココマ遺跡のイノシシ類をみる限りでは，ヒトによる飼育・管理は行われていなかったと推定する。

3　まとめ

　食糧の生産として，島嶼における稲作の可能性とイノシシの飼育について分析を行った。稲作の可能性については，まず炭化米等の直接的な証拠となる実資料がないこと。そして，籾痕がある土器についても，それらが製作された地は島嶼外である可能性が高く，島内での稲作は行われ

ていないと筆者は考える。

　イノシシに関する研究では，形態学的分析と理化学的分析を行った。これまでにも両分析の実施は数多く行われているが，同じ試料を対象にしたものはきわめて少ない点で，今回の分析はまず評価されるであろう。その結果，呈示された両成果についての矛盾はなかった。

　イノシシの形態は，島嶼化の影響で小形化の傾向がみられる。そして島嶼では，野生のイノシシに対して計画的な狩猟が行われたと考えられる。今回，炭素・窒素同位体分析により，ヒトとの関わりが強いとされるリュウキュウイノシシとの相違が明らかにされた。イノシシの家畜化をめぐる議論のなかで，飼育に関する利点・不利点およびその環境についても検討しなくてはならない。安部は利点として，家畜化が進むことで安定的に動物質タンパク質を獲得することができる一方で，飼料の確保，特に冬期におけるその準備が可能であったのかを問題視している。また，朝日遺跡の例を出し，200年で5000～6000頭，1年間で約30頭のブタを飼うためには，囲いこんだ場所での集団飼育が必要であり，その場所の確保の問題を挙げている（安部1996）。こうした空間も地形的に限定された島嶼では確保しにくいのではないだろうか。

　では，最後に島から出土するイノシシの来歴について触れておきたい。先史・古代のイノシシはヒトによる持ち込みであり，特に弥生時代は飼育が目的でヒトがイノシシを島嶼へ持ち込んだと考えられてきた。しかし，必ずしもヒトによる持ち込みを前提としなくても，イノシシは海を渡ることは可能である。旧石器時代の寒冷期，海水面は現在よりも100m前後下がっていたと言われる。伊豆半島と伊豆大島には深い海が入り込んでいたものの，伊豆諸島の大島から三宅島までの各島間の距離は現在よりも短くなる。伊豆半島南部から大島へさえイノシシが海を渡ることができれば，その後，拡散することは可能である。現在でも瀬戸内海・九州や北陸では海を泳ぐイノシシが目撃されている。

　その後，各島で生息していたイノシシ類は渡島したヒトたちの狩猟対象となり，その痕跡を出土動物遺存体としてみることができる。伊豆諸島において現段階で最も新しい時期のイノシシは，大島の野増遺跡出土の6世紀後半から7世紀前半の資料である。現在の伊豆諸島では，イノシシの生息は確認されていない。その背景には，先史・古代における捕獲で絶滅に至ったと想定される。

第3節　生業関連石器の問題

1　横刃石器の問題

（1）　型式学的分析

　これまでの伊豆諸島の生業については，畠作（焼畑）農耕に関わる石器として石皿と石鍬の分析が行われてきた（橋口1975・1998・2006）。しかし，その後の調査例の増加などから，横刃石器も一定量島嶼の遺跡で確認されるようになった。横刃石器は，必ずしも収穫具として用いられたとは限らず，スクレイピング等の加工具として用いられた可能性もある。そこで，まず，伊豆諸

第 49 図　横刃石器の変遷

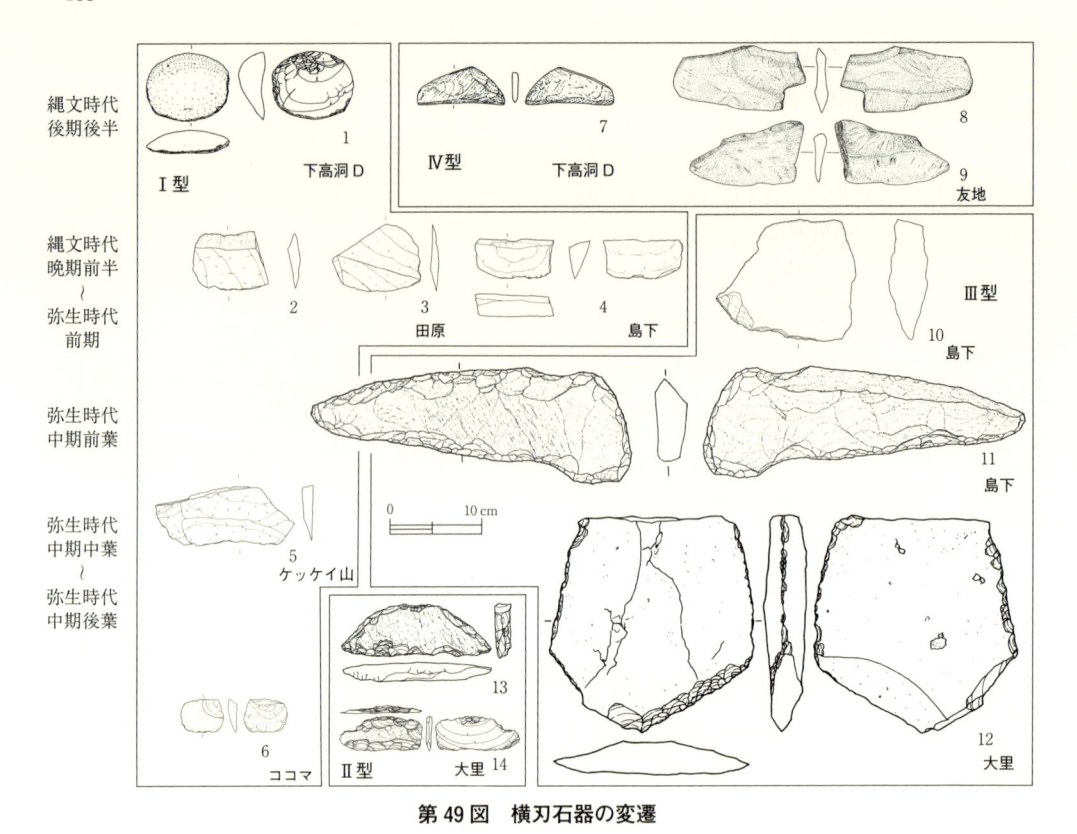

島出土の横刃石器を検討する。

　第49図には縄文時代後半期から弥生時代後期初頭までの横刃石器を集成した[4]。出土量は決して多くはなく，1 遺跡 1 点～3 点程度である。横刃石器は 4 型式に分けられる。Ⅰ型は，小形の横長剝片の長辺をそのまま刃部として用いた型式（刃部辺に連続した微細剝離がある，同図 1～6）である。Ⅱ型は小形の横長剝片を用いて刃部および背部用に連続した剝離を行い，形を整形したものである（13・14）。Ⅲ型は大形の横長剝片を用いて刃部もしくは背部に連続した剝離加工を行い整形している（10～12）。Ⅳ型は剝片を素材として，一部に研磨痕が施されているものである（7～9）。

　これらの型式学的特徴をもつ横刃石器のなかでも，弥生時代前期の島下遺跡出土石器（10）と中期中葉の大里遺跡出土の大形剝片の一辺に連続した剝離を行い，刃部とする大形板状刃器（12）や，縄文時代晩期後半以後の田原遺跡（2・3）や弥生時代前期の島下遺跡（4），そして弥生時代中期前葉のケッケイ山遺跡の小形・中形の鋭利な横長剝片を用いた刃器（5）には連続的な系譜を認めることができる。また，中期中葉の大里遺跡では出土点数が 3 点あり，本節で取り上げた遺跡では最も多く，Ⅱ型とⅢ型など複数の型式が組成しており，中期中葉以前にはない様相を示している点は注目される。

（2）横刃石器の使用痕観察

これらの横刃石器のなかで，筆者が顕微鏡による使用痕観察を行うことができた資料は，友地遺跡出土石器2点，島下遺跡出土石器1点，大里遺跡出土石器1点，ココマ遺跡出土石器1点である（第50図）[5]。なお，使用痕の分類は阿子島香の分類（阿子島1989）に従う（第19表）。また，石器の観察面の呼称は，図面左をA面，右をB面とする。

友地遺跡　安山岩の剥片を用いた横刃石器である（同図1・2）。長辺側の刃部では，1のA面および2のB面の一部が研磨されている。線状痕が明瞭に残っており，その多くは刃部に対して直交する方向である（写真1-1・2・4, 2-1・3・4）。刃部と平行する方向の線状痕も一部で確認されるが（写真1-3，写真2-2），範囲はきわめて狭い。使用痕光沢は石器1がD2タイプで，石器2はD1タイプ（写真1），E1タイプ（写真2・3），Bタイプ（写真4）が検出された。

島下遺跡　安山岩の剥片を用いた横刃石器である（同図3）。長辺側末端の一部が摩耗している。A面中央から右側にかけては，部分的にBタイプ・F1タイプが確認される（写真1）。A面右端（B面左端）では，刃部と平行する浅い線状痕が分布する（写真2）。また，全体的にB面のほうがA面よりも光沢が発達しており，刃縁部でよく観察された（写真3・4）。

大里遺跡　安山岩の剥片を用いた刃器である（同図4）。大形剥片の1辺を片面加工し，刃部を作り出している。A面・B面両面共に刃部と直交する方向に線状痕が確認される（写真1・4）。使用痕光沢は主にB面の中央よりも右側の範囲に広がり，A面・B面ともに稜線部で確認される。使用痕光沢はA面では発達していないが，B面では鈍いDタイプの光沢が確認できる（写真3）。

ココマ遺跡　安山岩の剥片を用いた刃器である（同図5）。貝殻状剥片の長辺側で微細剥離があり，弱く摩耗している。刃部に直交する方向に弱い線状痕が残る（写真1）。

（3）横刃石器に関するまとめ

伊豆諸島の遺跡では，横刃石器は縄文時代後期前半から弥生時代後期前葉まで使われる石器である。横刃石器の形態は，比較的丁寧に加工されたものから，剥片をほぼ未加工のまま使用したものまでさまざまである。つまり，切断等の加工行為に適したものが重視され，形態への拘りはあまりみられない。

また，使用痕観察の結果，イネ科植物を対象とした加工により生じる使用痕光沢のAタイプは，今回観察した石器では検出されなかった。大里遺跡出土の石器（第49図-13）は，顕微鏡観察を行っていないが，肉眼観察ではコーングロスは確認されなかった。今回，観察した石器では，イネ科植物に関わりのある可能性もあるBタイプの使用痕光沢が友地遺跡の資料（石器2）と島下遺跡の資料から検出されたが，面的に広がらないことから，木などの加工に伴う可能性が高い。そのほかの石器についても，観察される使用痕光沢はD・E・Fタイプであり，骨・皮・鹿角の加工に伴い生じたと考えられる。

第 50 図 横刃石器の使用痕

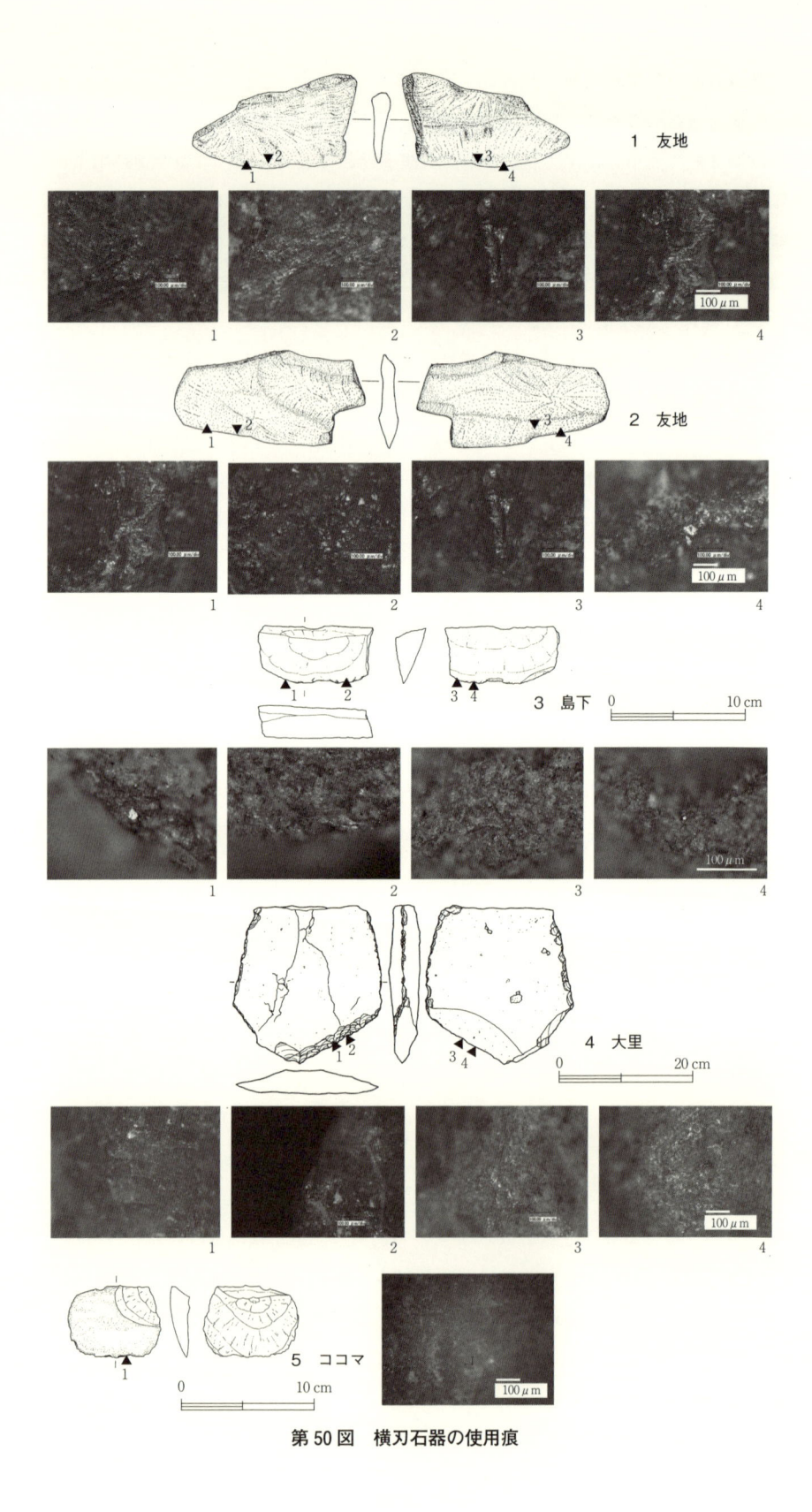

第19表　横刃石器の使用痕光沢の分類

使用痕タイプ	輝度 外部コントラスト	輝度 内部コントラスト	平滑度 きめ	平滑度 まるさ	拡大度	高低差	連接度	その他（線状構造・段状構造・群孔構造）
A	きわめて明るい	強い（暗部島状に残る）	なめらか	まるい	内部まで一面に広がる	高所からはじまり全面を覆う	一面を覆いつくす	埋められた線状痕・彗星形の凹み
B	明るい	強い（パッチ状の光沢部）	なめらか	パッチがきわめてまるい	広い	高所から順に発達する。低所まで及ぶのはまれ	ドーム状のパッチが連接していく	パッチが線形に連結、ピットは少ない
C	やや明るい	やや弱い（網状の光沢部）	粗い	凹凸鋭い	広い	低所の凹部を残して、中・高所に一様に広がる	パッチとして発達せずはじめから網状につながる	大小無数のピット
D1	明るい	弱い（一様）	なめらか	平坦（はりついたよう）	限定される	微凹凸の高低がなくなる	縁辺に帯状に狭い面ができる	「融けた雪」状の段を形成、ピットが多い
D2	明るい	やや弱い（平行溝状）	やや粗い	峰状で鋭い	限定される	微凹凸は変形して線状になる	縁辺に帯状に狭い面ができる	鋭い溝状の線状痕、ピットが多い
E1	やや明るい	強い（小パッチ状）	小パッチ上のみなめらか	小パッチはやや まるい	縁辺のみの狭い分布	高所の小パッチは明るく、低所は原面の微凹凸のまま鈍く光る	小パッチが独立して、連結しない	周囲の鈍い光沢（F2）とつねにセットで生じる
E2	鈍い	やや弱い	ごく微細に凹凸（つやけし状）	光沢部全体が摩滅してまるい	広い	なし（高低所とも同様に光る）	強度の摩滅を伴って縁辺に広く光沢帯が形成	多様な線状痕が多い、多くの微小円形剥落
F1	鈍い	弱い	粗い	角ばっている	多様	なし（高低所とも同様に光る）	原面の微凹凸を変えず低所まで及ぶ	脂ぎったぎらつき
F2	きわめて明るい鈍い	弱い	原面を変えない	原面を変えない	多様	多様	未発達な小パッチ	原面を変えない

2　石皿・磨石の問題

（1）型式学的分析

　石皿は，伊豆諸島の弥生時代の特徴的な遺物である。石皿の多くは大形の安山岩礫を用いて，その中央に窪みがある。その形態に基づいて分類する（第51図）。Ⅰ型は窪みが球形を呈しているもので縄文時代から確認することができる型式である。Ⅱ型は窪みの平面形が長楕円形を呈する型式である。Ⅲ型は窪みの一端が石皿端部にまで達しており，吐き出し口を形成する型式である。ただし，Ⅲa型は窪みがやや丸みがあり風船形を呈しているものである。Ⅲb型は，窪みの一端が石皿端部にまで達しており，吐き出し口をもつ。そして窪みが石皿の中央をほぼ直線状にのびる形態を呈している。窪みの平面形の違いは，食糧を粉化する際の運動方向の違いを示している。つまりⅠ型・Ⅱ型・Ⅲa型は円を描くような回転運動であるのに対して，Ⅲb型は窪み内部で前後方向のみの直線的な運動となる。そして，縄文時代以来，主要な型式であったⅠ

112

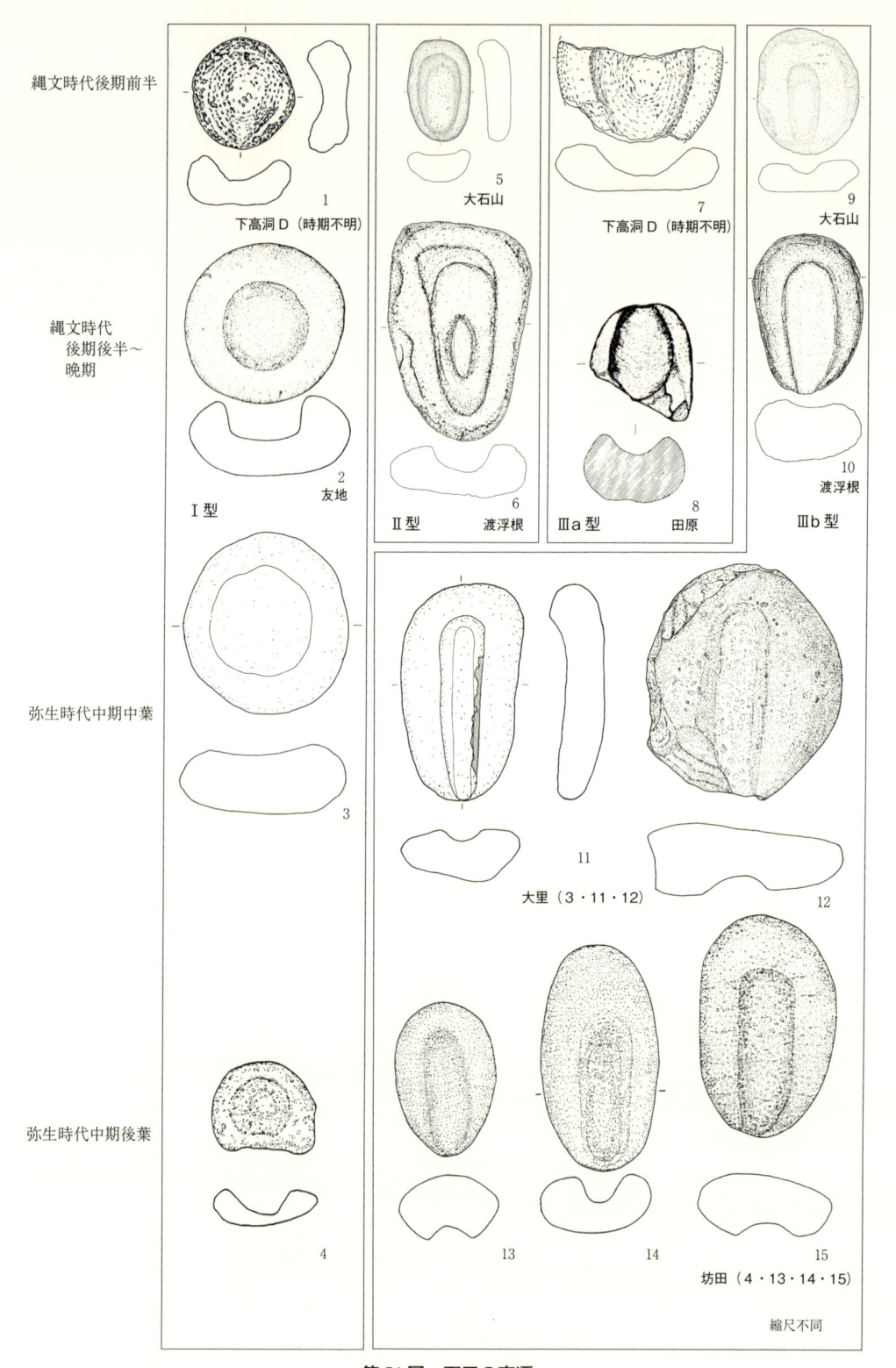

縄文時代後期前半

1 下高洞D（時期不明）
5 大石山
7 下高洞D（時期不明）
9 大石山

縄文時代
後期後半～
晩期

2 友地
Ⅰ型
6 渡浮根
Ⅱ型
8 田原
Ⅲa型
10 渡浮根
Ⅲb型

弥生時代中期中葉

3
11 大里（3・11・12） 12

弥生時代中期後葉

4
13 14 15 坊田（4・13・14・15）

縮尺不同

第51図　石皿の変遷

第20表　磨石・石皿の出土数

島名	遺跡	時期	調査面積	住居軒数	磨石・敲石	個数/1m²	個数/住居	石皿	個数/1m²	個数/住居
神津島	菊若	縄文時代中期後葉	—	—	0	—	—	3	—	—
利島	大石山	縄文時代中期後葉(曾利Ⅳ)～後期前葉(堀之内)	131	3	89	0.68	29.66	2	0.02	0.66
神津島	向山	縄文時代中期後葉～後期中葉（加曾利B）	—	—	15	—	—	2	—	—
大島	下高洞	縄文時代後期中葉(加曾利B・安行Ⅰ・Ⅱ)～弥生中期前葉	80	—	20	0.25	—	3	0.04	—
新島	田原	縄文時代後期中葉(加曾利B・安行Ⅰ・Ⅱ)～弥生中期前葉	94	—	12	0.13	—	4	0.04	—
三宅島	友地	縄文時代後期・晩期(加曾利B1～安行Ⅲb)	10	2	1	0.10	0.5	2	0.20	1
新島	渡浮根	縄文	未調査	—	25	—	—	3	—	—
三宅島	島下	弥生時代中期前葉	16	—	1	0.06	—	0	0.00	—
利島	ケッケイ山	弥生時代中期(Ⅲ-1)	70	1	1	0.01	1	0	0.00	0
三宅島	大里	弥生時代中期(Ⅲ-2・3)	730	6	505	0.69	81.4	17	0.02	2.83
大島	カン沢	弥生中期(Ⅳ-1)	—	1	—	—	1	0	—	—
三宅島	坊田	弥生時代中期(Ⅳ-1)	169	2	14	0.08	7	5	0.03	2.3
三宅島	ココマ	弥生時代中期(Ⅳ-5)～後期(Ⅴ-2)	—	—	5	—	—	0	—	—

型・Ⅱ型・Ⅲa型が弥生時代中期中葉以後減少し，Ⅲb型が石皿の主要な型式となっている。

伊豆諸島の縄文時代中期後葉以降の主な遺跡を取り上げ，磨石・敲石の出土量と石皿の出土個体数とともに調査面積1m²あたりの出土数および1竪穴住居あたりの出土数を併記した（第20表）。石皿の出土量は，Ⅲb型が主体を占めるようになる弥生時代中期中葉で増加する。

磨石・敲石は大石山遺跡で89点，渡浮根遺跡で25点，下高洞遺跡で20点出土している。弥生時代では，坊田遺跡では14点と少ないものの，大里遺跡では505点出土しており，縄文時代の集落に比べ出土量がきわめて多い。調査面積あたりの出土数では有意な差は見られないが，竪穴住居1軒あたりの出土数で見た場合には，大里遺跡では，磨石・敲石81.4個，石皿2.83個，坊田遺跡では，磨石・敲石7個，石皿2.3個であり，大石山遺跡での出土数，特に石皿（0.66個）を大きく上回る。また，ココマ遺跡において竪穴住居は検出されていないが，磨石・敲石の出土数が5点というのは，調査面積から考えても決して少ない数とは言えない。こうした磨石・敲石・石皿の増加は，堅果類や根茎類などを用いた粉食加工が弥生時代中期中葉以後に行われていた証左と考えられる。

(2) 石皿の残存デンプン粒分析

水田稲作の導入以前において，植物質食糧の粉食加工は調理手段の1つであった。縄文文化に伴う大量の磨石・石皿の出土は，それらの傍証といえる。

近年国内外で石器資料などに付着した土壌から残存デンプン粒を採取し，磨石や石皿などの加工物を推定する分析が行われはじめている。日本国内でも渋谷綾子は旧石器時代から縄文時代の資料を積極的に分析し，植物利用史を明らかにしてきた（渋谷2010ほか）。

現生植物のデンプン粒　まず，遺跡出土の残存デンプン粒の比較・参照のために現生植物のデンプン粒を呈示しておきたい。観察されたデンプン粒の分類は，渋谷による先行研究に従い，植物別のデンプン粒の大きさを呈示し，最大径と形状を基準に分類した。現生植物は，15種についてデンプン粒を採取した。現生植物の観察ではプレパラート上で任意に50点のデンプン粒の

第 21 表 現生植物デンプンの粒径

植物名 サンプルNo.	シマテンナンショウ μm	アシンダカ μm	アズキ μm	クズ μm	サトイモ μm	ヤマノイモ μm	クリ μm	マテバシイ μm	トチ μm	ヤブツバキ μm	コナラ μm	コメ μm	オオムギ μm	ヒエ μm	キビ μm	コムギ μm	ソバ μm	アワ μm
1	17.5	10.0	25.0	20.0	1.3	13.8	10.0	10.8	20.0	12.5	16.3	6.3	17.8	5.8	8.3	23.8	7.5	12.5
2	16.3	7.5	23.0	20.0	0.5	15.0	10.5	15.0	11.3	15.0	8.0	10.0	25.8	8.0	10.0	25.0	7.5	13.0
3	16.3	6.3	17.0	18.8	2.5	15.0	8.3	15.0	16.3	8.8	7.5	6.3	25.0	8.3	6.3	6.3	5.8	11.3
4	12.5	7.5	19.0	10.0	0.8	10.0	10.0	11.3	10.8	17.5	7.8	5.0	17.5	8.0	6.3	5.0	8.8	7.5
5	17.5	7.5	27.0	6.3	1.3	12.5	8.8	10.8	7.5	16.3	10.0	7.5	13.8	8.0	7.5	22.5	10.0	8.3
6	15.0	10.0	21.0	7.5	2.0	10.0	8.8	10.8	13.0	13.8	15.0	6.3	22.5	5.0	10.0	25.0	6.3	102.5
7	16.3	7.5	19.0	13.8	2.3	11.3	8.8	13.8	7.5	8.0	7.3	7.5	22.5	12.5	7.5	12.5	8.3	8.8
8	12.5	7.5	23.0	7.5	1.3	13.0	8.3	15.0	8.3		8.8	5.0	12.5	8.3	7.5	18.8	8.8	8.8
9	7.5	6.3	11.0	15.0	1.8	10.5	8.3	10.5	7.5		13.0	5.0	20.5	7.5	7.5	7.5	9.5	12.5
10	12.5	5.0	23.0	8.5	2.0	10.0	6.3	10.0	8.8		15.8	5.0	17.5	5.8	6.3	7.5	10.5	8.0
11	10.0	5.0	8.0	17.5	1.8	10.0	7.5	12.0	10.0		18.0	7.5	15.0	7.5	5.5	16.3	8.8	8.0
12	7.5	8.8	13.0	10.0	1.0	8.8	6.3	10.0	13.0		22.5	5.0	16.3	8.3	6.3	23.3	7.5	6.3
13	17.5	6.3	11.0	10.0	2.0	15.0	6.5	10.8	10.8		12.5	5.0	18.8	8.8	5.5	17.5	8.8	6.3
14	20.0	5.0	16.0	12.5	1.0	9.5	7.5	12.0	7.5		5.5	5.0	25.0	8.8	5.3	15.0	6.3	10.3
15	18.8	6.3	27.0	16.3	2.3	12.5	8.3	12.5	12.8		16.3	10.0	13.8	3.8	4.6	20.0	5.0	12.5
16	16.3	7.5	17.0	12.5	1.0	12.5	10.0	8.0	7.8		10.5	6.3	22.5	5.5	10.0	40.0	10.5	15.0
17	15.0	6.3	21.0	7.5	1.5	12.5	6.3	18.3	7.8		15.0	5.8	18.8	7.0	6.3	33.8	5.0	15.0
18	15.0	8.8	17.0	6.3	1.3	12.5	10.5	12.0	10.5		13.8	6.3	15.0	7.0	6.3	21.3	7.8	13.8
19	10.0	11.3	23.0	6.3	1.3	10.0	7.5	13.0	18.0		17.5	5.8	21.0	11.3	3.8	15.0	7.8	8.0
20	7.5	6.3	20.0	13.8	1.5	12.5	6.3	11.3	10.3		20.0	8.8	25.0	8.0	8.0	13.8	6.3	7.5
21	13.8	6.3	28.0	23.8	1.3	12.5	8.0	11.3	30.0		15.0	6.3	15.0	7.8	10.0	12.5	10.0	11.3
22	7.5	6.3	18.0	17.5	1.3	10.0	6.3	15.8	20.0		16.3	8.0	7.5	6.3	8.0	7.5	3.8	8.0
23	7.8	6.3	18.0	17.0	1.5	12.0	12.5	10.8	12.5		12.5	5.8	12.5	7.8	7.0	7.5	6.3	7.5
24	10.0	5.3	20.0	15.8	0.5	15.0	10.0	8.8	7.5		12.0	6.3	15.0	10.3	7.0	15.0	9.5	10.0
25	12.5	10.0	18.0	7.5	0.8	11.3	8.3	12.5	5.0		16.3	10.0	20.0	8.3	5.5	18.8	12.5	7.5
26	7.5	6.3	20.0	6.3	1.0	13.8	9.5	13.0	22.5		10.5	3.8	24.5	5.3	10.0	6.3	8.3	10.0
27	7.5	7.5	18.0	6.3	0.8	13.0	8.0	13.3	11.3		20.0	5.8	21.3	7.5	6.3	26.0	7.5	10.0
28	12.5	7.0	18.0	8.3	1.8	13.8	8.0	13.3	6.3		17.5	6.0	15.0	6.3	5.5	27.5	5.5	11.3
29	13.0	3.8	5.0	17.5	1.3	12.0	12.5	15.0	18.8		15.8	6.3	25.0	3.0	3.0	30.0	8.3	10.8
30	13.0	3.0	11.0	8.8	0.8	11.3	7.5	15.0	7.5		13.0	7.0	25.0	10.0	8.3	17.5	5.5	17.5
31	23.8	7.5	19.0	22.5	1.5	10.0	5.0	10.5	20.0		10.0	7.5	31.3	8.3	8.3	16.3	8.3	13.3
32	18.8	5.3	23.0	20.0	2.0	13.8	5.8	11.3	11.3		5.8	4.5	13.8	7.5	6.3	5.8	12.5	12.5
33	13.3	5.0	25.0	10.0	2.3	12.5	6.3	12.0	8.8		15.0	5.0	12.5	7.5	8.0	5.0	8.0	7.5
34	21.3	8.0	19.0	7.5	1.0	9.5	5.0	8.8	12.5		15.0	5.3	19.8	5.0	6.3	3.8	12.5	6.3
35	7.0	6.3	23.0	10.5	0.8	15.5	3.8	17.5	25.0		11.3	4.5	12.5	8.8	7.0	7.5	8.0	15.0
36	17.0	8.0	19.0	7.5	1.8	12.0	5.0	11.3	20.0		10.0	4.3	20.3	6.0	7.8	16.3	7.5	10.0
37	7.5	7.5	18.0	10.0	2.0	15.0	5.0	12.5	30.0		23.3	7.3	18.8	8.8	7.8	25.0	8.0	10.0
38	17.5	7.5	14.0	12.5	2.0	8.8	10.0	11.3	10.8		13.3	5.8	22.5	6.0	6.3	20.0	5.5	12.5
39	14.5	8.0	12.0	5.0	0.8	10.5	10.0	11.3	17.5		7.5	7.0	20.0	5.0	3.0	10.0	7.5	16.3
40	22.5	6.3	25.0	22.5	1.3	10.5	10.5	17.0	24.5		6.3	5.8	20.0	5.0	5.0	6.3	5.5	10.0
41	12.5	5.8	25.0	15.0	1.3	15.5	6.3	12.5	11.3		10.0	7.5	16.3	5.0	5.0	20.0	7.5	8.8
42	12.5	7.8	20.0	17.5	1.3	15.0	5.8	8.8	9.5		15.5	6.8	30.0	10.0	10.0	17.5	8.0	7.5
43	13.3	5.0	20.0	16.3	1.3	15.0	6.3	7.5	20.0		7.5	7.5	18.8	5.0	6.3	23.8	8.3	13.3
44	21.3	8.0	23.0	10.8	1.3	10.5	5.8	8.8	11.3		20.5	5.5	25.0	7.8	10.5	27.5	10.0	12.5
45	7.0	5.0	23.0	10.3	0.8	12.5	6.3	17.5	12.5		7.5	5.0	20.0	5.0	6.3	23.8	7.5	10.0
46	17.0	7.5	19.0	18.0	1.3	10.5	7.5	8.8	25.0		16.3	3.0	16.3	6.3	9.8	13.3	6.3	10.0
47	12.5	6.3	12.0	12.5	1.5	12.5	8.8	11.3	20.0		13.3	3.0	27.5	10.0	9.8	23.8	6.3	12.5
48	12.5	6.3	18.0	12.5	2.5	12.5	10.0	11.3	15.8		11.3	5.3	23.8	10.0	7.5	17.5	6.3	8.8
49	11.3	3.8	14.0	8.0	2.3	11.3	10.0	10.0	13.8		10.0	7.0	22.5	7.3	7.5	7.8	3.8	12.5
50	15.0	6.3	21.0	20.5	1.0	13.8	7.5	12.5	5.0		16.3	7.5	28.8	7.5	7.5	28.8	5.0	12.5
平均	13.7	6.9	18.8	13.5	1.4	12.2	8.1	12.4	13.6	13.1	13.1	6.2	19.9	7.4	7.2	16.6	7.6	12.5
中央値	13.0	7.0	19.0	12.5	1.3	12.5	8.0	12.5	11.9	13.8	13.0	6.3	20.0	7.5	7.5	16.9	7.5	10.4
最頻値	12.5	7.5	23.0	12.5	1.3	12.5	8.0	12.5	7.5	11.3	10.0	7.0	25.0	7.5	7.5	5.0	7.5	12.5
分散	16.8	2.9	23.3	26.8	0.2	3.8	4.7	6.7	26.5		18.7			2.7	2.7			

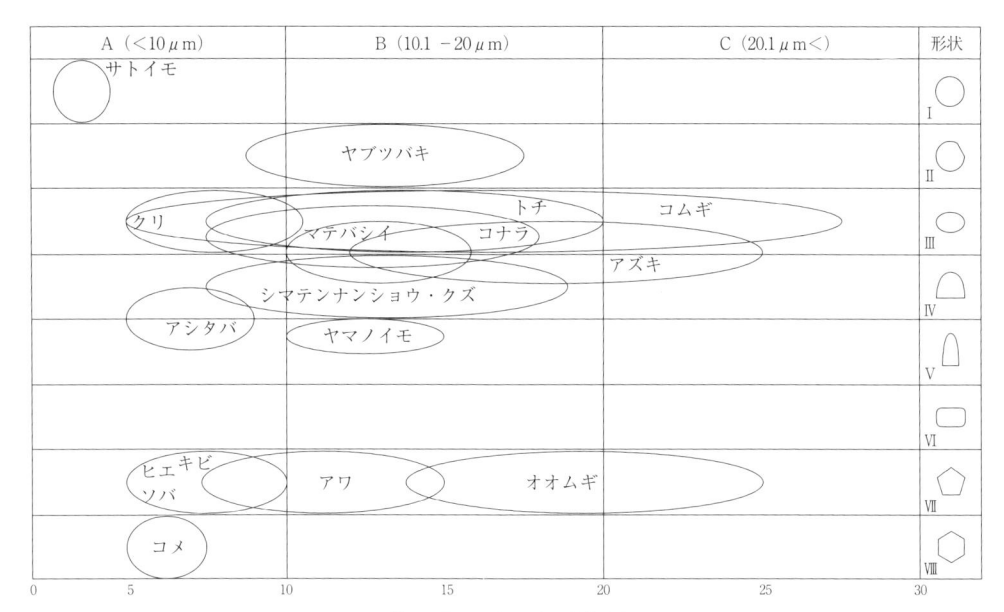

第52図　デンプン分類図

計測を行った。すべてのデンプン粒で大小さまざまな大きさのものがあり、その法量幅をもとに図にした場合、判別に困難があるため、上下それぞれ5点を除外し40点のデンプン粒の法量幅と形状をもとに判別図を作成した（第21表・第52図）。また、併せてデンプンの形状を示す顕微鏡写真も掲載する（第53図）。

　これらの現生植物のなかで、特にシマテンナンショウは伊豆諸島では古くから救荒植物として用いられたと言い伝えられており、橋口の一連の研究でも、弥生時代における採集の可能性が指摘されている。アシタバは三宅島で採取し、シマテンナンショウとヤブツバキは八丈島の自然保護地区以外の地で採取した。そのほかの植物はすべて本土で採取した。

　デンプン粒の形態は各種観察された。コメ・ヒエ・キビ・アワは粒径が小さく（約12μm以下）、コメは六角形、ヒエ・キビ・アワの雑穀とソバは五角形の多角形を呈する。オオムギはキビやアワなどに比較してやや大きく、形態は五角形を呈する。こうしたコメおよび雑穀類のほかに渋谷の先行研究において、オニグルミもデンプン粒の形態が五角形を呈していることが指摘されている。しかし、大きさが約20μmと穀物類に比較して大きい（渋谷2010）。また、現生植物のデンプン粒の形態では、円形体の一部が直線となる形態（Ⅱ型）や楕円形体（Ⅲ型）、そして半円形体となる（Ⅳ型）など植物ごとにデンプン粒の形態が重なる。そのため、このⅡ～Ⅳ型については、植物の同定は難しいものの、多角形体とは明確に分けることができる。つまり、残存デンプン粒分析から多角形体のデンプン粒を検出することで、イネおよび雑穀類の利用を検討することが可能である。そこで、弥生時代前期から中期初頭の島下遺跡（磨石）と中期中葉の大里遺跡（石皿・磨石）、そして中期後葉の坊田遺跡（石皿・磨石）の資料を対象として分析を行い[6]（第54図）、各種残存デンプンが検出されたので提示する（第22表・第55図）。

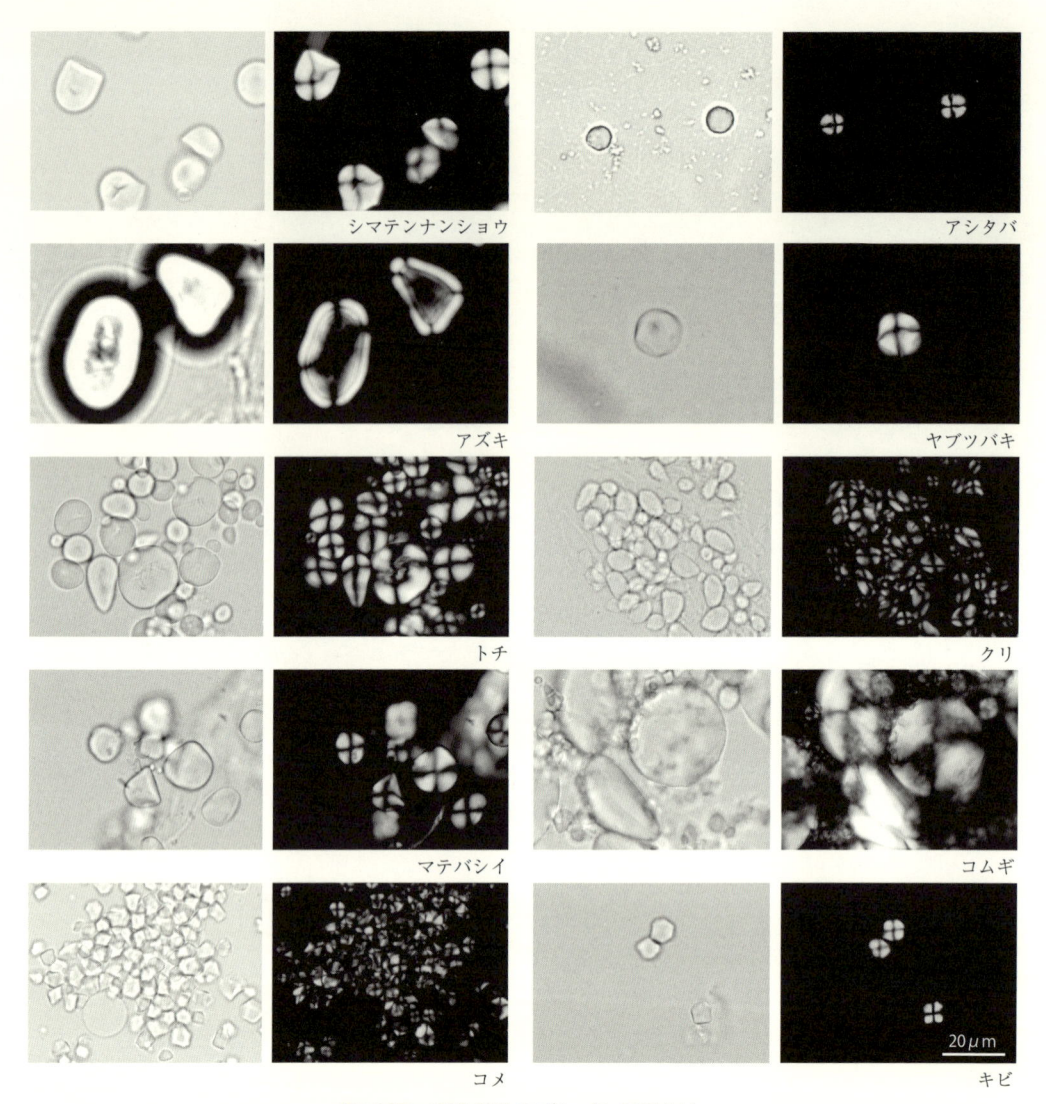

シマテンナンショウ　アシタバ
アズキ　ヤブツバキ
トチ　クリ
マテバシイ　コムギ
コメ　キビ

第53図　現生植物のデンプン写真（1）

島下遺跡　島下遺跡出土石器の分析資料は，1976年に橋口尚武により行われた発掘資料（磨石）3点と筆者の発掘資料（磨石）2点の計5点である。サンプルを採取した箇所はすべて磨石の主面部である。デンプン粒は4点の石器から検出された。デンプン粒の形態はⅢ型やⅣ型など多様であり，1つの石器から複数の形態のデンプン粒が認められた。なかでも12-S16 S2-1-2（第55図写真3）は，半円形のⅣ型ではあるが，やや縦方向に伸びた形状であり，シマテンナンショウのデンプン粒と類似している。

大里遺跡　大里遺跡出土石器の分析資料は，1973年に橋口尚武により行われた発掘資料である。分析した磨石は10点，石皿は未成品・未報告品を含めて9点である。石皿は中央が円形にくぼむ形態（Ⅰ型）のもの（foto686資料）と，溝状にくぼみ，吐き出し口をもつ形態（Ⅲa・Ⅲ

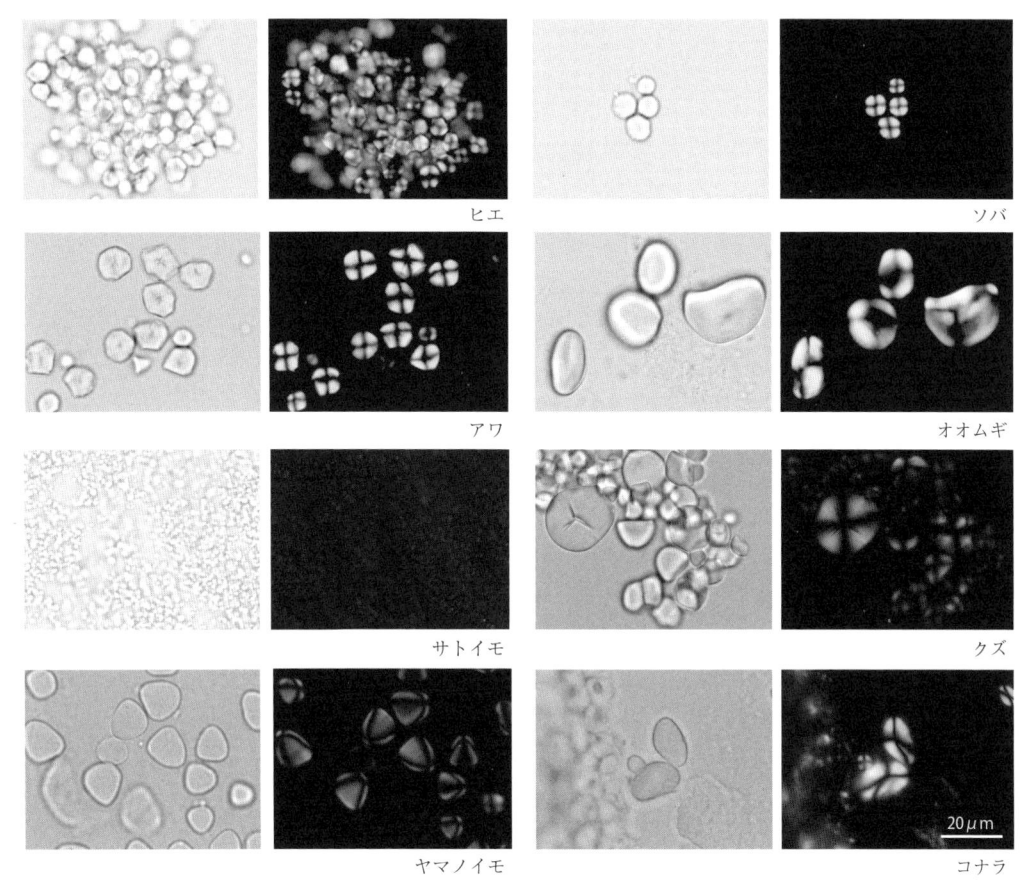

第4章　島嶼における食糧資源の問題　117

ヒエ　　　　　　　　　　　　　　ソバ

アワ　　　　　　　　　　　　　オオムギ

サトイモ　　　　　　　　　　　　クズ

ヤマノイモ　　　　　　　　　　　コナラ

第53図　現生植物のデンプン写真（2）

b型）のもの（foto686以外の資料）の2種類である。サンプルの採取は，磨石はすべて主面部からであり，石皿は凹み部から行った。なお，分析資料の45図-1の石皿は，橋口らの記録によれば，発掘調査時に実験でカシュウイモをすり下ろしたとある（橋口2001：147頁）。カシュウイモのサンプルを入手できていないので，検出されたデンプン粒が該当するか否か不明であるが，呈示しておく。

　デンプン粒が検出された石器は磨石が6点，石皿が7点である。なかでも石皿（資料名：2区-foto690）では大量のデンプン粒が検出された。大里遺跡で検出されたデンプン粒の形状はⅡ型・Ⅲ型・Ⅶ型である。そして，磨石・石皿ともに複数の形態のデンプン粒が検出されることが多かった。また，石皿の形態で検出されるデンプン粒の形態に違いは確認されなかった。

　大里遺跡で最も注目されるのは，Ⅶ型とされる多角形型のデンプン粒が多く検出されていることである（**写真13・14・18・23・31・32**）。いずれも10μm前後の比較的小形のデンプン粒である。現生植物のデンプン粒と比較すれば，これらは雑穀類のデンプン粒と推定される。

　坊田遺跡　坊田遺跡の資料は1973年に橋口尚武によって行われた3次発掘資料と2010年に筆

118

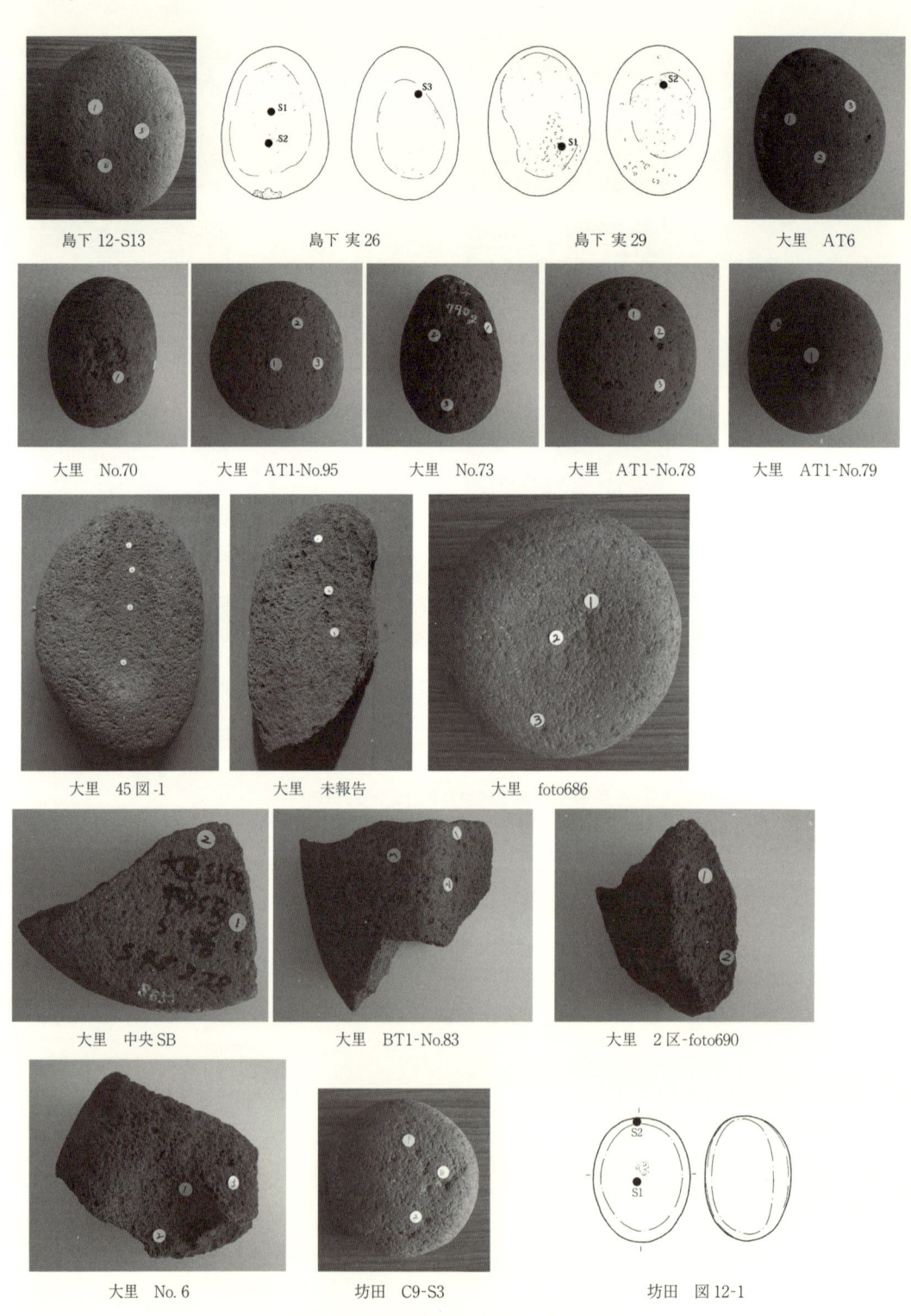

島下 12-S13　　　島下 実26　　　島下 実29　　　大里 AT6

大里 No.70　　大里 AT1-No.95　　大里 No.73　　大里 AT1-No.78　　大里 AT1-No.79

大里 45図-1　　大里 未報告　　大里 foto686

大里 中央SB　　大里 BT1-No.83　　大里 2区-foto690

大里 No.6　　坊田 C9-S3　　坊田 図12-1

第54図　残存デンプン粒分析　対象石器

第4章　島嶼における食糧資源の問題　119

第22表　石器検出の残存デンプン粒一覧

遺跡名	時期	器種	資料名(註記名)	写真No.	スライド／サンプル名	デンプン形態	大きさ(μm)
島下(1次)	弥生時代前期後葉～中期初頭	磨石	12-S13	1	S2-1-1	ⅡB	20.0
				1	S2-1-1	ⅤB	17.5
			12-S16	2	S2-1-1	ⅡC	22.5
				3	S2-1-2	ⅣB	10.5
				4	S2-1-3	ⅣB	10.8
				5	S3-2-1	ⅠB	11.3
				6	S3-2-2	ⅠC or ⅢC	25.5
				7	S3-2-3	ⅢB	17.0
島下(2次)	弥生時代前期後葉	磨石	実26	8	S1-2-1	ⅣC	27.5
				9	S1-2-2	ⅠA	10.0
				10	S1-2-3	ⅤB?	20.0
			実29	11	S1-1-3	ⅢC	27.0
大里(1次)	弥生時代中期中葉	磨石	AT6	12	S2-1-1	判別不能	7.5～10.0
				13	S3-1-1	ⅦA・B	7.5～12.5
			No.70	14	S3-2-1	ⅦB	16.3
			AT1-No.95	15	S1-1-1	ⅡB・C	17.5～25
				16	S1-1-2	ⅡC	25.0
				17	S1-1-4	ⅢC	22.5
				18	S2-1-1	ⅦA	8.8
			No.73	19	S1-1-1	ⅡB or ⅢB	17.5
				20	S1-1-2	ⅡC	26.3
			AT1-No.78	21	S1-2-1	ⅣC	21.3
				22	S1-2-2	ⅢC	33.8
			AT1-No.79	23	S2-1-1	ⅦA	10.0
			45図-1	24	S3-1-1	ⅢB	13.8
				25	S4-1-1	ⅢB	13.8
			未報告	26	S1-1-1	ⅦB?	12.5
				27	S1-2-1	判別不能	6.3
				28	S2-1-1	ⅢB or ⅡB	17.5
				29	S3-1-2	ⅥB or ⅡB	20.0
				30	S3-1-3	ⅡB	20.0
		石皿	foto120-0686	31	S1-1-1	ⅦA	7.5
			中央SB	32	S1-1-1	ⅦA	5.0
			BT1-No.83	33	S2-1-1	ⅢC	28.8
				34	S2-2-1	ⅢC	27.5
			2区-foto690	35	S2-1-1	ⅡB	17.5
				36	S2-1-1	ⅣB	20.0
				37	S2-1-2	ⅡC	30.0
			No.6	38	S1-2-2	ⅡB or ⅢB	20.0
				39	S1-2-4	ⅡA or ⅢA or ⅣA	8.8
				40	S3-1-1	ⅡC	31.3
坊田(3次)	弥生時代中期後葉	磨石	C9-S3	41	S2-1-1	ⅦB?	12.5
坊田(5次)			図12-1	42	S2-2	ⅦA	10.0

120

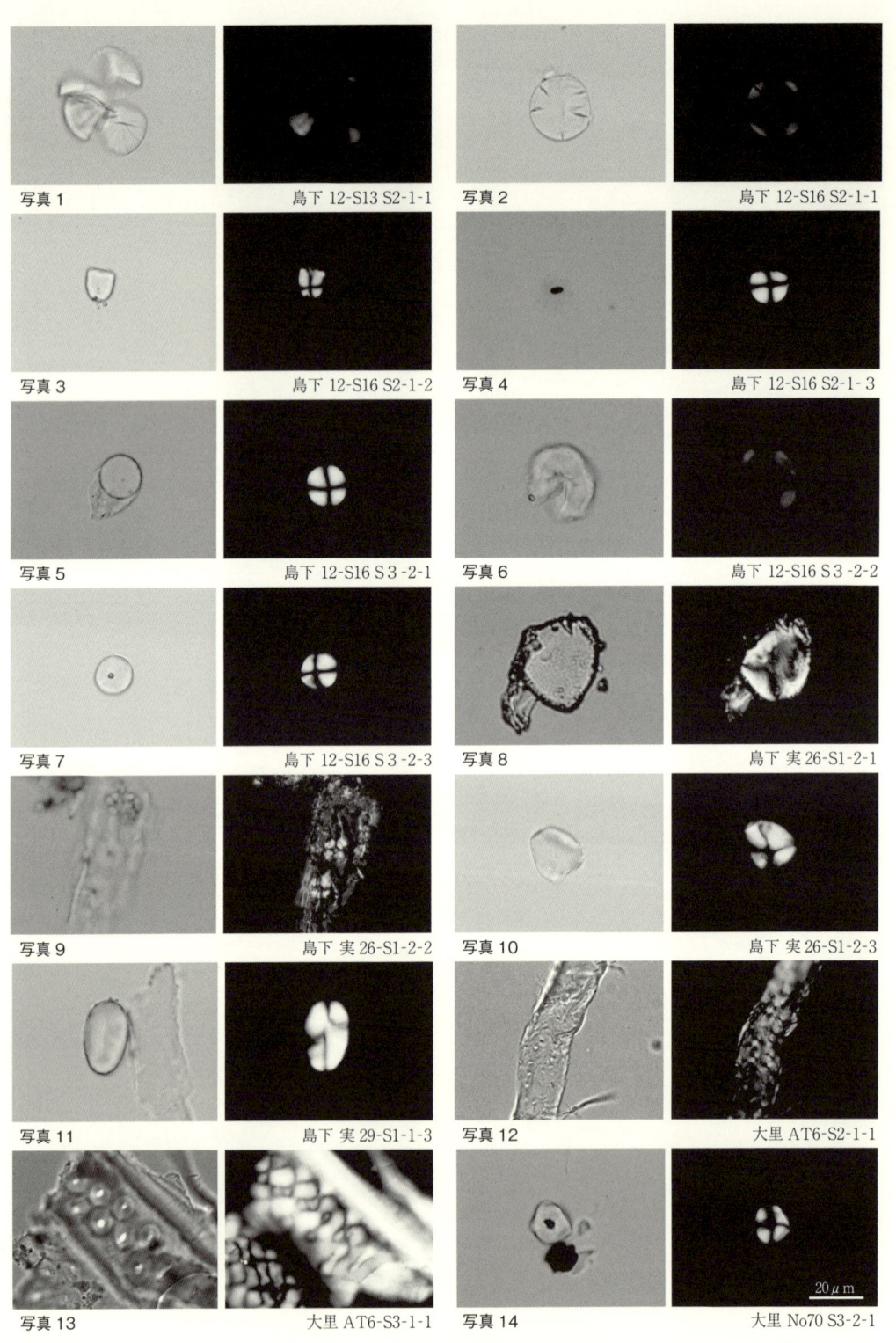

写真1　島下 12-S13 S2-1-1
写真2　島下 12-S16 S2-1-1
写真3　島下 12-S16 S2-1-2
写真4　島下 12-S16 S2-1-3
写真5　島下 12-S16 S3-2-1
写真6　島下 12-S16 S3-2-2
写真7　島下 12-S16 S3-2-3
写真8　島下 実26-S1-2-1
写真9　島下 実26-S1-2-2
写真10　島下 実26-S1-2-3
写真11　島下 実29-S1-1-3
写真12　大里 AT6-S2-1-1
写真13　大里 AT6-S3-1-1
写真14　大里 No70 S3-2-1

20μm

第55図　石器検出の残存デンプン粒（1）

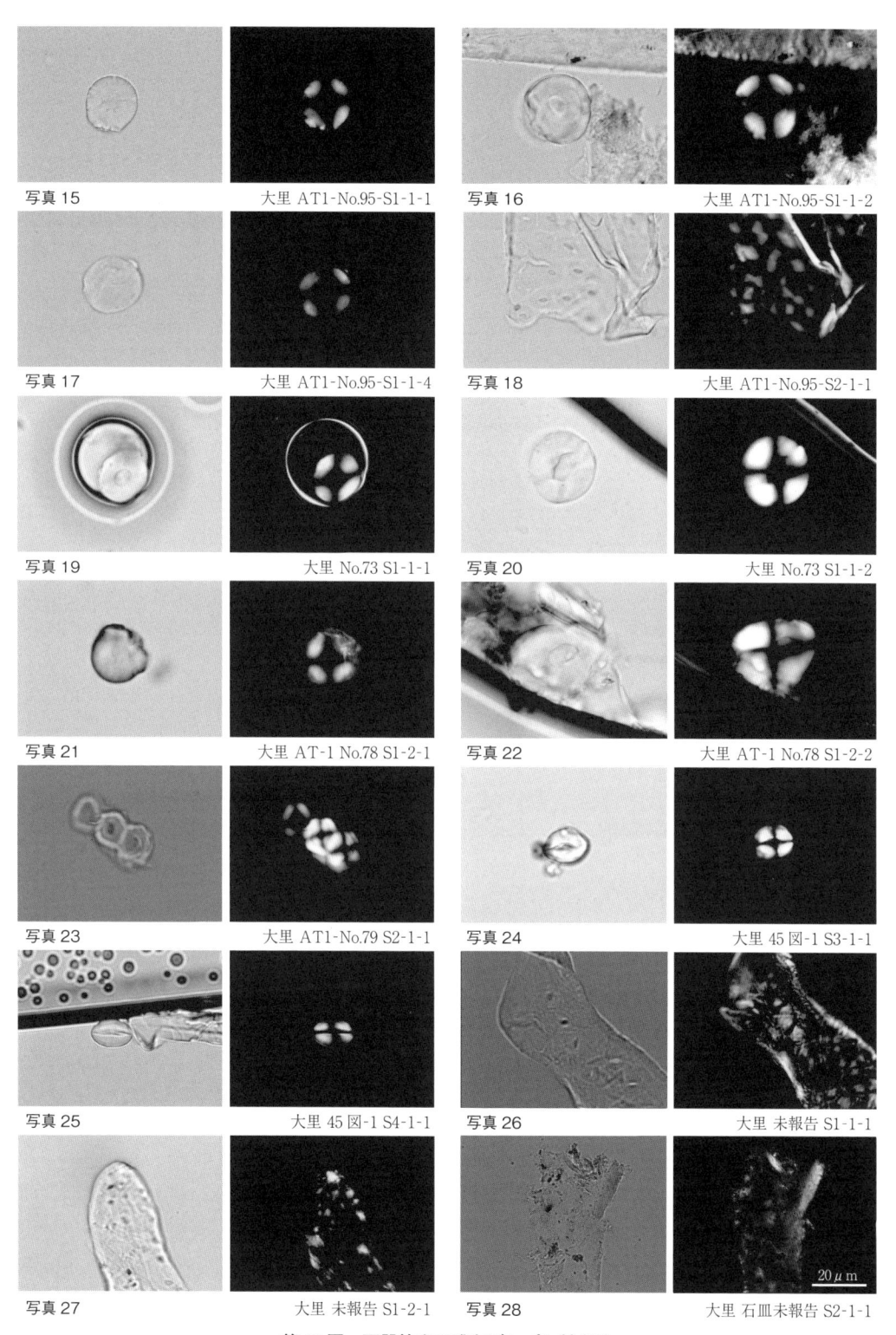

第 4 章　島嶼における食糧資源の問題　121

写真 15　　　　　　　大里 AT1-No.95-S1-1-1
写真 16　　　　　　　大里 AT1-No.95-S1-1-2
写真 17　　　　　　　大里 AT1-No.95-S1-1-4
写真 18　　　　　　　大里 AT1-No.95-S2-1-1
写真 19　　　　　　　大里 No.73 S1-1-1
写真 20　　　　　　　大里 No.73 S1-1-2
写真 21　　　　　　　大里 AT-1 No.78 S1-2-1
写真 22　　　　　　　大里 AT-1 No.78 S1-2-2
写真 23　　　　　　　大里 AT1-No.79 S2-1-1
写真 24　　　　　　　大里 45 図-1 S3-1-1
写真 25　　　　　　　大里 45 図-1 S4-1-1
写真 26　　　　　　　大里 未報告 S1-1-1
写真 27　　　　　　　大里 未報告 S1-2-1
写真 28　　　　　　　大里 石皿未報告 S2-1-1

第 55 図　石器検出の残存デンプン粒（2）

122

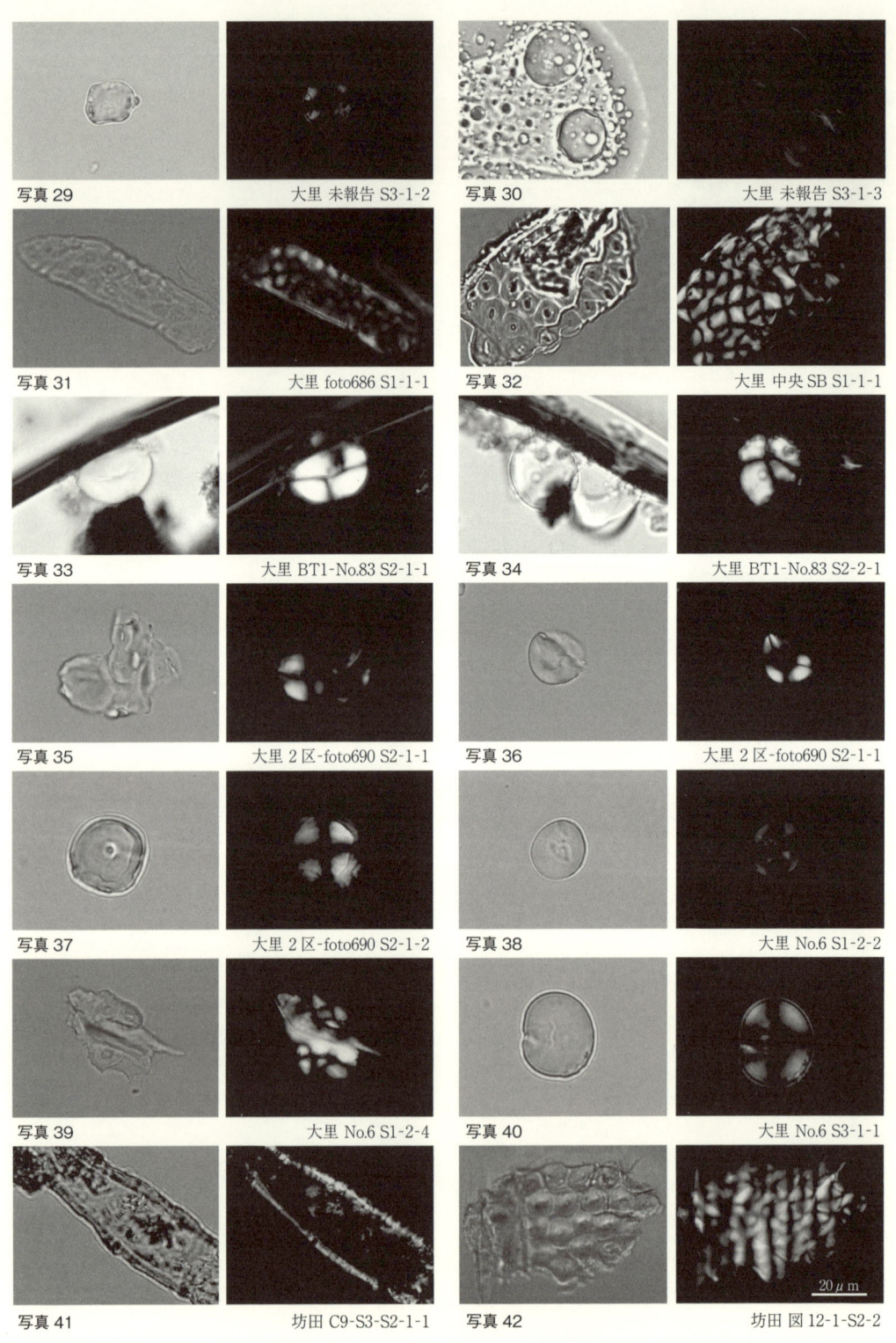

写真 29　　　　　　　　大里 未報告 S3-1-2　　写真 30　　　　　　　　大里 未報告 S3-1-3

写真 31　　　　　　　　大里 foto686 S1-1-1　　写真 32　　　　　　　　大里 中央 SB S1-1-1

写真 33　　　　　　　大里 BT1-No.83 S2-1-1　　写真 34　　　　　　　大里 BT1-No.83 S2-2-1

写真 35　　　　　　　大里 2区-foto690 S2-1-1　　写真 36　　　　　　　大里 2区-foto690 S2-1-1

写真 37　　　　　　　大里 2区-foto690 S2-1-2　　写真 38　　　　　　　　大里 No.6 S1-2-2

写真 39　　　　　　　　大里 No.6 S1-2-4　　写真 40　　　　　　　　大里 No.6 S3-1-1

写真 41　　　　　　　坊田 C9-S3-S2-1-1　　写真 42　　　　　　　　坊田 図 12-1-S2-2

第 55 図　石器検出の残存デンプン粒（3）

者らが行った5次発掘資料を用いた。分析した資料は合計で磨石8点である。サンプルの採取は，主面部と頂部から行った。そのうちの2点の石器からデンプン粒を検出した。検出されたデンプン粒は，いずれも多角形体のⅦ類と推定されるものである（写真41・42）。坊田遺跡では，他の遺跡に比較して検出されるデンプン粒の量が少なかった。

島嶼出土石器の残存デンプン粒分析の特徴　今回，三宅島の遺跡出土の石器資料を対象として残存デンプン粒分析を行った。その結果，磨石・石皿からデンプン粒が検出され，これらの石器が植物質食糧の加工に用いられていたことが明らかとなった。また，石器から検出されるデンプン粒の形態は多様であり，1つの石器でも複数の形態のデンプン粒が検出される例が多く確認された。そして，最も重要なことは，雑穀類のデンプン粒に多くみられる大きさ10μm前後の多角形体のデンプン粒が中期中葉以後の大里遺跡と坊田遺跡出土の石器から検出されたことである。一方で，これらのデンプン粒が弥生時代前期の島下遺跡からは検出されなかったことも重要である。つまり，栽培種なのか野生種なのかは，残存デンプン粒分析から言及することはできないが，雑穀類の加工が中期中葉以後の島嶼において行われたことが確認されたのである。

3　黒曜石製石器の問題
（1）黒曜石製石器の器種組成

　伊豆諸島の遺跡からは，本土の遺跡に比較して多くの黒曜石製石器が出土している。それは，神津島の黒曜石原産地に近いという地理的環境に恵まれているためである。ここではまず，伊豆諸島の遺跡出土の黒曜石製石器の器種構成の変遷について検討し，その特徴を明らかにする。ただし，伊豆諸島の遺跡から出土する黒曜石資料は，量が多いため，報告書等において正確な出土量が記されていることが少ない[7]。そのため，器種組成を定量的に比較することが難しい。ここでは報告されている資料のなかから器種を基準に抽出してその消長をみていき，変化を読み取る。

　第56図には，伊豆諸島の縄文時代中期から弥生時代中期までの黒曜石製石器の変遷を示した。縄文時代中期前半の帆縫原遺跡（式根島）（河内1984）では，石鏃（同図1～3）・石錐（4～5）・両極石器（6～7）・剝片刃器（8～11）が組成するのに対して，弥生時代中期中葉の大里遺跡では，石鏃（31～34）と剝片刃器（35～41）のみとなり，石錐や両極石器が欠落している。石錐は縄文時代晩期後葉から弥生時代中期前葉の田原遺跡まで確認される（26～27）。両極石器は縄文時代中期中葉から後期中葉の大石山遺跡まで確認される（18～19）が，大里遺跡では筆者が確認した限りでは3号住居から1点出土しているのみで，主要な石器とは言えない。

　縄文時代前半段階に一般的にみられる石錐や定形的なスクレイパー（同図9など）などの器種が消滅し，縄文時代後半（特に後期以降）以降に製作技術の粗雑化とともに石鏃主体へと黒曜石製石器が収斂されていく本土の傾向（池谷2009：272頁）と軌を一にしている。

　石鏃についても，製作技術の粗雑化が明確である。大里遺跡で出土した石鏃の形式は平基が多く，凹基は2点（同図31・32）のみであり，抉りは縄文時代の石鏃（同図1・2）に比較してとても浅い。凹部が浅くなるのは，石鏃の細い脚部製作に伴う押圧剝離技術の衰退によるものである。

石鏃　石錐　両極石器　剥片刃器

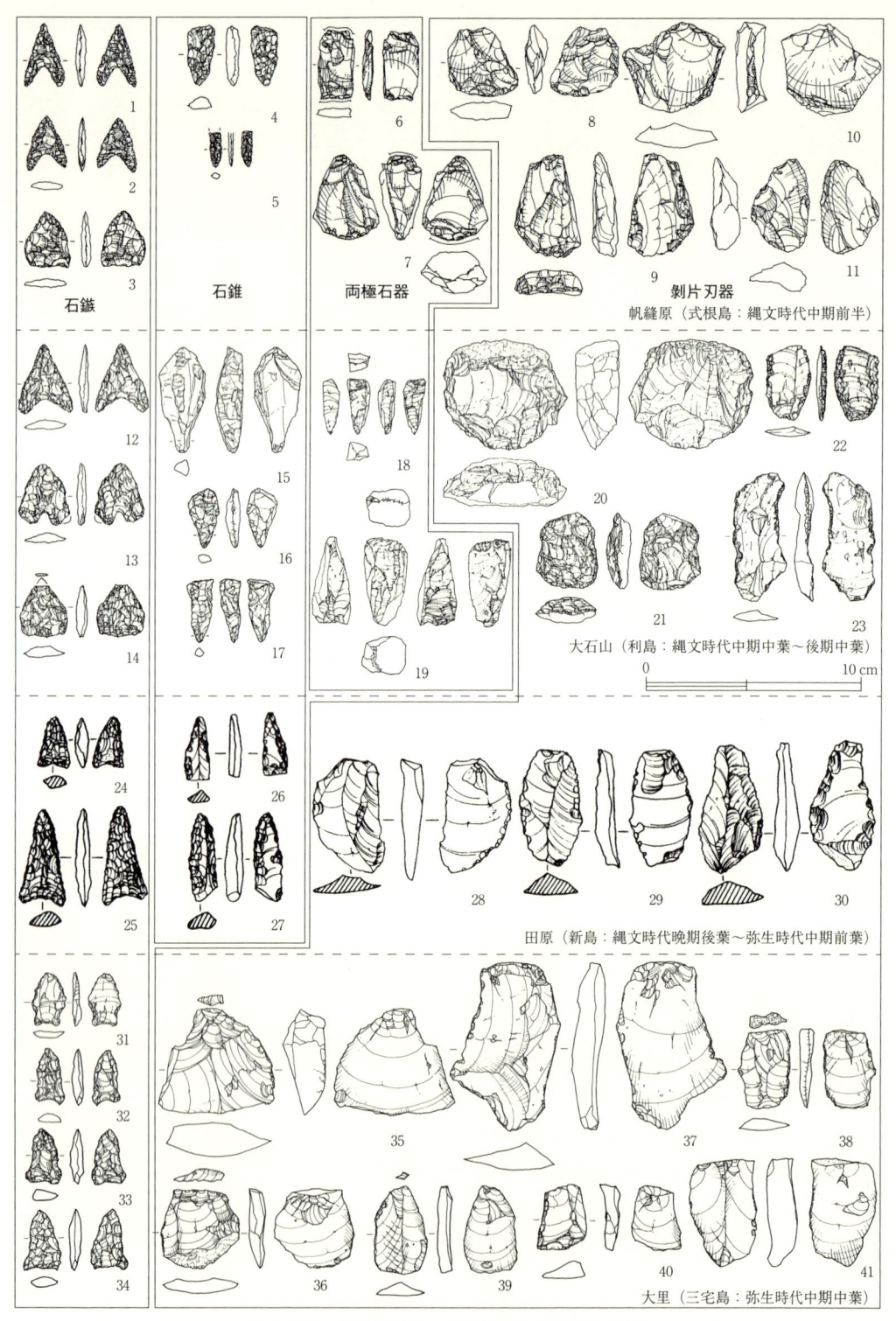

帆縫原（式根島：縄文時代中期前半）

大石山（利島：縄文時代中期中葉～後期中葉）

0　　　　10cm

田原（新島：縄文時代晩期後葉～弥生時代中期前葉）

大里（三宅島：弥生時代中期中葉）

第56図　伊豆諸島における黒曜石製石器の変遷

第23表　黒曜石製石器の使用痕光沢の分類

使用痕タイプ	輝度	平滑度	ピット	線状痕	想定される被加工物および運動
OB-A	明るい	なめらかで流動的	少量	aタイプ	イネ科草本
OB-B	明るい	なめらかだがAほど流動的ではない。凸部を中心に発達する	小さいピットが多く見られる	木ではaタイプ。竹・なめし皮ではbタイプ	木・竹・ひょうたん・なめし皮・イネ科以外の草本
OB-C		ピットや線状痕に覆われ，凹凸に富み粗れている	大小のピットが多い	aタイプ・bタイプ	水漬けの骨・角のsawing
OB-D1	明るい	端部に丸みを帯びる	少量		水漬けの骨・角のscraping
OB-D2		端部に丸みを帯びる。表面のなめらかさはない	小さいピット・峯状の隆起		乾燥した骨・角のscraping，生骨のscraping
OB-E	鈍い	細かな凹凸が見られる。発達すると凸部に丸みを帯びる	細かいピット		乾燥皮のcutting・scraping
OB-F		E同様に粗れているが，凹凸が大きい	不整形のピットが多い	明瞭な線にならない	乾燥角・骨のsawing
OB-G	明るい	非常に平坦	大小のピットが多い	線状痕が多い	貝，乾燥角・骨のsawing
OB-H	非常に鈍い	なめらかさを欠く	あり	あり	生皮のcutting，その他のポリッシュの初期段階
OB-I	非常に弱い	丸みを帯びなめらか		非常に弱い線状痕	肉のcutting，生皮のscraping，木・竹の初期段階
OB-X1	鈍い	大小のピットで覆われ非常に粗い	形・大きさともに一定しない	多い	土を混ぜた際に生じる
OB-X2	鈍い	X1ほどの凹凸はない。やや平坦化している	明瞭でない	肉眼でも確認される	黒曜石で表面をこする際に生じる

線状痕の分類　線状痕aタイプ：比較的幅が狭く，なめらかな底となる　線状痕bタイプ粗れた底をもち，弧状の傷の連続で構成される

また，押圧剥離技術の衰退が石鏃の横断面形にも表れている。縄文時代の石鏃は表裏面ともに深い押圧剥離が施されるため，稜線が中軸線となり石鏃の横断面形は菱形になる。一方，大里遺跡の石鏃は押圧剥離が浅い角度のため，素材中心まで深く入ることが少なく，側縁部のみの調整となっている。そのため，横断面形が菱形を呈することがない（同図31～33）。

（2）剥片刃器の型式学的分析

伊豆諸島の黒曜石製石器の主要器種である剥片刃器を検討する。剥片刃器とは，剥片を素材としたRF・UFの総称である。剥片刃器は，縄文時代から弥生時代に至るまで用いられる石器器種であり，特に大里遺跡からは大量に出土している。大里遺跡の剥片刃器は，本土の遺跡に比べて総じて大形である（第3章 第1節 参照）。本土の遺跡と大里遺跡との法量の差は，当然のことながら大里遺跡が黒曜石原産地に近いという地理的優位性に起因しており，本土の遺跡に比べれば容易にしかも大量に黒曜石の原石を獲得することができたためである。

剥片刃器は形態重視から機能重視へと変化していく。先ほどの定形的石器器種の消滅にも関係するが，本来，さまざまな石器器種へと加工調整されていくべき石刃状の剥片や大形の縦長剥片を用いた剥片刃器が帆縫原遺跡では少ない。しかし，時代が下がるにつれ，田原遺跡出土石器

（同図28・29）や大里遺跡出土石器（同図37・41）のように縦長剥片の両側縁をそのまま刃部として利用している。

（3） 剥片刃器の使用痕観察

島嶼の弥生時代の黒曜石製石器の大部分を占める剥片刃器の使用法，そして被加工物について，使用痕分析から迫りたい。対象とする石器は三宅島の島下遺跡・大里遺跡・坊田遺跡・ココマ遺跡出土の黒曜石製剥片刃器である（第57図・第58図）。そして，比較のために島嶼出土の安山岩製など非黒曜石製の剥片刃器と本土の遺跡として神奈川県秦野市砂田台遺跡の資料についても併せて観察した（第59図）。ここでの着目は，剥片刃器が動物質食糧の加工に関する道具であるか否かという点とともに，大里遺跡での花粉分析等の結果から，何らかの植物の収穫等に伴う道具であるのか否かという点である。使用痕光沢と線状痕の分類は，御堂島正の分類に従う（第23表，御堂島1986）。

島下遺跡 島下遺跡では剥片刃器を12点観察し，9点から使用痕を検出した（第24表）。9点の石器のうち[8]，刃部に平行もしくは斜交する方向の線状痕が観察された石器は4点であり，直交する方向の線状痕が観察された石器は2点であった。平行する線状痕と直交する線状痕がともに検出された石器は2点であった。黒曜石製剥片刃器は7点のうち6点が刃部と平行する線状痕であり，直交する線状痕は3点であった。線状痕はaタイプが多い。一方，安山岩製の剥片刃器は2点で，そのうち1点から直交する線状痕が確認された。使用痕光沢は黒曜石製では確認されず，安山岩製でE1タイプが検出された。

大里遺跡 大里遺跡では剥片刃器を39点観察し，33点から使用痕を検出した（第25表）。33点の刃器で，刃部と直交する方向に線状痕が観察された石器は17点（51.5％），刃部と平行する方向に線状痕が確認されたものは10点（30.3％），一つの石器で直交および平行する方向の線状痕がともに検出されたものは6点（18.2％）であった。主体的な線状痕である刃部と直交する方向の石器には，刃部縁辺にD2タイプの使用痕光沢が確認され，その数は10点（30.3％）であり，比較的多く検出され，平行する方向の線状痕の石器との違いが確認された。刃部と直交する方向に線状痕が確認された石器の刃縁部の末端形状はステップ状を呈するため，これらの石器はスクレイピング等に用いられたと推定される。

ココマ遺跡 ココマ遺跡では小形の剥片刃器を1点観察し，使用痕を検出した（第26表）。剥片の側面に微細剥離が連続しており，平行から斜交する方向に線状痕が認められた。使用痕光沢はきわめて弱い光沢（Fタイプ？）が微細剥離の稜線上にて確認された。

砂田台遺跡 砂田台遺跡では24点の剥片刃器を観察した。24点のうち黒曜石製が6点，黒曜石以外の石材製（非黒曜石製と表記）が18点である（第27表）。そのなかで使用痕が確認されたのは黒曜石製が4点，非黒曜石製が10点であった。線状痕は，黒曜石製では直交するもの2点，平行するもの2点であったが，非黒曜石製では直交するもの6点，平行するもの1点，そのほか両方向の線状痕が確認されるものが3点であった。使用痕光沢は，黒曜石製では検出されたのが1点のみであるが，非黒曜石製では10点と比較的高い確率で検出された。使用痕光沢は砂岩・

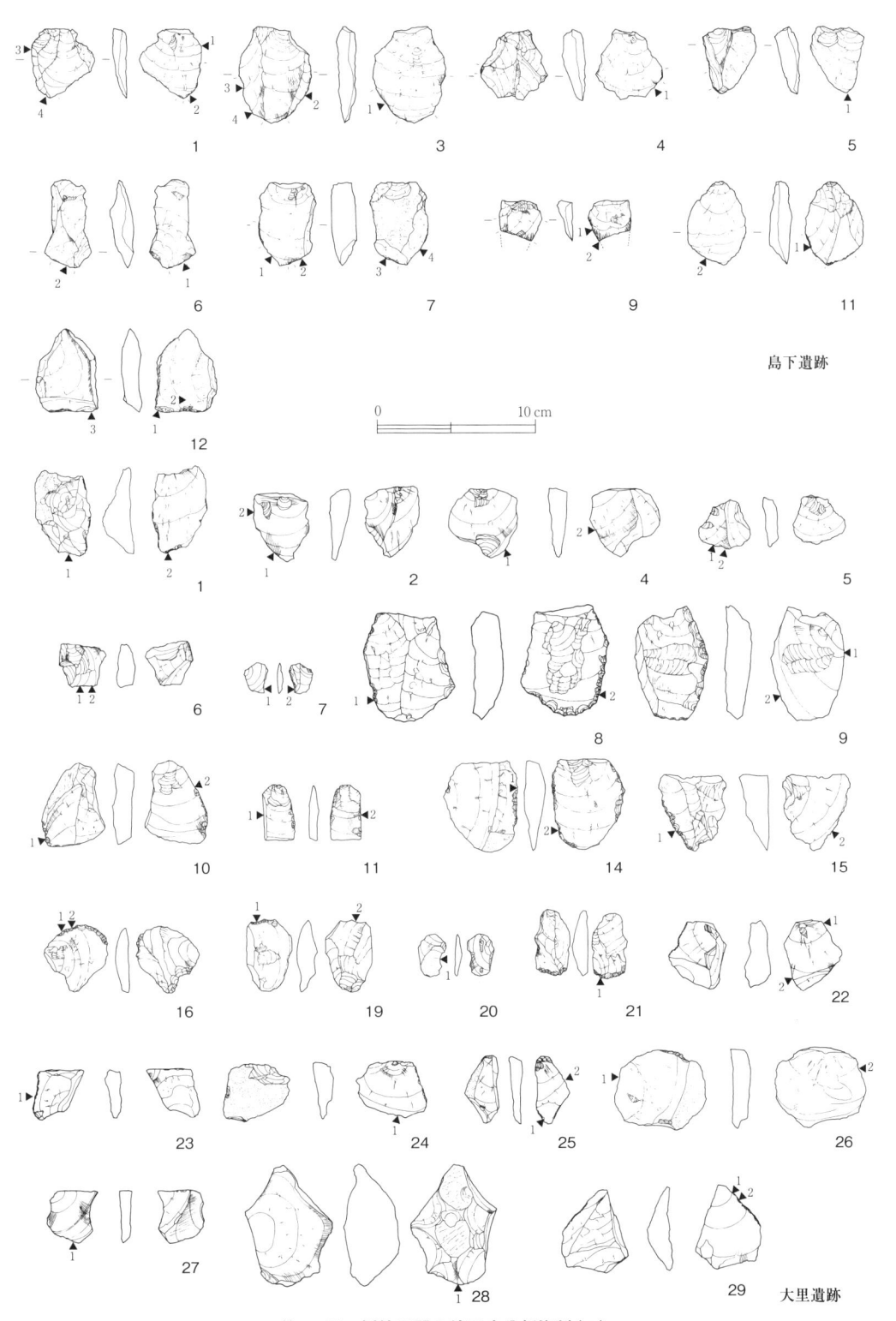

第4章　島嶼における食糧資源の問題　127

島下遺跡

第57図　剥片刃器の使用痕分析資料（1）

大里遺跡

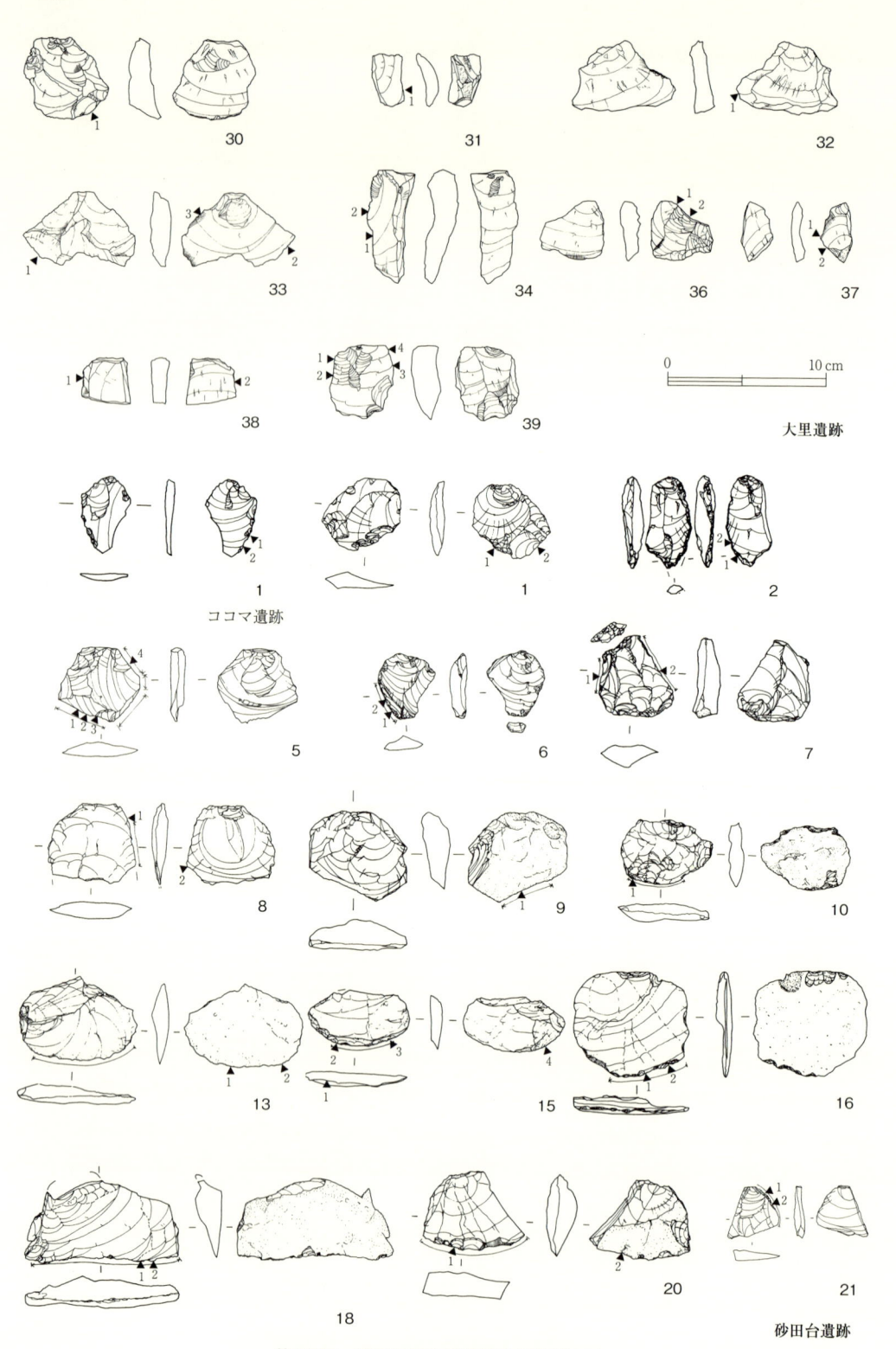

128

大里遺跡

ココマ遺跡

砂田台遺跡

第58図　剝片刃器の使用痕分析資料（2）

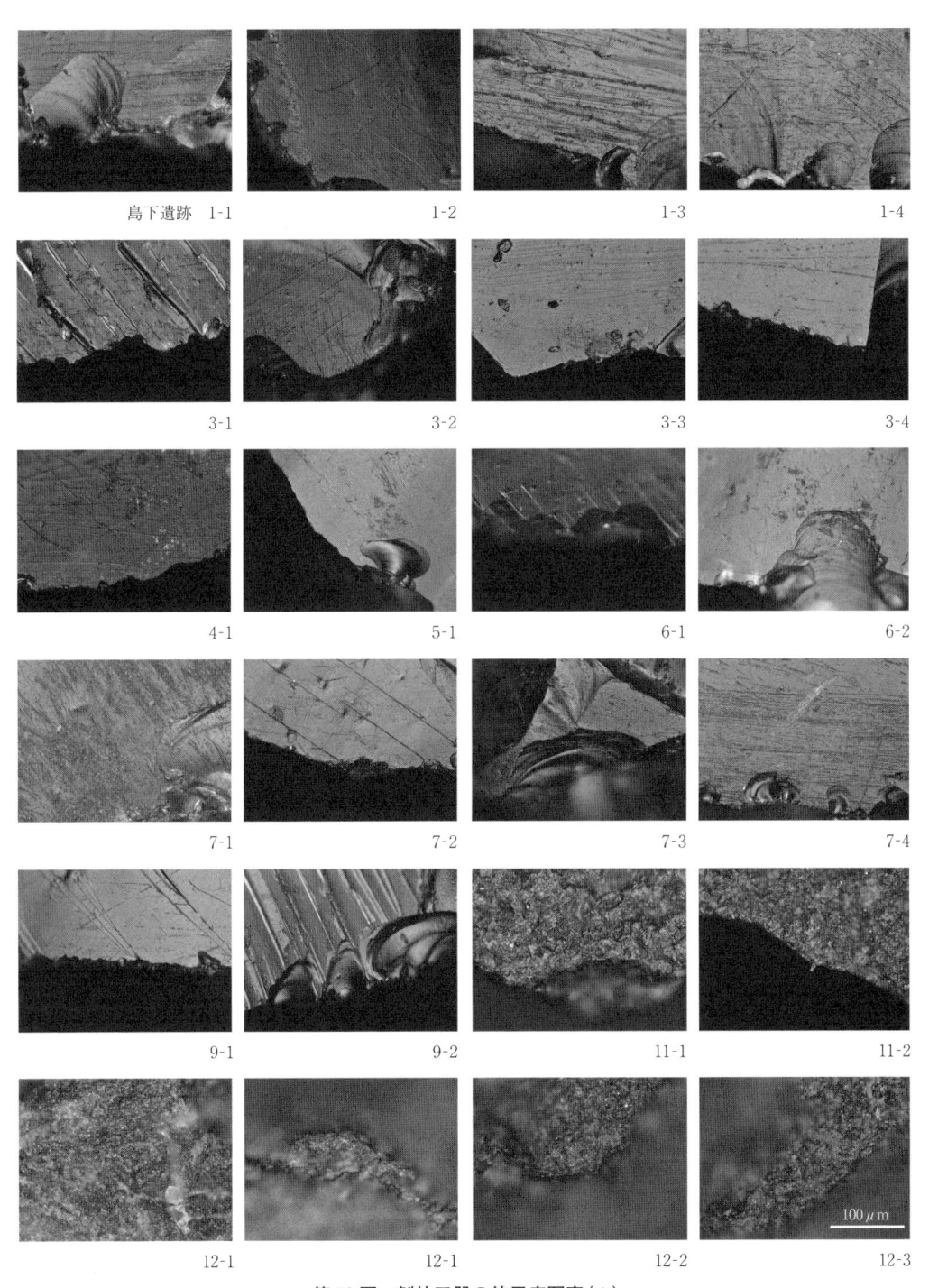

第4章 島嶼における食糧資源の問題 129

島下遺跡 1-1　　1-2　　1-3　　1-4

3-1　　3-2　　3-3　　3-4

4-1　　5-1　　6-1　　6-2

7-1　　7-2　　7-3　　7-4

9-1　　9-2　　11-1　　11-2

12-1　　12-1　　12-2　　12-3

第59図　剝片刃器の使用痕写真（1）

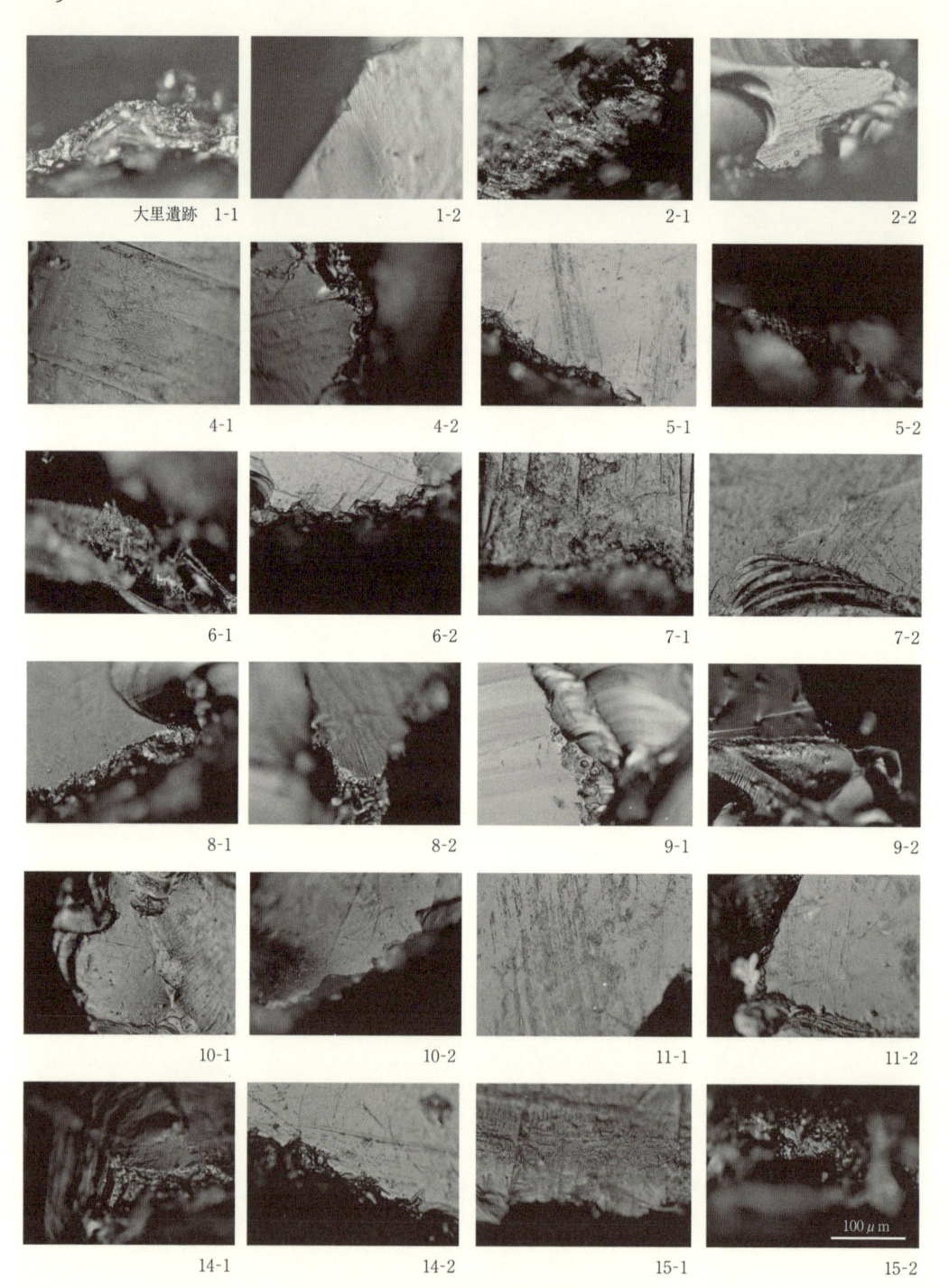

130

大里遺跡 1-1　　　1-2　　　2-1　　　2-2
4-1　　　4-2　　　5-1　　　5-2
6-1　　　6-2　　　7-1　　　7-2
8-1　　　8-2　　　9-1　　　9-2
10-1　　　10-2　　　11-1　　　11-2
14-1　　　14-2　　　15-1　　　15-2

100μm

第59図　剥片刃器の使用痕写真(2)

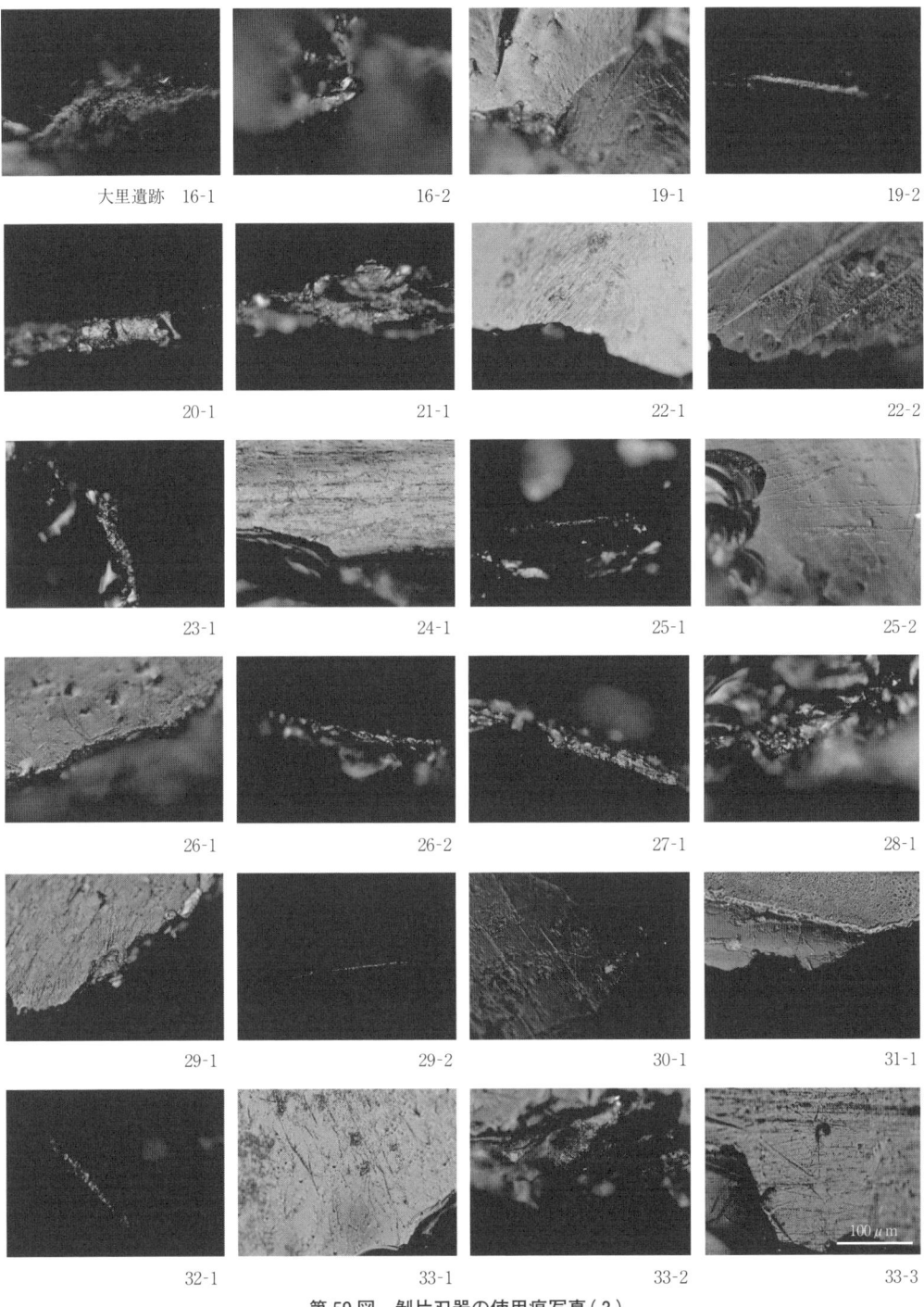

第4章　島嶼における食糧資源の問題　131

大里遺跡　16-1　　16-2　　19-1　　19-2
20-1　　21-1　　22-1　　22-2
23-1　　24-1　　25-1　　25-2
26-1　　26-2　　27-1　　28-1
29-1　　29-2　　30-1　　31-1
32-1　　33-1　　33-2　　33-3

100μm

第59図　剝片刃器の使用痕写真（3）

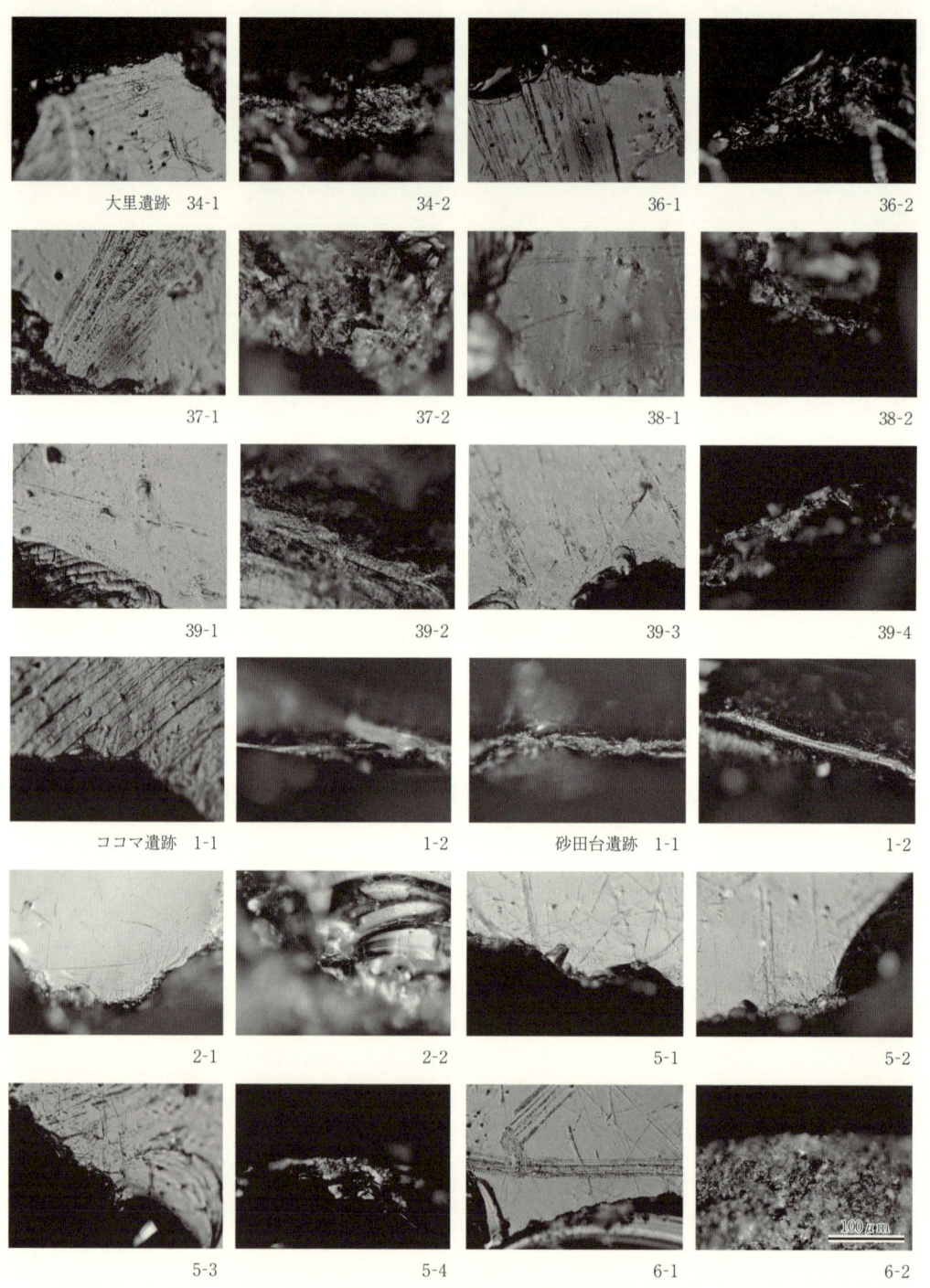

大里遺跡 34-1　　34-2　　36-1　　36-2

37-1　　37-2　　38-1　　38-2

39-1　　39-2　　39-3　　39-4

ココマ遺跡 1-1　　1-2　　砂田台遺跡 1-1　　1-2

2-1　　2-2　　5-1　　5-2

5-3　　5-4　　6-1　　6-2

第59図　剥片刃器の使用痕写真（4）

砂田台遺跡 7-1	7-2	8-1	8-2
9-1	10-1	13-1	13-2
15-1	15-2	15-3	15-4
16-1	16-2	18-1	18-2
20-1	20-2	21-1	21-2

第59図　剥片刃器の使用痕写真（5）

硬砂岩製の刃器（No.15・16）でCタイプが検出されたが、ほかはD2タイプ・EタイプもしくはFタイプであった。

使用痕の特徴　弥生時代の島嶼の遺跡を3遺跡、本土の遺跡を1遺跡観察した。その結果、観察された線状痕は刃部と直交する線状痕、もしくは刃部と平行する線状痕のいずれかが検出されることが多く、両方の線状痕が検出された刃器は2割以下と少なかった。刃部と直交する線状痕が確認された刃器はスクレイピングなどの動きが想定され、一方刃部と平行する線状痕が確認された刃器はカッティングなどの動きが想定される。出土刃器に確認された線状痕の方向がいずれ

第24表　島下遺跡　石器属性と使用痕観察結果

No.	器種	石材	出土地	長径(cm)	短径(cm)	厚さ(cm)	重さ(g)	使用痕有無	線状痕	線状痕タイプ	光沢
1	UF	黒曜石	Ⅶ層	4.3	4.0	0.85	11.5	有	平行＋斜交	a＋b	
2	UF	黒曜石	Ⅹ層	6.2	5.7	1.4	32.2	無	なし		
3	UF	黒曜石	Ⅹ層	6.0	4.6	1.0	25.8	有	平行＋直交	B, A＋B	
4	UF	黒曜石	Ⅹ層	4.3	4.2	1.5	18.9	有	平行	a	
5	UF	黒曜石	Ⅶ層	4.1	3.3	1.5	13.7	有	平行	a	
6	UF	黒曜石	Ⅹ層	5.5	2.9	1.4	14.0	有	直交	a	
7	UF	黒曜石	Ⅶ層	5.0	3.5	1.6	34.1	有	平行＋直交	b＋a	
8	UF	黒曜石	Ⅹ層	3.4	3.3	1.2	9.4	無	なし		
9	UF	黒曜石	Ⅹ層	2.6	2.7	1.0	3.4	有	平行	b	
10	UF	黒曜石	Ⅶ層	2.9	2.7	0.9	5.0	無	なし		
11	UF	安山岩	Ⅶ層	5.1	3.8	1.4	22.4	有	なし		
12	RF	安山岩	Ⅹ層	5.1	3.9	1.1	28.4	有	直交		E1

第25表　大里遺跡　石器属性と使用痕観察結果

No.	器種	出土地	形状	長径(cm)	短径(cm)	厚さ(cm)	重さ(g)	使用痕有無	線状痕	線状痕タイプ	光沢
1	RF	攪乱	不定形	6.1	4.3	2.2	44.9	有	直交	a	E
2	RF	攪乱	三角形	4.6	3.6	1.2	14.1	有	平行＋直交	b	C＋E
3	RF	攪乱	不定形	4.3	4.1	1.3	19.7	無			
4	RF	攪乱	矩形	4.5	4.3	1.2	18.5	有	直交	a	なし
5	RF	攪乱	三角形	3.4	3.0	0.8	6.3	有	直交＋平行		D2
6	UF	攪乱	矩形	3.0	2.7	1.0	7.0	有	直交	b	E＋X1
7	UF	BT-5 Ⅷ層	不定形	1.7	1.6	0.4	0.9	有	直交	a	
8	UF	BT-5 Ⅷ層	矩形	5.0	3.9	1.7	31.0	有	直交	b	E
9	UF	BT-5 Ⅷ層	三角形	5.7	4.0	1.2	29.7	有	直交		E
10	UF	BT-5 Ⅷ層	矩形	5.4	4.2	1.3	23.3	有	平行	a	
11	RF	BT-5 Ⅷ層	矩形	3.4	2.0	0.5	4.6	有	平行	b	
12	RF	BT-5 Ⅷ層	長方形	3.0	1.4	0.6	2.7	無			
13	RF	BT-5 Ⅷ層	楕円形	3.6	3.0	0.7	8.1	無			
14	RF	BT-5 Ⅷ層	楕円形	5.7	4.6	1.4	32.3	有	平行	b	
15	RF	BT-5 Ⅷ層	三角形	4.8	4.5	1.6	28.1	有	平行	b	E
16	RF	BT-5 Ⅷ層	不定形	4.1	3.8	0.8	10.9	有	直交	b	
17	RF	BT-5 Ⅷ層	矩形	3.6	3.3	1.5	12.1	無			
18	RF	BT-5 Ⅷ層	三角形	2.3	1.5	0.4	1.0	無			
19	RF	BT-5 Ⅷ層	不定形	4.4	3.1	1.3	15.8	有	直交	b	D2
20	RF	BT-5 Ⅷ層	不定形	2.6	1.7	0.7	2.8	有	直交		D2
21	RF	BT-5 Ⅷ層	長方形	4.0	2.2	1.0	7.1	有	直交		D2
22	UF	ad SB-1	矩形	4.1	3.5	1.6	17.3	有	直交＋平行	a＋b	E＋D2
23	UF	ad SB-1	不定形	3.5	2.8	1.0	7.6	有	平行		E？
24	UF	ad SB-1	矩形	4.7	3.5	1.1	14.6	有	平行	b	
25	RF	ad SB-1	三角形	4.4	2.2	0.8	5.1	有	直交		
26	RF	ad SB-1	楕円形	5.9	5.1	1.1	32.3	有	平行	b	E＋F
27	UF	ad SB-1	不定形	3.3	3.3	0.7	6.3	有	直交		D＋E2
28	RF	ad SB-1	不定形	7.2	5.0	3.2	106.1	有	直交		D2
29	UF	ad SB-1	三角形	5.2	4.2	1.3	22.2	有	直交	a	D2
30	UF	ad SB-1	矩形	5.3	5.0	1.4	33.7	有	直交	a	
31	RF	ad SB-1	長方形	3.4	2.0	0.7	5.1	有	平行	b	
32	RF	ad SB-1	三角形	6.5	4.2	0.7	20.8	有	平行	b	D2
33	RF	ad SB-1	三角形	7.1	4.6	1.2	26.9	有	直交＋平行	a＋b	D2
34	UF	ad SB-1	長方形	6.9	2.6	1.8	23.3	有	平行＋直交	a＋b	D2
35	UF	AT-3	長方形	4.7	3.5	1.4	22.1	無			
36	UF	AT-3	三角形	4.1	4.1	1.3	13.7	有	直交	a＋b	D2＋E
37	RF	AT-3	不定形	3.7	2.0	0.6	4.2	有	直交	a＋b	D2
38	RF	攪乱	矩形	3.2	2.8	1.2	11.2	有	平行	b	
39	UF	攪乱	矩形	4.5	4.0	1.6	26.7	有	平行＋直交	a＋b	D2＋E

第4章　島嶼における食糧資源の問題

第26表　ココマ遺跡　石器属性と使用痕観察結果

No.	器種	石材	出土地	長径(cm)	短径(cm)	厚さ(cm)	使用痕有無	線状痕	線状痕タイプ	光沢
1	UF	黒曜石	表採	2.3	1.6	0.4	有	斜行	a	F？

第27表　砂田台遺跡　石器属性と使用痕観察結果

No.	器種	石材	出土地	長径(cm)	短径(cm)	厚さ(cm)	使用痕有無	線状痕	線状痕タイプ	光沢
1	UF	黒曜石	20号土坑	2.4	1.9	0.5	有	直交		
2	RF	黒曜石	166号住居址	2.8	1.4	0.6	有	直交	a	
3	UF	黒曜石	20号住居址	2.2	1.6	0.5	無			
4	UF	黒曜石	73号住居址	2.6	2.3	0.6	無			
5	UF	黒曜石	6号方形周溝墓	2.6	2.3	0.5	有	平行	b	
6	UF	黒曜石	1号住居址	2.0	1.8	0.5	有	平行	b	E＋F
7	UF	チャート	138号住居	2.5	2.4	0.9	有	直交		E＋F＋D2
8	UF	凝灰岩	85号住居	2.5	2.8	0.5	有	直交		E＋F
9	UF	砂岩	97号住居	5.5	6.4	1.7	有	平行	a	D2
10	UF	頁岩	115号住居	4.4	5.7	1.0	有	直交		D2＋F2
11	UF	頁岩	115号住居	2.3	4.0	1.3	無			
12	UF	砂岩	76号住居	3.8	5.3	1.4	無			
13	UF	砂岩	112号住居	5.2	7.5	1.1	有	平行＋直交		D2？＋E
14	UF	泥岩	51号住居	5.9	6.3	1.0	無			
15	RF	硬砂岩	74号住居	4.9	6.7	1.7	有	直交		C
16	UF	砂岩	3住居	6.6	7.3	1.0	有	直交		C
17	RF	砂岩	76号住居	6.0	6.1	1.6	無			
18	UF	泥岩	63号住居	3.2	3.2	0.7	有	直交		D1＋F1
19	RF	泥岩	115号住居	6.8	5.4	1.5	無			
20	RF	細粒凝灰岩	1住居	5.0	6.5	1.8	有	直交＋平行		E1＋E2＋F2
21	RF	泥岩	63号住居	3.2	3.2	0.7	有	直交＋平行		E2
22	UF	安山岩	68号住居	3.3	5.4	0.7	無			
23	UF	チャート	36住居	3.2	3.3	1.3	無			
24	UF	凝灰岩	111号住居	3.1	3.4	1.4	無			

か一方のものが多かったことは，剝片刃器が万能の利器として用いられていたのではなく，使う状況がそれぞれ限定されていたことを示している。

　使用痕光沢は，主にD2・Eタイプが主体であった。D2タイプは骨・鹿角・木，Eタイプは皮・肉との接触時に生じる傾向があり（阿子島1989，御堂島1986），島嶼での刃器の利用は，動物等の解体やその部位の利用等に用いられたものと考えられる。この傾向は，本土の砂田台遺跡でもほぼ類似している。砂田台遺跡以外でも千葉県君津市常代遺跡や山梨県甲府市油田遺跡出土の剝片刃器の使用痕観察でも同様の結果を得ている（杉山2010a）。つまり，剝片刃器の利用に島嶼と本土で大きな違いがない。

　また，使用痕光沢において，イネ科植物との関連性が高いAタイプの光沢は，島嶼および本土の砂田台遺跡の剝片刃器からは検出されなかった。これまでにも弥生時代中期後葉の相模湾から駿河湾沿岸の遺跡出土の剝片刃器について，イネの収穫具として用いられていたのか否かを明らかにするため使用痕分析が試みられている（山田・山田1992，御堂島・小池2011）。しかし，山田らによって行われた静岡県の81点の資料のなかで4点（穂摘みによるものは2点のみ）のみが

植物の切断等の加工に用いられたにすぎない。御堂島らの研究によってもAタイプの光沢は検出されなかった。こうした先行研究ならびに今回の使用痕分析から，剝片刃器はコメの収穫具として用いられた可能性がかなり低いと言わざるをえない。

4　生業関連石器に関するまとめ

　生業活動に関わる石器について，形態的分析・使用痕分析・残存デンプン粒分析を行った。刃部を幅広くもつ横刃石器は，縄文時代後期以後の島嶼で出土するが，それらの使用痕をみると，イネ科植物の加工時に観察されるAタイプの使用痕光沢が確認されることはなかった。

　石皿と磨石は縄文時代から継続して，弥生時代まで用いられる石器である。特に弥生時代中期中葉以後に出土例が増加する。残存デンプン粒分析の結果，これらの石器は植物質食糧の加工に用いられたことが明らかとなり，根茎類や堅果類，そして雑穀類の粉食化の工程で用いられたことが明らかとなった。特に弥生時代中期中葉以降に雑穀類の粉食化が行われたことは新知見であり，石鏃の出土量の増加とあわせて考えると島嶼における農耕の始まりを示す可能性がある。

　黒曜石製石器は多種多様な器種構成から，石鏃と剝片刃器へと器種構成が減少する。黒曜石製石器は，動物質食糧のための狩猟具と加工具として用いられた。剝片刃器の使用痕観察からイノシシ等の動物の解体や骨角器の製作に用いられたと考えられる。これは黒曜石以外の石材で製作された剝片刃器にも当てはまる。石材の相違は，被加工物の硬度に従って，石材が選択されたためであろう。

おわりに

　本章では，既出資料と新しい発掘資料を中心に，理化学的手法や文化財科学的手法を用いて弥生時代の伊豆諸島における食糧資源の問題について検討した。その結果，島嶼における食糧獲得と生産は時空間軸で本土の遺跡と比較して，環境適応に起因した生業戦略が採られていたことがわかる。

　島嶼の食糧として，直良信夫の指摘以来問題となってきた島嶼でのイノシシについて，まず触れておこう。イノシシは縄文時代以来，主要な食糧源として利用されてきた。しかし，出土骨を分析した金子浩昌によれば，狩猟の対象となったのは成獣であり，幼獣の捕獲には，一定の制限がかけられていたのではないかと指摘している（本章 第2節 (2)）。つまり，イノシシを貴重な資源として，将来的に持続可能とするための意識が作用し，捕獲量を押さえ，資源維持の調整を行っていたのであろう。しかし，管理的な飼育形態を島嶼で行っていたかといえば，現状では否定的に考えざるをえない。伊豆諸島の1島で同時期に存在したであろう集落は，土器の様相から見て多くても2〜3集落と推定される。1集落の規模も，数軒単位で構成されており，本土のような数十軒単位の竪穴住居が作られる集住ではない。はたして，数軒単位の集落を維持するために組織的にブタの飼育と管理を行うことがあるのだろうか。また，弥生時代中期中葉以後では，残

存デンプン粒分析の結果，伊豆諸島でも雑穀類の利用が想定されたが，雑穀類を給餌されていたリュウキュウイノシシの炭素・窒素安定同位体の分析データと大きく異なる特徴を示した。それゆえ，伊豆諸島におけるブタの飼育・管理の可能性を低いとみる。

次に植物質食糧は本土と島嶼とでは異なる。本土（本論と関係のある関東地方南部）では神奈川県大井町中屋敷遺跡の調査でのコメ・アワ・キビなどの出土が示すように，すでに弥生時代前期の段階で穀物類の利用が開始されている（小泉・山本 2008）。イネの栽培・利用については，籾圧痕を有する条痕文土器がすでに弥生時代前期の島嶼の遺跡から出土するため，それらの情報は島嶼へ伝わっていた可能性はある。しかし，遊動的な居住形態を採るこの段階では島嶼内での水田経営の実施について現状では否定的にならざるをえない。

残存デンプン粒分析から，島嶼では弥生時代中期中葉に雑穀類の利用が開始されるが，明確なコメの利用は確認されていない。弥生時代中期中葉で小規模ながら定住生活を行うことで，雑穀等の小規模農耕が島嶼で実施されたのであろう。これは，この時期以降に石鏃が多く出土する傾向（橋口 2006）と整合的である。中期中葉は，本土では低地への集落の進出が進み，水田経営が行われているが，イネのみならず雑穀を含む複合栽培が実施されているのは，最近の炭化種子の出土例の増加が示している。そうしたなかで，雑穀栽培の技術が選択的に島嶼での生業に導入されていったと考えられる。

ただし，坊田遺跡の土壌を分析した渡邊眞紀子らによれば，坊田遺跡のトレンチ内で確認された遺物包含層の黒色土壌は，現代の畑土に勝るとも劣らない高い陽イオン保持能ＣＥＣと腐植含量を備えていた。しかし，このような特性は現代のようにｐＨ調整剤等がない段階においては，作物栽培の阻害要因になっていたと考えられる。それゆえ，遺物包含層からキビ族などの植物珪酸体が検出されているものの，それらが，栽培によるものではなく，島外から持ち込まれた穀類であった可能性もあるのではないかと指摘している（渡邊・茗荷・坂上 2011）。土壌の特性から植物栽培の問題に言及しており，たいへん興味深い。しかし，残存デンプン粒分析の結果から導いた雑穀栽培の開始の想定とは，矛盾するようにも思えるが，島嶼で栽培を行っていないとすると，本土でコメ・雑穀の複合的栽培が行われているなかで雑穀の実のみが選択され，食糧として島嶼に搬入されたのだろうか。もし，そのように想定するならば，弥生時代中期中葉から後葉において，食糧の維持のために大量に持ち込まれたこととなる。コメに比較して小さい粒の雑穀のその量を推しはかることは難しい。それゆえ，遺跡での土壌特性の調査の追加とその検討は今後必要であるが，本土で農耕が始まる中期中葉以降に石鏃の出土例が増えることと同調するかのごとく，石鏃の増加を理由の１つとして，現段階では島嶼における雑穀栽培の開始を想定しておきたい。

イノシシの飼育によるブタ化と水田経営という弥生時代の指標のいずれもが，島嶼の弥生時代の遺跡では確認されない。島嶼における小規模集落の維持のために，こうした技術を導入するリスクを考慮した場合，新しい生業活動を採り入れないという選択肢もありうる。それが「弥代文化」化の否定であり，「縄文文化の伝統の維持」とはイコールにはならない。陸上および海洋での狩猟・漁撈と小規模農耕を併用した複合的な生業活動が，島嶼における集落維持のための適応

戦略の1つであったのである。

註

1) 三宅島におけるアカウミガメの産卵状況については，三宅島自然ふれあいセンター アカコッコ館が刊行している研究報告書『Miyakensis』にて毎年報告されている。
2) 大里遺跡出土の炭化種子ヤブツバキは，（橋口1975）にてシイノミとして報告されている資料である。今回の研究において，三宅島教育委員会より資料を借用し，種子同定分析を依頼した。
3) 風化等のために年輪が見えず形成されていないと判断されることもある。そのため，必ずしも年輪が形成されていないということが家畜化を示しているとは限らない。
4) 図中の2・3・5については明治大学博物館に所蔵されている未報告資料を筆者が実測したものである。
5) 石器の使用痕分析の分析方法について記す。
   　観察に先立ち，石器の端部を無水エタノールで浸したティッシュペーパーで拭き，石器表面の汚れや油脂分を除去した。資料の観察には，落射照明付金属顕微鏡（オリンパス社 BX51）もしくはデジタルマイクロスコープ（キーエンス社 VHX100）を用いた。金属顕微鏡では100倍および200倍で観察した。撮影にはデジタルカメラを用い，深度合成を行った。デジタルマイクロスコープでは100倍および300倍で観察した。
6) 残存デンプン粒分析の分析方法について記す。
   　デンプン粒を含む植物を加工した石器には，石器表面の凹部に当時の植物の一部が付着している。その後，土壌に埋没する過程で，その植物は形状を消失するがデンプン粒質は土壌のなかに埋没し保存される。そこで石器の凹部の土壌を採取し，残存デンプン粒を抽出することとなる。
   　今回残存デンプン粒を抽出した手順は以下のとおりである。
   　1：石器全体を観察し，使用面（特に摩滅している部位）を特定する。
   　2：使用面で石材のくぼみ部分に洗浄しきれていない土壌が残っている部位を特定する。
   　3：2の部分に蒸留水を垂らす。場合によってはマイクロピペットの先端で窪み内の水と土壌を攪拌する。その後，窪み内に残る水をマイクロピペットで採取し，マイクロチューブに保管する。
   　4：105μmの篩を用いてマイクロチューブ内の土壌を含む水を濾過し，試験管に移す。
   　5：試験管に蒸留水を少量追加し，2000 rpmで10分間の遠心分離を行う。その後，試験管の底部から5μlを採取し，グリセリンを微量のせたスライドグラスに垂らし，カバーグラスで密閉する。最後に，カバーグラスの周囲をトップコートで塗り，固定化する。
   　6：サンプルスライドを透過型偏光顕微鏡（オリンパス社製 BX51）で観察する。まず100倍～200倍でデンプン粒の有無を観察し，検出された際には400倍で観察ならびに写真撮影（オープンニコル：デンプン写真の左側・クロスニコル：デンプン写真の右側）を行った。
7) 縄文時代中期から後期の大石山遺跡や弥生時代中期の大里遺跡では，比較的多くの石器が報告されているが，それでも出土量から考えてすべてが報告されているわけではない。実際に大里遺跡では，未報告資料のなかにRFやUFなどの剝片刃器が多数含まれているのを筆者は確認している。
8) 資料No.11（安山岩製）の石器は使用痕光沢が観察された。しかし，線状痕が確認されなかったため，線状痕の確認された石器数は8点となる。

第5章　島をめぐる弥生社会

はじめに

　前章までにて，島嶼における居住・自然環境・生産と流通・生業活動を論じてきた。本章では，島嶼で活動を行った弥生海人集団と本土との関わりについて弥生時代前期・中期・後期に分けて論じていく。

　第1節にて前期の問題を取り上げる。近年の発掘調査によって，弥生時代のコメ関連資料の出土が関東地方南部において増加しており，稲作の開始の有無が問題視されている。そこで，本州東南部（駿河湾・相模湾・東京湾沿岸・房総地域）の遠賀川系土器を取り上げる。遠賀川系土器の分布とその特徴を述べ，稲作を伝えた集団について他の遺物と併せて検討する。

　次に，第2節にて弥生時代中期の短期集落を分析する。問題点は，黒曜石や貝輪などの生産体制の構築とその流通構造における島嶼の機能を明らかにすることにある。そもそも，なぜ稲作等の生業活動に向かない島嶼に遺跡が築かれなければならなかったのか。その意義を示す。

　最後に第3節にて，弥生時代後期の問題を取り上げる。弥生時代後期の本土では，石器が消滅し，鉄器の普及が考えられている。しかし，伊豆諸島では，筆者が発掘調査を行ったココマ遺跡でのオオツタノハ製貝輪の生産活動など，非金属製物資の生産活動に従事する集団が存在している。とりわけ，この貝輪製作集団と関わりが強い海蝕洞穴遺跡の動態を示す。そして，弥生時代後期から普及する金属製の釧と貝輪との比較検討を通じて，弥生時代後期における弥生海人集団の特質を明らかにする。

第1節　稲作を伝えた集団

1　本州東南部の遠賀川系土器

（1）遠賀川系土器の集成

　日本列島に稲作農耕文化が伝播した直後から，西日本一帯に拡散した弥生時代前期の土器（遠賀川式土器）に影響を受けた土器が，遠賀川系土器である。遠賀川式土器の分布の東限は，伊勢湾周辺地域であり，その東側にあたる本州東南部地域では，条痕文土器が主体的に分布し，遠賀川系土器は客体的な存在である。これまで遠賀川系土器そのものの出土例が少なく，散発的であったため，具体的な検討が行われることは少なかった。かつて，関東地方出土の遠賀川系土器を分析した設楽博己は，農耕社会の土器である遠賀川式土器の動態を追求することは，東国におけ

る弥生時代の開始を考えるうえで重要であると指摘した（設楽1991）。設楽は遠賀川系土器を集成したうえで，関東地方で出土する遠賀川系土器は，すべて腹径が30cm内外の壺であり，大形・小形の壺が確認されないため（同28頁），壺・甕を携えた東北地方における遠賀川系土器の移動とは異なり，関東地方には集団の移動がなかっただろうと想定した（同40頁）。また，遠賀川系土器が出土する時期は，畿内第Ⅰ様式中段階から新段階で，一部は畿内第Ⅱ様式に併行するとした（同30頁）。そして，遠賀川系土器には遠賀川式土器に近いものから，模倣品また文様や器面調整の要素のみを取り入れたものなど，さまざまなものがあり（同33頁），遠賀川系土器の動態が複雑であることも指摘した。

　設楽の論文以後，しばらくは弥生時代前期の報告例がなかったが，近年各地で報告され，さらに地域的に関係がある伊勢湾沿岸域の弥生土器編年も整備されたため，ここで改めて検討したい。第60図には，本州東南部と一部参考資料として北関東の遠賀川系土器を示した。そして，第61図には伊勢湾沿岸域の資料として，愛知県清須市・名古屋市朝日遺跡と三重県津市納所遺跡の遠賀川式土器を呈示した。

　遠賀川式土器は，第61図の伊勢湾沿岸の資料にあるように壺・甕・鉢・蓋で構成されている。しかし，本州東南部で出土する遠賀川系土器は壺が大部分であり，壺以外の器種が出土しているのは，静岡県三ヶ日町殿畑遺跡（甕と甕用の蓋　第60図-2・3）と東京都新島村田原遺跡（甕　同図31）のみである。

（2）　遠賀川系土器の系譜・時期と分布

　関東地方で出土する遠賀川系土器は，伊勢湾沿岸の亜流遠賀川系（いわゆる赤焼き遠賀川式土器）に系譜を求めることができる（設楽1991：31頁）。資料が増えた現在においてもその傾向は変わらない。筒形の頸部から大きく開く口縁部と指頭押圧や刻みを施す貼付突帯，そして半裁竹管の背面を用いた沈線などは，伊勢湾沿岸の遠賀川式土器の特徴である。ただし，群馬県安中市注連引原遺跡（第60図-33）や千葉県四街道市御山遺跡（同図34）の遠賀川系土器は，すでに設楽が指摘しているように，模倣や一部技術を取り入れたにすぎない土器であり，直接的な系譜を伊勢湾沿岸に求めることはできない（設楽1991）。

　関東地方で出土する遠賀川系土器は，頸部に多重沈線文，ヘラ描き沈線，指頭押圧や刻みを施す貼付突帯などの文様を施し，前期でも新しい段階の一群である。時期は朝日遺跡出土資料を中心とした弥生土器編年のⅠ-3およびⅠ-4段階に該当し（石黒1992，永井2000），尾張編年のⅠ-5・Ⅰ-6様式（永井・村木2002）と考えられる。平沢同明遺跡では，突帯をもたず頸部に多重沈線を施すもの（第60図-8・9・10・12）と少条の沈線と1条の貼付突帯を施すもの（同図11），そして多段構成の貼付突帯と沈線をもつもの（同図14）など多様である。古くから知られている壺（同図14）は，前期最終段階（Ⅰ-4段階）に位置し，1条の刻目貼付突帯の土器（同図11）などはその前段階（Ⅰ-3段階）に位置づけることができる。そのほか，口縁内部に沈線装飾を施す田原遺跡（同図24）の土器などは，前期の土器でも最も新しい段階の一群に属する。ただ，大島町下高洞遺跡出土の破片（同図19）は削出突帯であり，Ⅰ-2段階までさかのぼりうる。

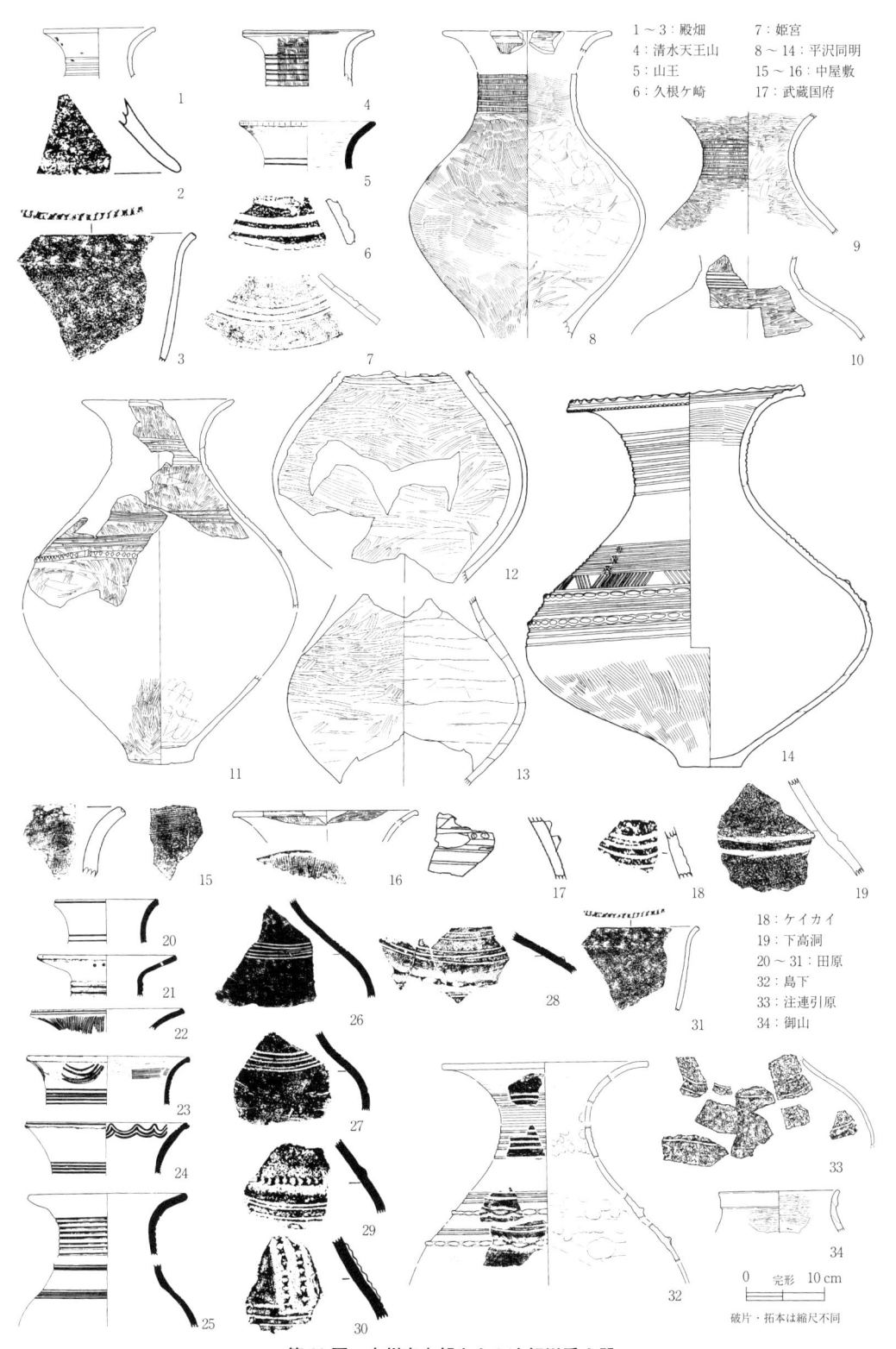

第5章 島をめぐる弥生社会 141

1〜3：殿畑　　　7：姫宮
4：清水天王山　　8〜14：平沢同明
5：山王　　　　　15〜16：中屋敷
6：久根ケ崎　　　17：武蔵国府

18：ケイカイ
19：下高洞
20〜31：田原
32：島下
33：注連引原
34：御山

0　完形　10 cm
破片・拓本は縮尺不同

第60図　本州東南部出土の遠賀川系土器

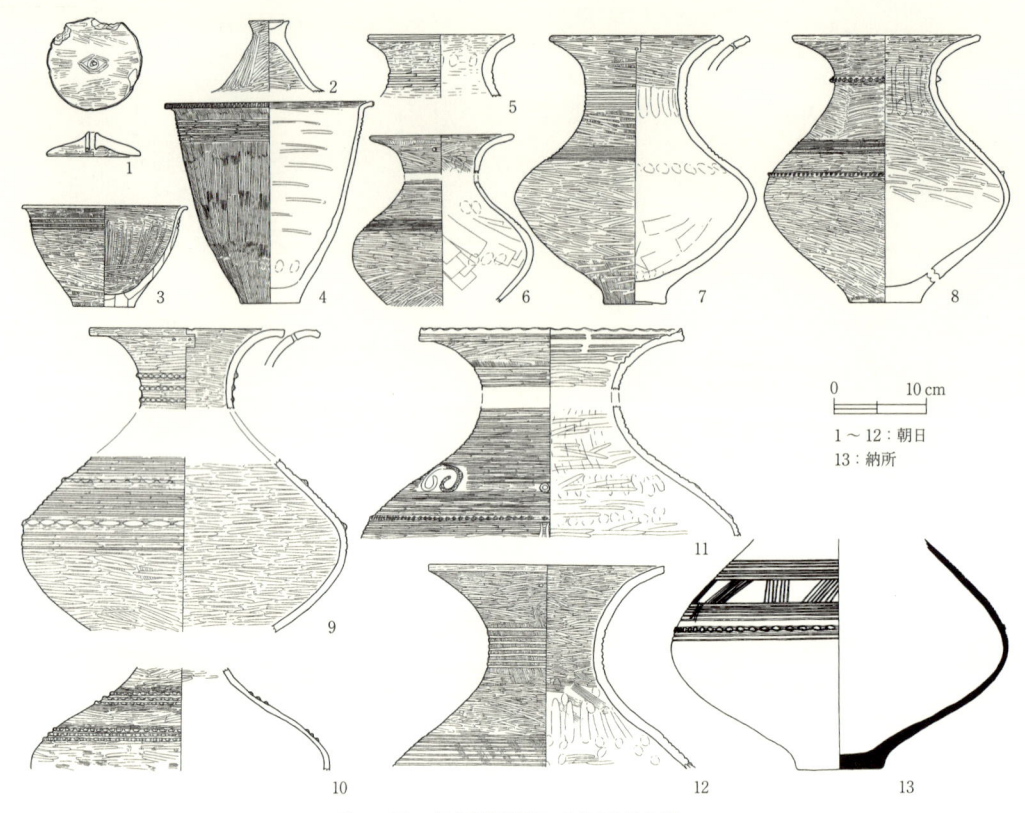

第 61 図　伊勢湾沿岸の遠賀川式土器

　壺の大きさに着目してみる。完形資料が決して多くないため，口径・器高・胴径などの法量比を数値で比較することはできないが，第 61 図に呈示した伊勢湾沿岸の遠賀川式土器を見るとおおよそ小形（胴部最大径約 20 cm）（同図 5～6）・中形（胴部最大径約 30 cm）（同図 7～8）・大形（胴部最大径約 40 cm 以上）（同図 9～13）の 3 種に分類することができる。伊勢湾沿岸域のそれぞれの大きさの遠賀川式土器の口径・頸径などを基準に比較してみると，本州東南部で出土する遠賀川系土器のなかで小形に比定されるものはなく，中形は殿畑遺跡（第 60 図-1）清水天王山遺跡（同図-4）・田原遺跡（同図 20・21），計 4 点のみである。そのほかはすべて大形の壺に当てはまる。設楽は土器の大きさの分類について，畿内地域の遠賀川式土器の分類（小林 1943，佐原 1967）に当てはめて，中形のみが出土すると指摘しているが，当該地域と関連性が高い伊勢湾沿岸地域の遠賀川式土器に照らし合わせてみると，その大部分は大形の壺であることがわかる。

　遠賀川系土器の分布は駿河湾から相模湾沿岸を中心とし，そのほか伊那谷に広がることが知られている。しかし，先に記したように房総半島北部から関東地方北部に分布する遠賀川系土器は，東海地方から関東地方南部に分布する遠賀川系土器もしく福島県三島町荒屋敷遺跡出土の遠賀川系土器など東北地方南部からの影響を部分的に受けた土器群であり，遠賀川系土器の本来的な分布圏からは外れる（第 62 図）。遠賀川系土器の分布は，駿河湾沿岸域では比較的薄く，むしろ伊

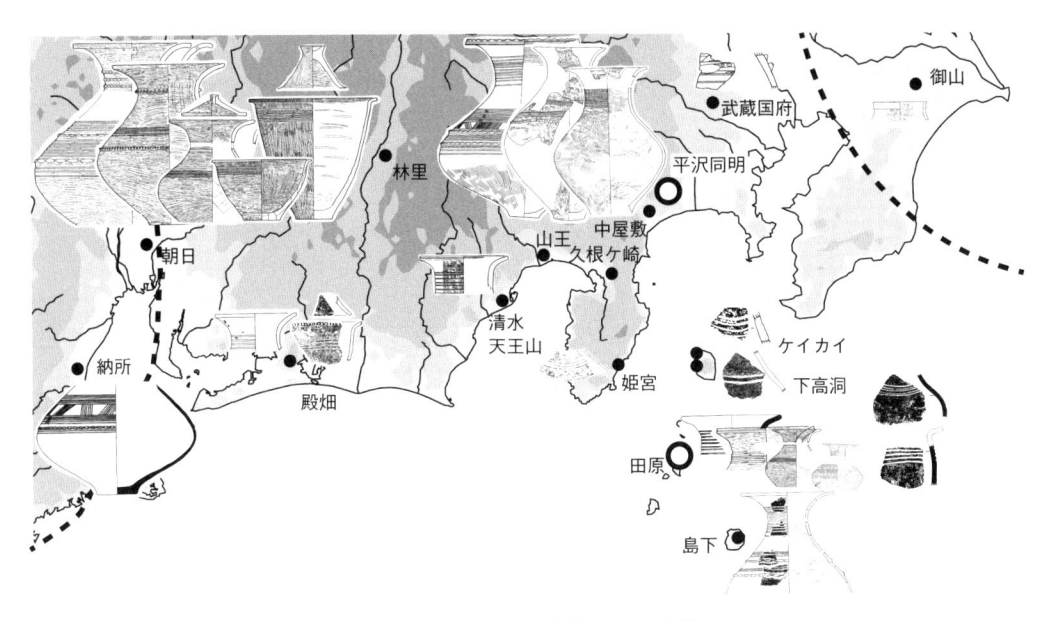

第62図　遠賀川式（系）土器の分布

豆諸島と相模湾沿岸域が濃い傾向がある。しかし，分布が濃く見える地域においても，確認されている資料は破片資料が多い。複数個体の遠賀川系土器が出土している遺跡は，新島の田原遺跡と神奈川県秦野市平沢同明遺跡だけである。

2　弥生時代前期の炭化種子・種子圧痕
（1）弥生時代前期の資料集成

　第28表には弥生時代前期の植物栽培関連資料の集成を呈示した。水田遺構は，山梨県韮崎市宮ノ前遺跡（平野・櫛原1992）で検出されているのみで，他の地域では未確認である。中部高地から関東地方では，すでに縄文時代晩期後半段階でアワ・キビ・オオムギなどの種子圧痕が確認されており，穀物類の利用が弥生時代に先行して行われていたことが明らかになっている（遠藤2012）。しかし，コメは弥生時代前期後半段階に至らなければ，検出されていない。現段階で弥生時代前期のコメ関係資料が検出されているのは，島下遺跡・田原遺跡・中屋敷遺跡・平沢同明遺跡・上村遺跡・天正寺遺跡である（第63図）。千葉県成田市荒海貝塚では，荒海式土器に籾圧痕があると西村正衛によって報告されたが（西村1961），中沢道彦・丑野毅らによるレプリカ法によって，籾か否か判断保留となった（中沢・丑野1998）。この分布をみると，コメ関係資料は神奈川県西部から甲州地方に偏っている。神奈川県西部に同関係資料の出土が多い点は，遠賀川系土器の分布の様相と類似している。

（2）平沢同明遺跡2004-05地点の籾痕土器

　第28表の遺跡のなかの，平沢同明遺跡出土の種子圧痕に注目したい。平沢同明遺跡2004-05

第 28 表　弥生時代前期の植物資料

遺跡	所在地	種別	分析結果	検出された数	文献
中屋敷	神奈川県大井町	炭化種子	イヌシデ節 カラスザンショウ サルナシ トチノキ イネ キビ アワ	（括弧内は破片数） 4 1 3 (2＋少量) 393 (104) 16 1276	小泉・山本 2008
		炭化種子・果実	オニグルミ イヌシデ イヌシデ節 クリ クワ属 マタタビ属 キイチゴ属 アカメガシワ トチノキ ブドウ属 スベリヒユ属 イネ（炭化果実） イネ（炭化種子） キビ アワ	(30) 2 2 (3) 1 4 1 (10) 6 程度 (1) 1 (8) 163 (286) 46 (1) 705 (359)	小泉・山本 2010
		種実圧痕	キビ キビ属 アワ エノコログサ属 エノコログサ属―キビ属	23 4 17 5 1	
平沢同明	神奈川県秦野市	種実圧痕	イネ	2	戸田 2010
上村	神奈川県清川村	種実圧痕	イネ	1	鈴木・坂口 1990
島下	東京都三宅村	種子圧痕	イネ	1	真邊 2012
田原	東京都新島村	種子圧痕	イネ アワ キビ アワまたはキビ エノコログサ属またはキビ キビ属 イネ科 シソ属	4 10 15 2 3 3 1 1	Katsunori T., Eiko E., Hiroo N. 2011
天正寺	山梨県都留市	種子圧痕	イネ アワ キビ	6 10 2	中山・網倉 2010
宮ノ前	山梨県韮崎市	遺構	水田		平野・櫛原 1992
中道	山梨県韮崎市	種子圧痕	オオムギ		中沢・丑野 1998

地点からは，イネの種子圧痕をもつ土器が 2 点検出された（戸田 2010）。特に写真に示した 20 号土坑から出土した土器片が重要である（第 64 図）。この土器は壺の口縁部で 6 本の沈線が引かれ，その下段に縄文が施される（同図 1）。共伴する土器は，口縁部に太めの多条沈線を施す深鉢（同図 2～3）と口縁に押圧突帯がめぐり，その下に条痕を施す深鉢（同図 4）である。種子圧痕のある

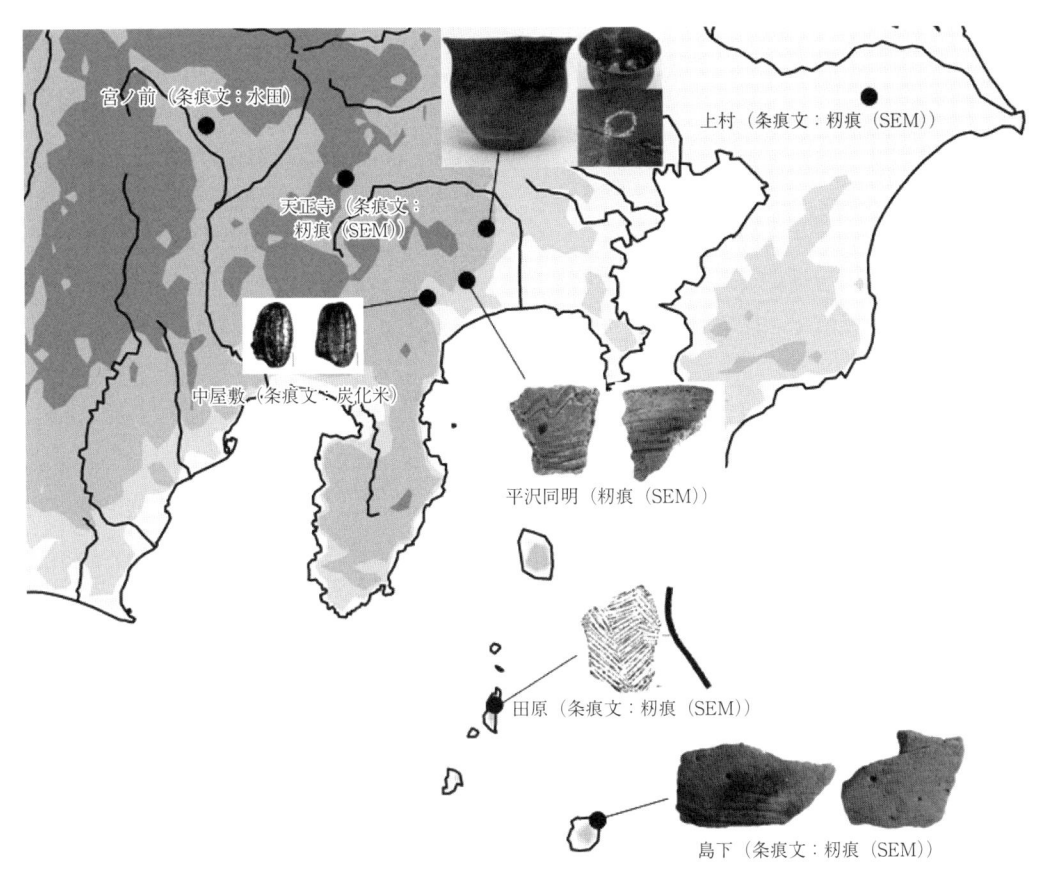

第63図　弥生時代前期のコメ資料の分布

　土器の時期は，共伴する沈線文の土器が神奈川県清川村宮ヶ瀬遺跡群（北原遺跡）などで出土しており（市川・恩田 1994），前期後葉の中屋敷遺跡などよりやや古めの様相を呈しているが，弥生時代前期後半の範疇である。
　これらの土器の胎土分析は行われていないため，その製作地を詳細に限定することはできない。しかし，島下遺跡での胎土分析の結果を参考にすると，縄文施文の弥生時代前期の土器は，伊豆半島から相模湾沿岸地域での製作が推定された（第1章参照）。また，弥生時代前期の土器の施文の地域性では，縄文施文は相模湾沿岸地域が最も多く，東海地方では確認されない。つまり，20号土坑出土のイネの種子圧痕を有する土器は，伊豆半島から相模湾沿岸の地域で製作された土器である可能性がきわめて高い。種子圧痕ならびに中屋敷遺跡にみる炭化米の出土は，弥生時代前期における相模湾沿岸での水田稲作の導入を暗示している。

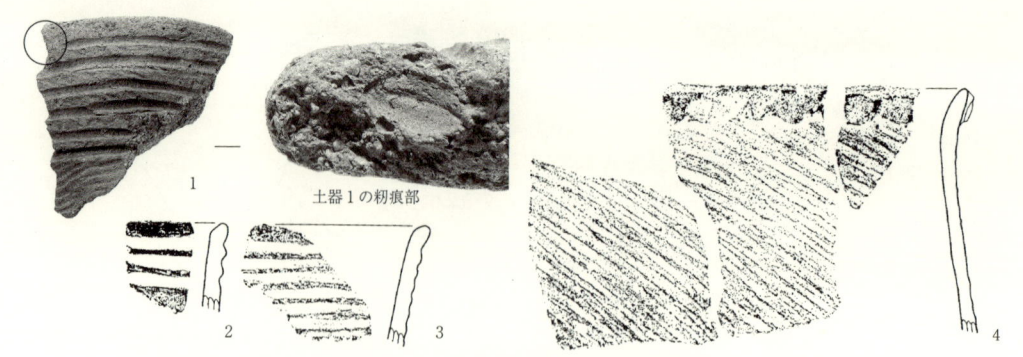

第64図　平沢同明遺跡出土の籾痕土器

3　島から伊豆半島そして関東地方南部へ
（1）砂糠崎産黒曜石の流通との連動

　伊豆諸島から相模湾沿岸で多く出土する遠賀川系土器とコメ関連資料はなにを表しているのか。弥生時代前期のコメ関連資料と遠賀川系土器の分布と類似するものに第3章で取り上げた神津島の砂糠崎産黒曜石がある（第32図参照）。

　砂糠崎産黒曜石は，非常に分布範囲が限られており，伊豆諸島から伊豆半島そして神奈川県西部に分布する。田原遺跡や下高洞遺跡において，筆者らが行った産地推定分析では，時期が新しくなるにつれて，砂糠崎産黒曜石が占める比率が高くなり，弥生時代前期にピークを迎える。また，分布の特徴として，神奈川県西部から伊豆半島の遠賀川系土器が出土する遺跡では，砂糠崎産黒曜石が伴っている。一方，遠賀川系土器を出土しない神奈川県清川村上村遺跡や北原遺跡では，砂糠崎産黒曜石が出土していない。つまり，砂糠崎産黒曜石と遠賀川系土器との間に強い相関性を読み取ることができる。そして，弥生時代前期後半の土器は，条痕文土器が主体的であるが，縄文施文の土器が一定量含まれている。これは本土でも島嶼でも同じである。つまり，島嶼から本土への一方的な動きではなく，島嶼と本土との双方向的な交流が行われていたため，伊豆諸島の遺跡からも縄文施文の土器が出土したのである。

　次に伊豆諸島の遺跡における遺構について，竪穴住居を中心に見ていく。第29表には，縄文時代後期から弥生時代中期の遺構の種類と検出数の一覧を示した[1]。遺物が採集されただけで発掘調査が行われていない遺跡については，横線で記した。

　長期集落で竪穴住居が検出されているのは，利島の大石山遺跡と三宅島の友地遺跡の2遺跡のみである。大石山遺跡では縄文時代中期後葉の竪穴住居が2軒，後期初頭の敷石住居が1軒検出されている。友地遺跡では縄文時代後期中葉ならびに晩期初頭の竪穴住居が各1軒ずつ検出されている。大量の砂糠崎産黒曜石が出土した田原遺跡では，屋外炉が2基検出されているだけである。オオツタノハ製貝輪の生産遺跡である下高洞遺跡では，調査範囲が貝塚部分であったことにもよるが，竪穴住居の検出はない。三宅島の島下遺跡では，4基の屋外炉と2基のピットが確認され，調査担当者の橋口尚武は竪穴住居の存在を推測している。

第29表　伊豆諸島で検出された遺構一覧

島	遺跡	時期	調査面積(m²)	竪穴住居	配石遺構	屋外炉	土壙墓	土坑・ピット	貝層	埋設土器
大島	波牛登り口	縄文時代後期前半(堀之内)	約60	0	0	0	0	7	0	0
大島	波牛登り口	縄文時代晩期後半	約60	0	0	0	0	0	0	0
大島	カン沢	弥生中期後葉(Ⅳ-1)	−	1	0	0	0	0	0	0
大島	カン沢	後期前葉(Ⅴ-2)	−	0	0	0	1(土器棺)	0	0	0
大島	ケイカイ	弥生時代前期	−	0	0	0	0	0	0	0
大島	ケイカイ	弥生時代中期後葉(Ⅳ-1)	−	0	0	0	0	0	0	0
大島	下高洞	縄文時代中期〜弥生時代中期前葉	80	0	0	0	0	0	1	0
利島	大石山	縄文時代中期後葉(曾利Ⅳ)	131	1	0	0	0	0	0	0
利島	大石山	縄文時代中期後葉(曾利後半)	131	1	0	0	0	0	0	0
利島	大石山	縄文時代後期初頭(称名寺)	131	1(敷石)	0	0	0	0	0	0
利島	大石山	縄文時代後期前半(堀之内)	131	0	2	0	0	0	0	0
利島	ケッケイ山	弥生時代中期中葉(Ⅲ-1)	70	1	0	0	0	0	0	0
新島	渡浮根	縄文	未調査	0	0	0	0	0	0	0
新島	田原	縄文時代後期中葉(加曾利B・安行Ⅰ・Ⅱ)	66	0	1	2	0	0	1(6層)	0
新島	田原	縄文時代晩期末・弥生中期前葉	66	0	0	2	0	3	0	0
新島	田原	縄文時代中期後半(曾利Ⅳ式)	28	0	0	0	0	0	0	1
神津島	向山	縄文時代中期後葉〜後期中葉(加曾利B)	−	0	0	0	0	0	0	0
神津島	菊若	縄文時代中期後葉	−	0	1	0	0	0	0	0
三宅島	友地	縄文時代後期中葉(加曾利B1)	10	1	0	0	0	0	0	0
三宅島	友地	縄文時代晩期初頭(安行Ⅲb)	10	1	0	0	0	0	0	0
三宅島	島下	縄文時代晩期〜弥生時代中期前葉	16	0	0	4	0	2	0	0
三宅島	大里	弥生時代中期中葉(Ⅲ-2・3)	730	6	0	0	9	7	0	0
三宅島	坊田	弥生時代中期後葉(Ⅳ-1)	169	2	0	0	0	13	0	0
三宅島	ココマ	弥生時代中期後葉〜後期前葉(Ⅴ-2)	−	0	0	1	0	0	1	0
三宅島	西原D	弥生時代中期後葉〜後期中葉(Ⅴ-3)	未調査	0	0	0	0	0	0	0

　このようにみてみると，田原遺跡や下高洞遺跡のように大量の土器や石器などの遺物を出土する遺跡であっても，検出される遺構はきわめて少ない。田原遺跡の調査は谷地形に細長いトレンチを設定しているにもかかわらず，居住遺構が検出されなかった。このことは，遺構（特に竪穴住居）自体を多く形成しない状態での生活であり，そこで想定されるのは，竪穴住居以外に居住空間を求めたのか，もしくは遊動性が高い生活である。この時期の本土においても，竪穴住居の検出はきわめて少なく，多くの場合は遺物集中部（ブロック）や土坑が見つかるにすぎない。島嶼が決して特殊なわけではない。筆者は，この段階を遊動性の高い生活形態であったと推定する。こうした本土と島嶼を往還するヒトの交流のなかで，コメ・遠賀川系土器・砂糠崎産黒曜石が伊豆半島から神奈川県域へともたらされたと考える。

（2）　なぜ平沢同明遺跡をめざしたのか

　伊豆諸島から北上し，伊豆半島そして神奈川県西部に展開した遠賀川系土器は，内陸部の平沢同明遺跡で集中して出土している。平沢同明遺跡では4次調査で完形資料1個体，0404地点で2個体，9301地点で4個体，0405地点に11個体で，少なくとも18個体の遠賀川系土器が出土している。関東地方南部で出土する遠賀川系土器は，1遺跡あたり1〜2点程度ときわめて少量であることが多い。平沢同明遺跡は，比較的発掘調査が多く行われていることも作用しているかもしれないが，出土点数が突出している。

　なぜ伊豆諸島から伊豆半島そして神奈川県域へと北上し遠賀川系土器や条痕文土器を携えた集団が最初の平野である足柄平野に遺跡を築かずに，山を1つ越えた秦野盆地に集落を築くこと

になったのか，この点に言及しておきたい。筆者は，富士山の火山噴火に伴う地質的な環境の変化が大きく影響したと考える。

縄文時代後期中葉（加曾利B2式土器段階）以降，神奈川県西部から静岡県東部の地域の遺跡数は激減している。その理由は加曾利B1式期から，後期末（安行2式期）まで，短期間に集中した大規模な噴火活動による自然環境の変化が生じたためである（杉山・金子2013）。後期末の砂沢スコリアの堆積後，足柄平野は大きな地形の改変を余儀なくされた。それが，富士山の山体崩壊にともなう御殿場泥流堆積物（Gomf：町田1964）の堆積である。およそ2900年前（AMS年代測定で1δcal BC940−BC890）の御殿場岩屑なだれによる泥流堆積物は，その後の泥流による二次的な分布の広がりを含めて富士山東麓から小田原の中央を流れる酒匂川まで分布している（宮地・富樫・千葉2004）。御殿場泥流堆積物の足柄平野での厚さは，上流（山北町から開成町付近）で40m，下流の鴨宮で数十cmであり，堆積層は粗粒の砂層と細粒層の互層で形成されている（山崎1994：73-74頁）。年代測定の結果によれば，発生から200〜300年間は，複数回の二次的泥流が続き，泥流堆積物は足柄平野まで到達していたと考えられている（宮地・富樫・千葉2004：246頁）。

弥生時代前期後葉の中屋敷遺跡の炭化米の年代は，BC590〜BC400前後に集中している。つまり，中屋敷遺跡にヒトが遺跡を営みはじめた時期は，御殿場泥流層から生じた二次的な泥流層の発生の最終段階に前後しており，足柄平野が数十mかさ上げされ，地表面には，砂礫層がむき出しになっている状況であったと推定される。

遠賀川系土器の故地である伊勢湾沿岸の愛知県春日井市松河戸遺跡では，低地における灌漑型水田が弥生時代前期前半から行われている（山田2005）。弥生時代前期後葉に伊豆諸島から北上してきた集団の一部には，沖積地における水田経営の情報や技術をもち合わせていた可能性が強い。しかし，実際に足柄平野に降り立ってみると，御殿場泥流層の砂礫層が広がっており，雑穀類の畠作地や水田可耕地としては不適合だったのかもしれない。そのため，山を1つ越えた秦野盆地の一角に平沢同明遺跡という交流の拠点を築いたと思われる。かつて，大島慎一が足柄平野の弥生時代の遺跡の特徴として，前期から中期初頭の段階は台地上に遺跡が多く確認されると指摘しているが（大島1997），これは足柄平野で可耕地を求めた場合，台地の上へと上がらざるをえなかった結果だったのだろう。

第2節　弥生時代中期中葉以後の本土と島嶼の関係

1　遊動から定住へ
（1）　弥生時代中期中葉の伊豆諸島への移住

大島の下高洞遺跡・新島の田原遺跡・三宅島の島下遺跡で出土する弥生時代中期前葉の丸子式土器の段階を最後に，長期集落から短期集落へと伊豆諸島の遺跡群は変わる。丸子式土器に続く中期中葉（Ⅲ−1）段階の資料は，きわめて少なく利島のケッケイ山遺跡で出土するのみである。

ケッケイ山遺跡では，出土する黒曜石がすべて恩馳島産であり，竪穴住居も検出されるなど，丸子式土器の段階とは大きく異なる。その傾向は弥生時代後期中葉まで継続する。

中期中葉（Ⅲ-2～Ⅲ-3）の大里遺跡2次調査では，竪穴住居6軒・土壙墓と土器棺墓9基・土坑（ピット）7基が検出された。なかでも居住域と墓域が確認されたことは，伊豆諸島の他の遺跡には見られない特徴である。坊田遺跡では，筆者らの発掘調査により2軒の竪穴住居とピットが13基検出された。そのほか，大島のカン沢遺跡でも竪穴住居跡が検出されている。つまり，短期集落が営まれる弥生時代中期中葉以降の伊豆諸島では，竪穴住居を築き，島内に拠点を置く生活が行われていたのである。居住施設の存在は，定住性の高さを示し，この時期に遊動から定住へと変化したといえる。筆者は三宅島出土の弥生土器がすべて島外産で占められていたという土器の胎土分析の結果をふまえ，弥生時代中期における三宅島のこの定住は，本土からの「移住」によって行われたと考える。

（2）弥生時代中期後葉の遺跡間関係

伊豆諸島へ移住した集団群がどのように機能していたのか，立地から考える。ここでは遺跡が比較的多く見つかっている三宅島の弥生時代中期後葉から後期中葉を取り上げる。

ココマ遺跡が営まれた時期に，島内には富賀浜A遺跡ならびに西原D遺跡，伊豆墓地下遺跡が営まれていた（鷹野・杉山2009）。これらの遺跡の立地を見ると，ココマ遺跡と富賀浜A遺跡は海岸に面している（第65図）。伊豆墓地下遺跡と西原Dは海岸部からやや離れた緩斜面に位置している。

海岸に面しているココマ遺跡の眼前には御蔵島があり，富賀浜A遺跡の眼前には通称「三本岳」と呼ばれる大野原島がある。御蔵島ならびに大野原島は，オオツタノハの生息箇所であることが忍澤成視の現生貝調査の結果明らかになっている（忍澤2010）。

ココマ遺跡・富賀浜A遺跡・西原D遺跡では，部分的な発掘調査や採集資料があるのみで，集落の規模などには検討の限界がある。しかし，ココマ遺跡と富賀浜A遺跡が宮ノ台式土器の最末段階から後期前葉であるのに対して，西原D遺跡では，連続した山形文や後期中葉のS字結節区画文の土器片が採集されており，前者2遺跡よりも長く営まれている。また，これらの遺跡の土器は相模湾東部から三浦半島付近の型式的特徴をもつ土器群で占められており，それぞれの遺跡はみな有機的な関係にあると考えられる。地形的に良港として使われる爆裂火口や岬部に隣接するココマ・富賀浜Aの両遺跡は，オオツタノハ等の海洋資源を獲得しに渡航する際の，潮待ち時に滞在したキャンプサイトであろう。ココマ遺跡の貝を分析した黒住耐二によれば，ココマ遺跡は亜熱帯岩礁域の遺跡であるにもかかわらず，出土する食用貝の種類が少なく，手近で簡単に取ることができる貝だけを利用していた。貝塚層に含まれるカサガイなど食用貝の廃棄単位が数十個程度で構成されており，きわめて短い時間での滞在が想定された。また，出土陸産貝類には幼貝がないことからも，貝塚層が堆積したのは冬以外の季節ではなかったのかと推定した（黒住2009）。ココマ遺跡では，芹沢長介の調査時に石組み炉が検出され，今回筆者らの調査においても灰層が確認されたことから，ココマ遺跡は御蔵島へ渡るためのキャンプサイトと考えられ

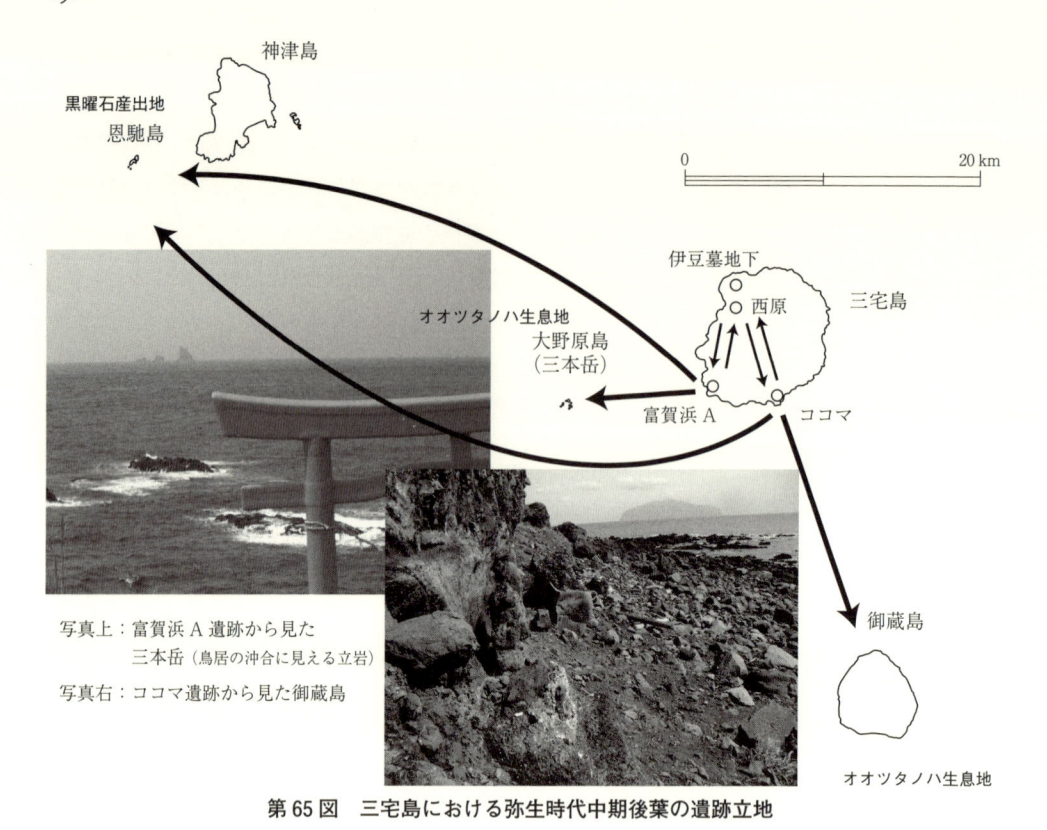

写真上：富賀浜A遺跡から見た
　　　　三本岳（鳥居の沖合に見える立岩）
写真右：ココマ遺跡から見た御蔵島

第65図　三宅島における弥生時代中期後葉の遺跡立地

る。荒波が直接当たる岩礁の潮間帯に生息するオオツタノハを捕獲するためには，大潮時の干潮が昼間になる春から初夏にかけてが最も適している[2]。オオツタノハの捕獲の時期とココマ遺跡の堆積層ならびにその季節性のデータとに整合性が認められる点も，ココマ遺跡がキャンプサイトとして利用されたことを裏づけている。

　一方，ココマ遺跡が火山噴火で廃絶した後にも集落が営まれていた西原D遺跡は，三宅島でのベースサイトの役割を果たし，おそらく集落が築かれていたと考えられる。この点は今後の調査に期待したい。

2　定住化の要因
（1）交易品の生産量の増加

　次になぜ伊豆諸島において定住が行われたのか，この点について論じたい。弥生時代中期中葉から後期の遺跡は三宅島と大島に集中する。とりわけ，三宅島は黒曜石の産出地である神津島より南に位置しており，遺跡が集中することに疑問が呈示されていた（青木1995：11頁）。

　伊豆諸島における長期集落と短期集落の相違は，竪穴住居の構築にみる遊動から定住への居住形態への変化，第3章にみた海洋資源を用いた交易品の大量生産，第4章にみた島内における食糧獲得基盤の変化の違いに現れている。ここでいう海洋資源とは，縄文時代から用いられてきた

黒曜石やオオツタノハである。これらの文物が，農耕社会である弥生時代において継続して使用・消費されていることを，縄文文化からの残存や影響と短絡的に解釈するのは，正しくないであろう。その生産と流通を取り巻く社会的状況を捉え直す必要があり，そこにこそ島嶼への移住と定住化の理由がある。

第30表 貝輪の再加工例

時期	個体数
縄文中期	2
縄文後期	14
縄文後期から晩期	1
縄文晩期	10
弥生中期	1

　縄文時代後半から弥生時代中期前葉までの下高洞遺跡や田原遺跡出土の黒曜石の大半が，流通範囲のきわめて狭い砂糠崎産黒曜石で占められているのに対して，弥生時代中期中葉（Ⅲ-2～Ⅲ-3）の大里遺跡出土の恩馳島産の黒曜石は，静岡平野から房総半島に至るまでの地域を流通の範囲としており，当該地域との交流を示す各地の資料も大里遺跡へもたらされている。弥生時代中期後葉（Ⅳ-5）から後期前葉（Ⅴ-2）のココマ遺跡でのオオツタノハ製貝輪の生産量も忍澤が指摘するように縄文時代のオオツタノハ製貝輪の生産遺跡である下高洞遺跡での出土量を上回っている（忍澤2009a）。

　そして，大里・ココマの両遺跡に共通しているのは，近隣で資源を獲得することが可能な地に遺跡を築いている点である。これらの遺跡を「原産地直下の大量生産型の遺跡」と呼称する。神津島産黒曜石の流通の拠点が三宅島に築かれる理由は，黒曜石のみならず，三宅島・御蔵島に生息するオオツタノハも含めた伊豆諸島の海洋資源を効率よく獲得するために，交通の要所として三宅島に拠点を据えた結果である。これが，弥生時代中期中葉から後期前葉にかけて，なぜ三宅島に遺跡が集中するのかという問題に対する答えである。

（2）　戦略的移住に基づく原産地遺跡の成立

　「原産地直下の大量生産型の遺跡」の展開に連動して，消費地における動向も変化をみせる。縄文時代後期から晩期に下高洞遺跡でオオツタノハ製貝輪を生産している段階では，消費地において破損したオオツタノハ製貝輪の再加工品が多く出土している（第30表）（戸谷2002）。これはオオツタノハそのものに見いだされた価値が，破損品においても変化することがなかったため，供給される貝輪の再利用が行われたためであろう。しかし，弥生時代になると再加工品の出土は激減し，中期中葉の八束脛洞穴遺跡のみとなる（飯島・外山・宮崎1994）。弥生時代ではオオツタノハそのものよりも，「腕輪」としての価値を見いだしているかのようである。特にココマ遺跡におけるオオツタノハの出土量，0.35 m^2で最小個体数38点という多さは，弥生時代の本土における「腕輪」の需要の多さを物語っている。

　次に三宅島の遺跡の立地と生業の基盤の視点から原産地遺跡成立の要因について述べる。長期集落が営まれていた島下遺跡や，縄文時代前期から中期まで継続した西原遺跡の立地は雄山からの傾斜が急で，現地形では海岸線まで溶岩流やスコリア丘が広がっており，平坦面はない。これに対して，大里遺跡や坊田遺跡は南東部および北西部の緩斜面に位置している（第2章 第16図）。火山島における限られた土地条件のなかで，大里遺跡や坊田遺跡は雑穀栽培を中心とした生業活動を行うのに適した，土地の意識的選択が行われている。そうした視点から見ると，黒曜石を獲得することができる神津島には，現在の地形を見る限り，緩斜面もしくは平坦面がなく，農耕を

営むには適さない。恩馳島という1つの資源の原産地までの距離よりも，複数の原産地への移動を考慮した土地選択が行われ，安定した農耕などの生業基盤を確保した集落経営が重要視されたのであろう。

以上，「長期集落」と「短期集落」における生産・交易活動にも大きな差を見て取ることができる。両集落ともに「海洋資源の獲得」を目的としたものであるが，その違いは大きい。弥生時代中期中葉から後葉の「短期集落」は，広域に流通した恩馳島産黒曜石の獲得と圧倒的な捕獲圧をかけたオオツタノハを用いた貝輪生産を行うために築かれた集落遺跡である。これらの集落は，東海地方東部から関東地方南部の弥生社会を維持していくうえでの物資流通の一翼を担う機能があり，本土からの戦略的な移住により原産地遺跡として営まれたと考えるほかない。

第3節　弥生時代後期の本土と島嶼の関係──海人集団・貝輪と金属製釧──

1　伊豆諸島の遺跡と海蝕洞穴遺跡
（1）　海蝕洞穴遺跡の動態

第3章のオオツタノハ製貝輪の未成品を述べた際に，本土では，その多くが三浦半島の海蝕洞穴遺跡で出土していることを指摘した。島嶼の遺跡と本土の遺跡との関連を検討するにあたり，三浦半島をはじめ伊豆半島ならびに房総半島に分布する海蝕洞穴遺跡との関係を外すことはできない。まず先にあげた3半島の弥生時代の海蝕洞穴遺跡の動態の分析から始める。第66図は出土土器をもとに海蝕洞穴遺跡と周辺の集落遺跡の消長を示したものである。海蝕洞穴遺跡では，集落遺跡に比較して，土器の出土量が総じて少なく，しかも破片資料が多いため，厳密に時期を絞ることは困難である。そのため，本図に示した遺跡の継続時期についても前後する可能性はあるが，おおよその傾向をつかむことはできる。

3半島に分布する海蝕洞穴遺跡のなかで，現段階で最も古い時期の利用例は，千葉県館山市出野尾洞穴遺跡の縄文時代前期である。特に近年行われた発掘調査では，十三菩提式土器が出土している（岡本・柳沢2012）。三宅島では伊豆灯台遺跡などで筆者は十三菩提式土器を採集しており，この段階からすでに伊豆諸島と海蝕洞穴遺跡との間に何らかの関係があった可能性がある。

三浦半島では，海蝕洞穴は約50穴確認されている（赤星1970）。そのうち，これまでに発掘調査されているのはおよそ20穴である。これらの洞穴で最も古い時期の資料を出土したのが間口東洞穴遺跡であり，縄文時代後期初頭（称名寺式土器期）までさかのぼる（川上・野内1997）。間口東洞穴遺跡は縄文時代後期後葉まで継続し，断絶する。縄文時代後期は房総半島においても多くの遺跡で資料が出土している。縄文時代晩期から弥生時代中期前葉までの間は，神奈川県三浦市雨崎洞穴[3)]遺跡や千葉県館山市の安房神社洞穴遺跡（岡本・柳沢2009・2010）など限られた洞穴でしか資料が確認されていない。

海蝕洞穴遺跡の消長をみると縄文時代では後期にピークがあり，弥生時代では中期中葉（Ⅲ－2）から中期後葉（Ⅳ－2）にピークがある。雨崎洞穴遺跡と間口東洞穴遺跡では，中期中葉の資

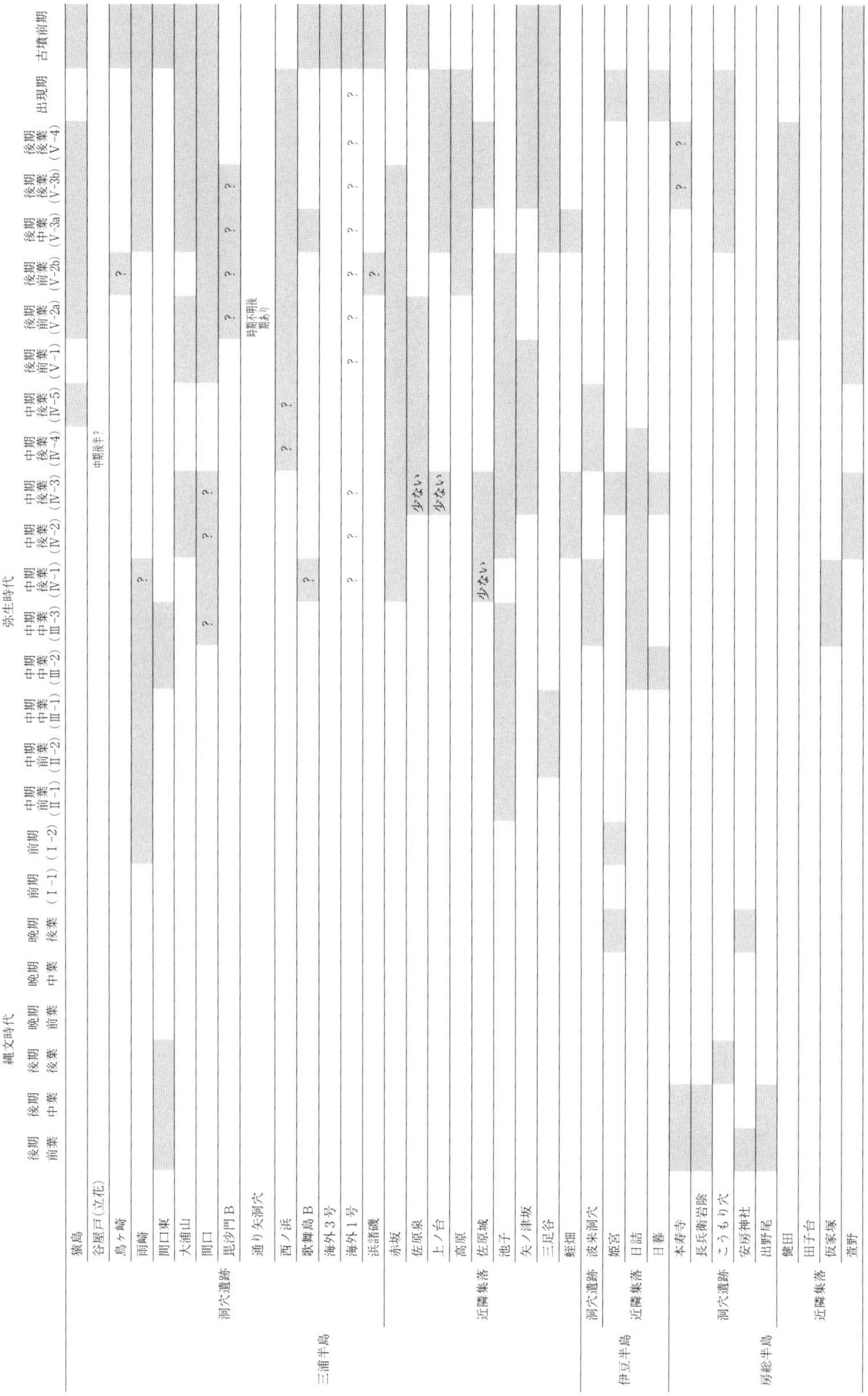

第5章 島をめぐる弥生社会　153

第 66 図　海蝕洞穴遺跡の動態

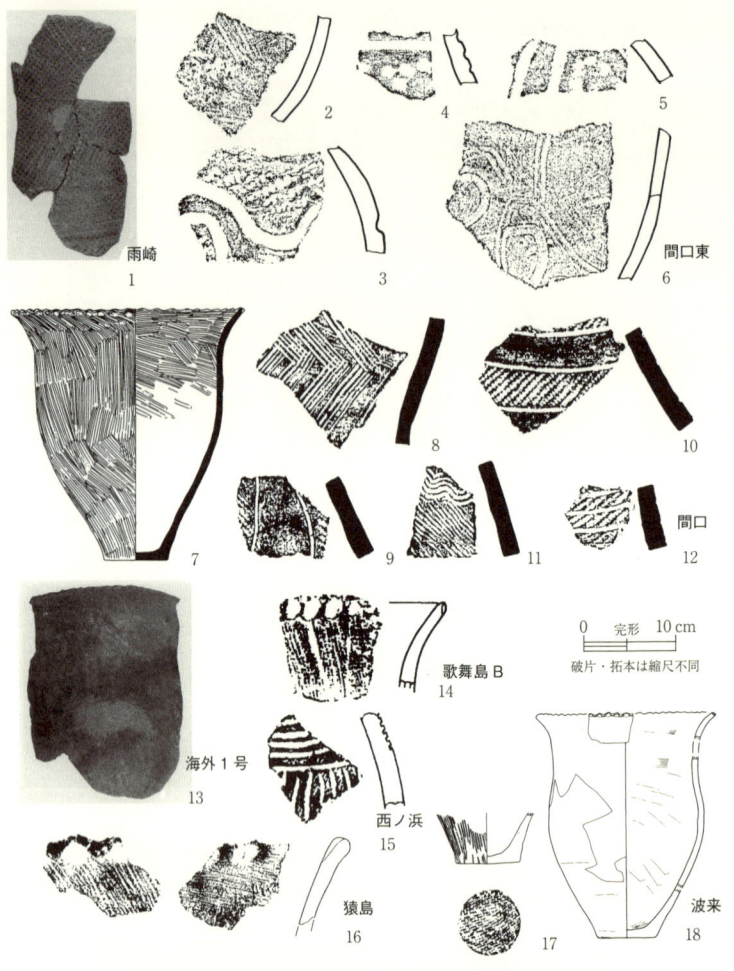

第67図　海蝕洞穴遺跡出土の弥生時代中期の土器

料がまとまって出土している（第67図-1〜6）。そのほか，大浦山洞穴遺跡（中村・諸橋1997）や間口洞穴遺跡（神沢1974）でも櫛歯工具による羽状施文の甕片（同図8）が出土しており，この時期における洞穴利用の可能性が高い。

しかし，その後，櫛描文による横帯文様が盛行する段階（Ⅳ-3）から壺の表面が赤彩され，文様帯が頸部と胴部上半に集中していく段階（Ⅳ-4）の資料はきわめて少ない。現在この時期の資料が確認されるのは，間口洞穴遺跡（同図9〜12）（神沢1973）・西ノ浜洞穴遺跡（同図15）（岡本・塚田・小川1983）と大浦山洞穴遺跡（中村・諸橋1997）のみである。宮ノ台式の土器の最終末の段階（Ⅳ-5）から後期にかけては，海蝕洞穴遺跡が増加している。特に後期中葉（Ⅴ-3a段階）以後に急増し，古墳時代まで継続する。

こうした三浦半島の海蝕洞穴遺跡の動態と，房総半島ならびに伊豆半島の海蝕洞穴遺跡を比較してみる。房総半島では，本論に関わる時期の洞穴が5穴確認されている。ただし，安房神社洞穴遺跡の縄文時代晩期後葉以後，こうもり穴洞穴遺跡や本寿寺洞穴遺跡など後期中葉（Ⅴ-3aもしくはⅤ-3b段階）までの間の遺跡が確認されておらず（岡本2002），三浦半島との違いが明瞭である。伊豆半島では海蝕洞穴遺跡は少なく，弥生時代の資料が出土しているのは河津町波来洞穴遺跡のみである（宮本1978）。波来洞穴遺跡からは，甕が2点出土している。1点は外面に条痕状の調整痕が残るものであり（同図17），もう1点は外面ナデ成形で，口唇部が指頭押捺ひねりで仕上げられている（同図18）。前者の土器は前期末から中期中葉もしくは後葉（Ⅲ-2〜Ⅳ-1）であり，後者は中期後葉でも後半（Ⅳ-4もしくはⅣ-5）と考えられる。

海蝕洞穴が分布する3つの地域のなかで，最も洞穴が利用されているのは三浦半島である。その利用時期において注目すべきは，宮ノ台式土器の櫛描文を伴う段階（Ⅳ-3からⅣ-4）の資料がきわめて少ないことである。その利用の低下は，伊豆半島の波来洞穴遺跡にも当てはまりそうである。この時期に台地状の集落遺跡である赤坂遺跡や池子遺跡では，断絶することなく，集落が継続して営まれている。それゆえ，海蝕洞穴の利用の低下が，三浦半島の遺跡数の減少とは結びつかない。むしろ，洞穴の利用が不活性だった時期と考えるべきであろう。

島嶼の遺跡の消長と比較してみると，三浦半島で低調となる時期は，坊田遺跡が廃絶し，ココマ遺跡が営まれるまでの間となり，島嶼の遺跡と海蝕洞穴遺跡の消長がほぼ一致している。海蝕洞穴遺跡の形成は，台地状の集落との関係よりも，むしろ島嶼を含めた海域における活動の盛行と結びつきが強い。

（2） 大浦山海蝕洞穴遺跡の利用とその変化

海蝕洞穴は遺跡としてどのように利用されているのか，詳細な報告書が刊行されている三浦市大浦山洞穴遺跡（中村・諸橋1997）を例にあげ検討してみる。大浦山洞穴遺跡は三浦半島の先端，東京湾側に位置する海蝕洞穴である。大きさは，入り口が幅5m，奥行き20mほどである。1949年（昭和24）と1962年（昭和37）に赤星直忠らによって発掘が行われた。堆積層は7層確認され，他の海蝕洞穴遺跡と同様に灰・炭化物・混貝（砂）土層からなっていた。また上層には古墳時代の墓が認められた。各層序の遺物の特徴は以下の通りである（第68図上段）。

1層：古代から近世の遺物を含む。

2層：岩陰墓が伴う。古墳時代後期の坏が伴う。

3層：灰と炭化物の互層。古墳時代後期の坏が多い。

4層：上層からは古墳時代後期の坏が多く出土した。そのほか古墳時代前期のS字状口縁台付甕（以下，S字甕と略す）・布留式甕（1点）・高坏（4点）・壺・小形の鉢，そのほか僅かながら宮ノ台式土器の甕片・弥生時代後期の甕片も確認された。貝輪未成品1点。アワビの殻が多く検出された。

5a層：弥生後期中葉から後葉の壺少数・弥生時代後期中葉・後葉の甕多数・S字甕（11点）・土師器台付き甕・古墳時代後期の甕，貝輪未成品2点。

5b層：S字甕（2点）・器台（2点）および弥生時代後期前葉の甕破片多数と後期中葉の壺破片多数，貝輪未成品3点。

6層：宮ノ台式土器の壺破片1点と甕の破片多数および後期中葉の壺破片1点，貝輪未成品多数（49点）。

7層：宮ノ台式土器の甕の破片と貝輪未成品。

ここで注目するべきは，6層である。同層からは集中して49点の貝輪の未成品が出土している（同図7〜13）。6層は宮ノ台式土器（Ⅳ-4〜Ⅳ-5）を主体として（同図1〜4），頸部下位に段をもつ甕（同図5・6）や口縁部に輪積み痕を1段残す甕があることから後期前葉まで時代が下る可能性もある。その後，5層（後期から古墳時代前期）では12点の貝輪未成品（5a層2点・5b

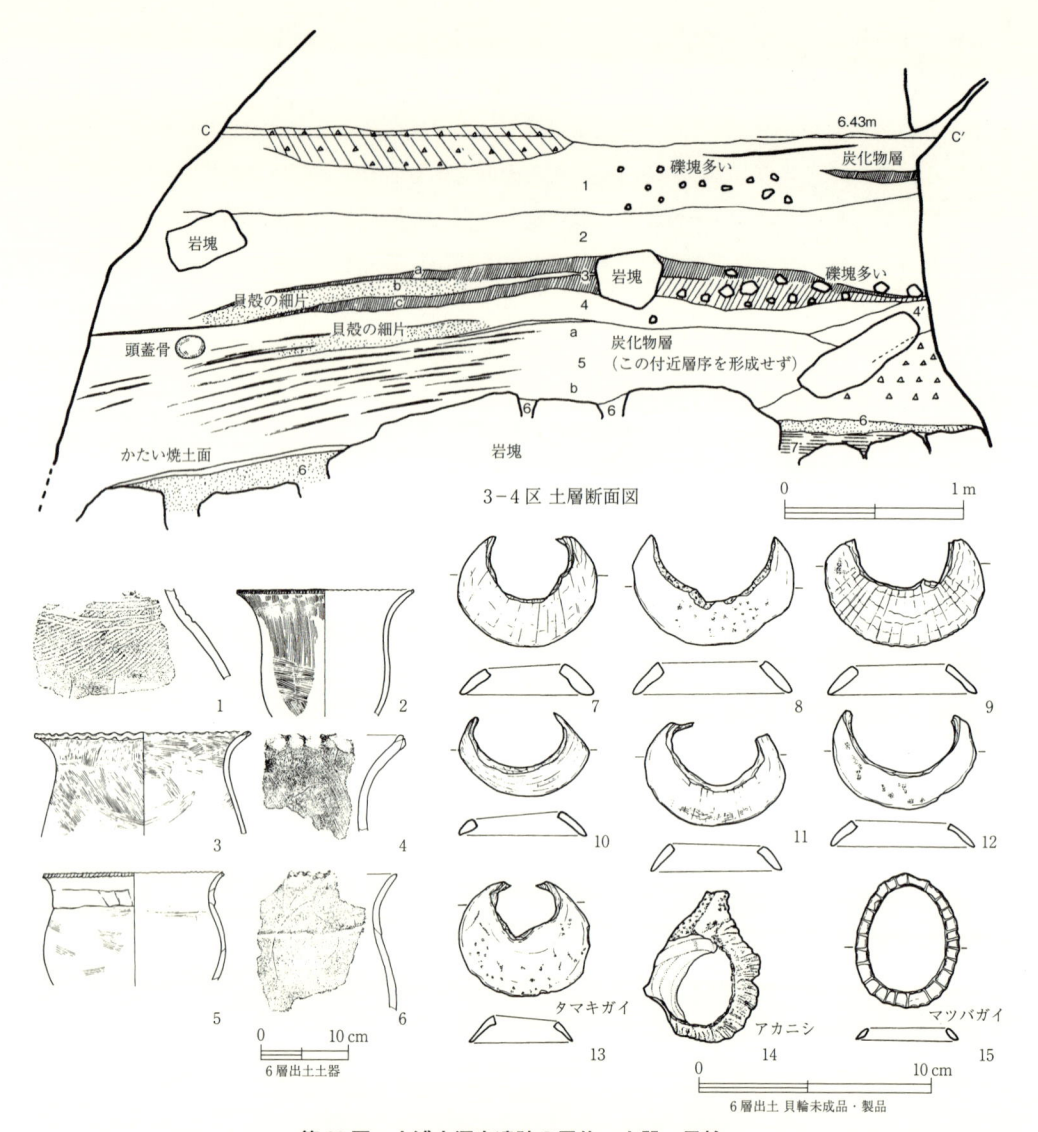

第68図　大浦山洞穴遺跡の層位・土器・貝輪

層3点・5層7点）が出土しており，貝輪の生産活動が低調となる。そして，上層の3層・4層（ともに古墳時代の層位）からは1点のみであり，ほとんど貝輪の製作が行われていない。

　出土土器の特徴をみると，6層では甕が中心であり，壺は客体的である。5層の弥生時代後期の資料をみると，甕に加えて壺が一定量伴う。そして，古墳時代前期になると壺・甕に加えて，器台や高坏などが加わるとともに，在地系土器のみならず，S字甕や布留式土器など遠隔地の土器を伴うようになり，海蝕洞穴遺跡出土の土器の変化がうかがえる。

（3） 三浦半島の海蝕洞穴遺跡における貝輪生産の意義

　現段階で，未成品や残滓の出土などから，貝輪製作が行われていた三浦半島の海蝕洞穴遺跡は，雨崎洞穴遺跡・大浦山洞穴遺跡・間口洞穴遺跡・毘沙門洞穴遺跡である（釼持1996, 釼持2008, 忍澤2013）（第31表 忍澤2013を参考に作成）。貝輪が製作されている時期は，弥生時代中期後葉から後期前葉である。例えばタマキガイ製貝輪の製作と受給をめぐり，大浦山洞穴遺跡や雨崎洞穴遺跡で製作されたものが，未成品が出土しない海外洞穴遺跡に向けて搬出されるなど海蝕洞穴遺跡間での供受関係も想定される。しかし，実際には中期後葉の茨城県ひたちなか市差渋遺跡では，オオツタノハ以外の貝輪（サトウガイ製4点）が出土していることを考えると，少なくとも関東地方には弥生時代中期後葉から後期前葉に貝輪が装飾品として一般化していたと想定される。その貝輪の需要の高まりに応えるための貝輪の製作が三浦半島の海蝕洞穴遺跡で行われていたと考えられる。

　貝種は多種多様にわたるが，縄文時代に多く利用されたベンケイガイが弥生時代になると用いられなくなり，タマキガイ主体へと変化していく。タマキガイは地形や潮流の影響を受けて死殻が打ち上げられる地点があり（忍澤2013），その1つが三浦半島の大浦山洞穴遺跡や雨崎洞穴遺跡の近くの海岸である（釼持2008：44頁）。局地的に集積する打ち上げ貝を素材として利用した集団が，弥生時代の三浦半島に現れたのである（忍澤2013：58頁）。ただし，忍澤も指摘しているように，すでに縄文時代にもベンケイガイが大量に打ち上げられた地点の付近で貝輪の製作が行われていた（忍澤2013：58頁）。いわば原産地での貝輪製作遺跡の形成という性格そのものはすでに縄文時代に形成されていたのであり，弥生時代になって遺跡の立地の変化が，利用される貝種の変化を促したと理解できる。

　ただし，弥生時代になると，オオツタノハなど稀少貝へ傾倒し，三宅島や御蔵島への貝の捕獲のための遠征が行われ，その未成品の一部が三浦半島の海蝕洞穴遺跡に持ち込まれたのである（忍澤2013：59頁）。なおかつ，その洞穴で在地産貝の貝輪製作が行われていることを考え併せる

第31表　三浦半島における貝輪の製作

遺跡	貝種	時期	備考
雨崎	サトウガイ(8)・タマキガイ・アカニシ・マツバガイ(10)・オオツタノハ・ウミギク科	弥生時代後期	マツバガイ未成品6点
大浦山	タマキガイ(67)・オオツタノハ(1)・マツバガイ・ウノアシ	弥生時代中期後葉〜後期前葉	タマキガイ・オオツタノハ・マツバガイはすべて未成品
間口	タマキガイ・オオツタノハ(2)		オオツタノハの1点は製品
毘沙門	マツバガイ・イタボガキ・サルボウガイ・オオツタノハ		すべて未成品
海外	オオツタノハ・タマキガイ		オオツタノハの1点は製品，タマキガイは製品
赤坂	タマキガイ	弥生時代中期後葉	未成品
池子	マツバガイ(1)・アカガイ(1)・ベンケイガイ(1)・サトウガイ(2)	弥生時代中期後葉	サトウガイ・アカガイは未成品

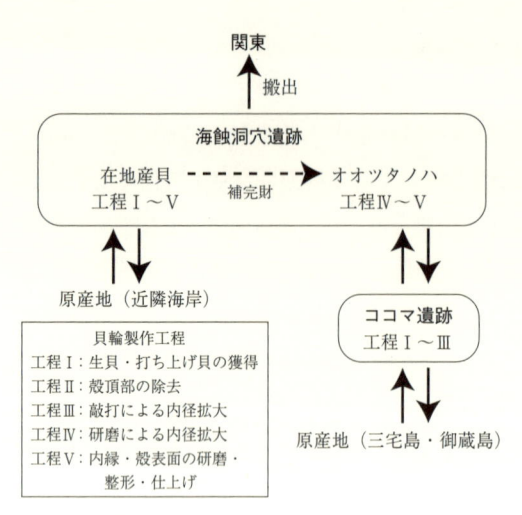

```
関東
 ↑ 搬出
┌─────────────────────┐
│   海蝕洞穴遺跡      │
│ 在地産貝 ----→ オオツタノハ │
│ 工程Ⅰ~Ⅴ  補完財  工程Ⅳ~Ⅴ │
└─────────────────────┘
   ↕         ↕
原産地（近隣海岸） ココマ遺跡
              工程Ⅰ~Ⅲ
┌───────────────────┐  ↕
│    貝輪製作工程    │ 原産地（三宅島・御蔵島）
│ 工程Ⅰ：生貝・打ち上げ貝の獲得 │
│ 工程Ⅱ：殻頂部の除去 │
│ 工程Ⅲ：敲打による内径拡大 │
│ 工程Ⅳ：研磨による内径拡大 │
│ 工程Ⅴ：内縁・殻表面の研磨・ │
│     整形・仕上げ │
└───────────────────┘
```

第69図　オオツタノハと在地産貝の位置づけ

と，三浦半島の海蝕洞穴遺跡における貝輪製作は，オオツタノハ製貝輪の供給工程の一部として組み込まれたのであろう。タマキガイなど在地産貝は，稀少性の高いオオツタノハ製貝輪の補完財として製作され，弥生時代における腕輪装飾品の供給を維持していたものと位置づけられる（第69図）。

2　弥生時代後期における金属製釧

　ココマ遺跡や三浦半島の海蝕洞穴遺跡で貝輪が製作されていた弥生時代中期後葉から後期前葉の時期に，金属製の腕輪がすでに関東地方では流通していた。その3例をまず紹介する。

（1）　千葉県袖ヶ浦市荒久（1）遺跡出土の銅釧

　荒久（1）遺跡では，隣接する同（2）遺跡と合わせて22基の方形周溝墓が検出された。銅釧が出土した008号方形周溝墓は，南端に位置し，大きさは9.85mである（第70図）。検出されている方形周溝墓群のなかで最大ではないが，大形の部類に入る。008号方形周溝墓の主体部の木棺部から，青銅製の腕輪が破片を含めて8点出土した。一部連装されていることからオリジナルでは5連で被葬者の右手首にあったと報告者は推定している（小林・高梨1999）。

　銅釧は，内径53.5~56.5mm，幅は10.5mmである。釧の端部は斜めに面取りされている。また，主体部からは84点のガラス小玉が出土している。

　遺構の時期は方形周溝墓の溝出土の土器からみて弥生時代後期前葉（Ⅴ-1）に属する。

（2）　千葉県市原市御林跡遺跡出土の銅釧

　御林跡遺跡の199号遺構ならびに206号遺構の主体部からは，銅釧が右尺骨・右橈骨に装着された状態で検出されている。弥生時代後期前葉の199号遺構は，9.4m×8.6mの大きさの方形周溝墓で，検出されている方形周溝墓群においても大形の部類に属する。墓中央の主体部からは，5連の青銅製釧が人骨を伴って出土し，そのほかガラス小玉が14点，管玉1点が検出された（第71図）。青銅釧に伴う人骨は女性と推定されている（木對2004）。

　銅釧は，内径50.0mm~59.0mmであり，幅は0.8~1.0mmである。釧の端部は荒久（1）遺跡同様に斜めに面取りされている。出土土器は，沈線区画の斜格子線文の壺，口縁部外面無段で羽状縄文を施す鉢，頸部下位に段があり，刻み目を施す甕などであり，後期前葉（Ⅴ-1・2）と考えられる。

第 5 章 島をめぐる弥生社会 159

008号方形周溝墓
主体部遺物出土状況

008号方形周溝墓遺物出土状況

荒久（2）遺跡

荒久（1）遺跡

荒久（1）方形周溝墓 配置図

008号方形周溝墓 出土土器

008号方形周溝墓 出土銅釧

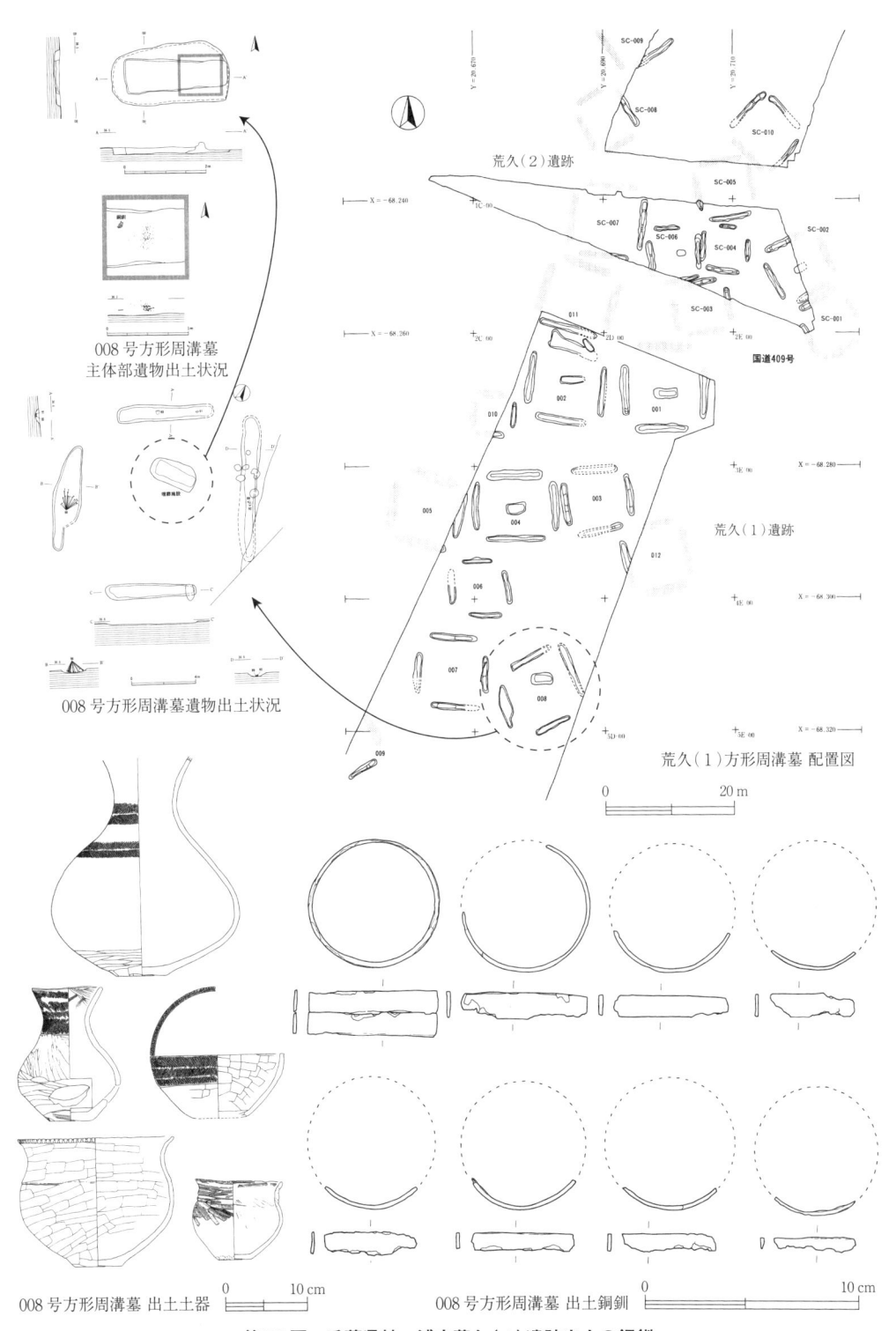

第70図　千葉県袖ヶ浦市荒久（1）遺跡出土の銅釧

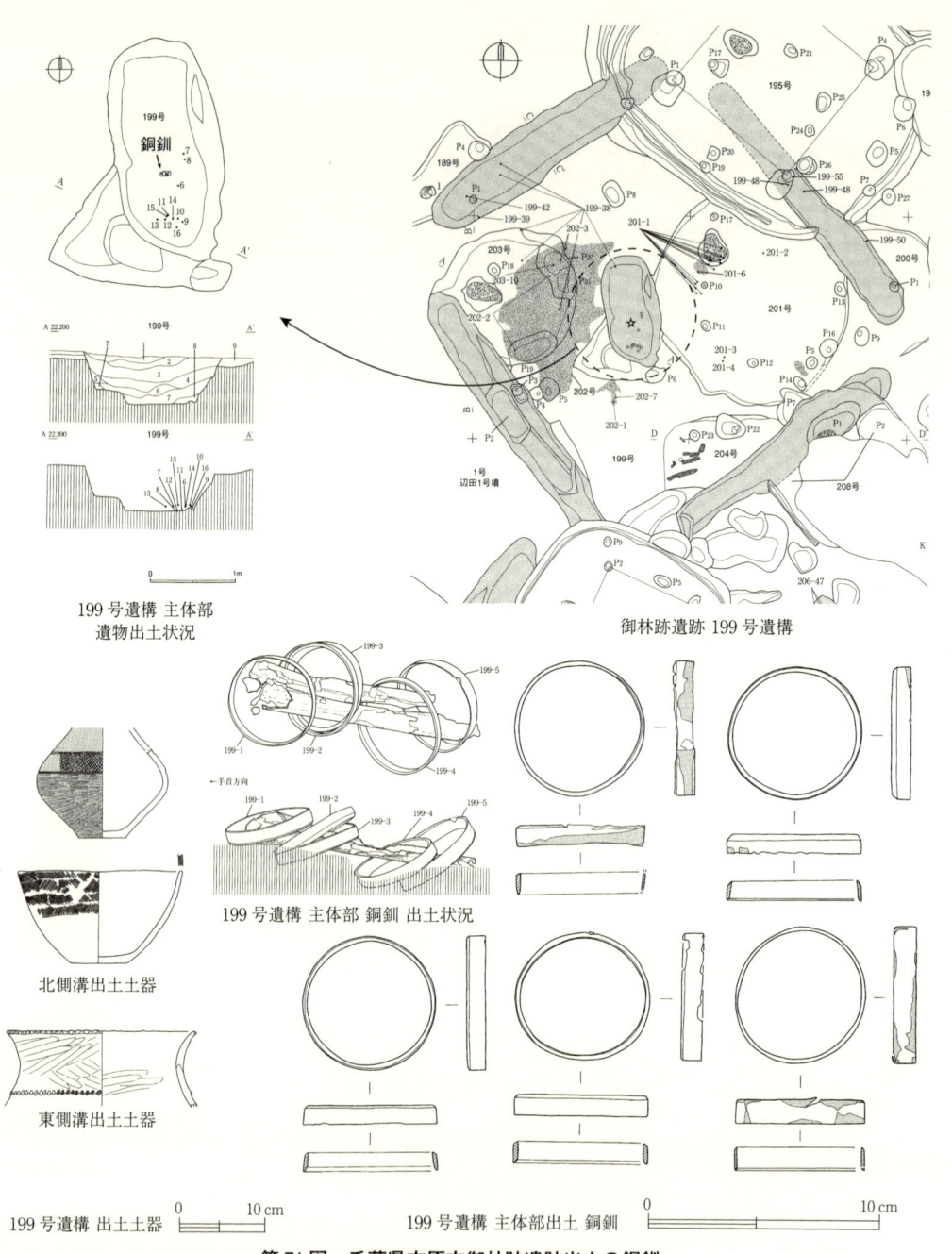

199号遺構 主体部
遺物出土状況

御林跡遺跡 199号遺構

北側溝出土土器

東側溝出土土器

199号遺構 主体部 銅釧 出土状況

199号遺構 出土土器　0　10cm

199号遺構 主体部出土 銅釧　0　10cm

第71図　千葉県市原市御林跡遺跡出土の銅釧

(3)　神奈川県横浜市受地だいやま遺跡出土の螺旋状鉄釧

　受地だいやま遺跡は朝光寺原式土器期の集落である。竪穴住居のほか方形周溝墓が2基検出されている（重久1986）。そのうちの第1号方形周溝墓の主体部（埋葬部2）から螺旋状鉄釧の破片が3点出土した。第1号方形周溝墓は出土土器から後期前葉（Ⅴ-1）に属する。

第1号方形周溝墓は6.3m×16.8mの大形であり，中央に2基の主体部が切り合い関係をもちながら位置している。主体部2からは螺旋状鉄釧片のほか，ガラス玉が182点，碧玉製管玉1点が出土した（第72図）。それぞれの遺物の出土位置をみると，主体部の南北に2つの群（A群・B群）をなして出土している。濃青色のガラス玉がA群に集中していた以外には特定の副葬品がA・B群のどちらかに偏ることはない。

　鉄釧は断面形が半月形で一部連結しているところもあることから，螺旋状鉄釧の破片と考えられる。すべて破片となっているが，同一個体であろうと報告されている。鉄釧の直径は復元すればおよそ6cmである。釧の一部には布片や木質部が付着していた。

（4）弥生時代後期における金属製釧と貝輪

　近年，金属製腕輪については検討が進んでいる（牛山1996，臼井2000，中村2001，池田2003，野沢2002，北條2002・2005）。一方，貝輪については，忍澤成視が研究を進めている（忍澤2011・2013）。しかし，池田治が銅釧の形態分類を行うなかで，Ⅳ類の祖型をオオツタノハに求めただけで，金属製・貝製の両方を取り上げて論じている研究はない。

　三宅島のココマ遺跡でオオツタノハ製貝輪が生産された弥生時代中期後葉から後期前葉に，オオツタノハおよび在地産貝を用いた貝輪の流通が行われていたのは確実である。しかし，同じ時期に東京湾を夾んだ反対側の房総半島では，青銅製の腕輪も流通していた。そして，下末吉台地には，螺旋状鉄釧が流通していた。つまり，弥生時代後期前葉にそれぞれの素材の腕輪が非常に隣接した地域において流通していたことになる。

　貝輪は南海産のオオツタノハ以外に，タマキガイ・サトウガイ・ベンケイガイなど三浦半島の海岸域で採取可能な貝種でも製作されている。こうした在地産貝類は，オオツタノハに対して，その稀少性を補うべき補完財として用いられたと上記したが，オオツタノハと青銅や鉄との間に主客の関係があるかといえば，ないと筆者は考えておく。貝と金属という対照的な素材であり，ややもすると縄文文化的と弥生文化的に対立的に考えてしまう。しかし，オオツタノを捕獲しに行くリスクとコストを考えれば，容易に貝と金属の間に主客の関係を求めるべきではないであろう。むしろ，系譜をそれぞれ異にするオオツタノハ製貝輪と青銅製・鉄製の釧はそれぞれ存在し，その不足分を補ったのが，海蝕洞穴遺跡などで製作された在地貝類を用いた腕輪だったのではないだろうか。それだけ，弥生時代後期前葉の段階は腕輪の需要が高かったのである。

　弥生時代後期前葉の青銅製釧は，荒久（1）遺跡・御林跡遺跡ともに池田による断面形分類のⅣ類である。Ⅳ類は，青銅製釧の分布の中心地である信州地方にはない型式であり，この青銅製釧が信州地方以外のルートを通じて房総半島の上総地域に持ち込まれたのであろう（池田2003）。弥生時代後期の東日本では，青銅製釧の製作址が確認されないため，出土する青銅製釧は西日本を含めた外地からの搬入であり，そのルートを確保していた地域が独自に青銅製釧を入手したと考えられる。実際に，そのルートを確保していたことが直ぐに集落の階層化となっていないのは，青銅製釧が装着された状態で検出された上記2遺跡の方形周溝墓が，その墓域において副葬品以外では階層性を示す属性（墓の独立化や格段の大型化）が認められないことで明らかである。

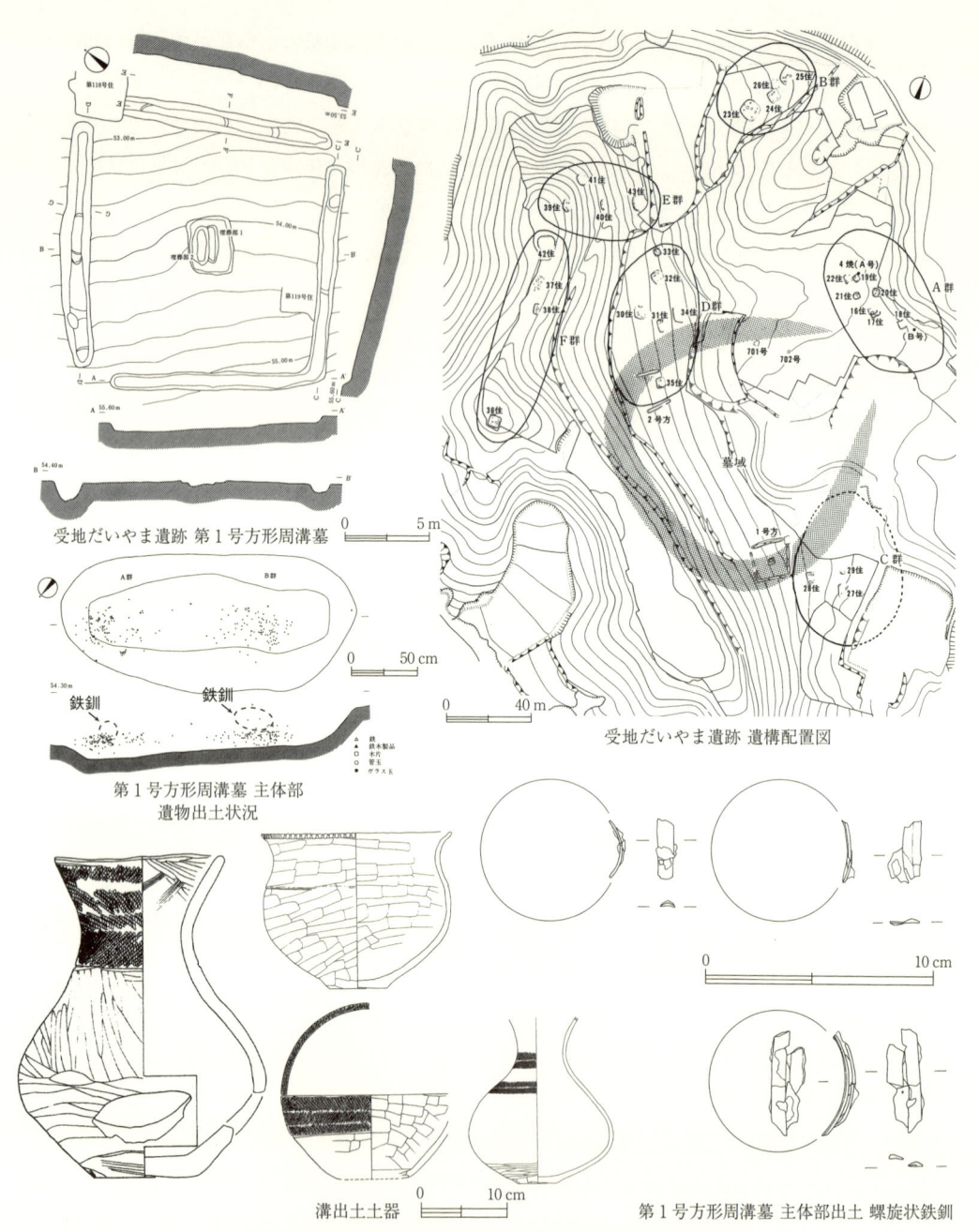

第72図　神奈川県横浜市受地だいやま遺跡出土の螺旋状鉄釧

　むしろ，上総地域は弥生時代中期後葉において，主要な利器となる磨製石斧類を周辺地域からの搬入に依存しており，多種多様な地域とのつながりが確保されていたと推定する。弥生時代中期の各地域における物資流通のルートの相違が，ある地域では貝輪となり，また別の地域では青銅釧，また別の地域では螺旋状鉄釧になったのであろう。こうした互恵的社会構造が弥生時代中

期から後期前葉まで維持されていたと考えられる。しかし，ココマ遺跡が火山噴火の影響を受けて埋没し，オオツタノハ製貝輪の供給が停止したことで，後期中葉以後に貝輪の生産量が低下し，腕輪装飾品は貝から金属へとシフトしたと推定される。

横須賀市佐島の丘遺跡群（高原遺跡）では，11点の青銅製釧および小銅環が出土している（大坪・横山 2003）（第32表）。時期別に見ると後期前葉では小銅環が1点のみだが，後期中葉から後葉（Ｖ-3・4・5）になると銅釧は集落から出土し，すべて破片となり，再生産された小銅環（臼井 2000）が6点と増加している。つまり，この段階，貝輪生産拠点であったココマ遺跡の廃絶を境にして，腕輪装飾文化の停滞が生じ，青銅製釧が「腕輪」としての価値以上に青銅製品としての価値へのシフト，金属製品の偏重へと舵が切られていったと考えられる。

第32表 横須賀市高原遺跡出土の銅釧と小銅環

	出土点数	銅釧	小銅環
総数	11	4	7
弥生時代後期前葉		0	1
弥生時代後期後葉		4	6

おわりに

本章では弥生時代前期から後期に至る弥生海人集団の役割をみてきた。時系的な海人集団の変遷と機能をまとめると図のようになる（第73図）。

弥生時代前期の伊豆諸島では，遠賀川系土器が多く出土することは，これまでにも知られてきた。今回，本州東南部地域出土の遠賀川系土器を集成した結果，遠賀川系土器は島嶼を除いては大形の壺のみが主体的に出土していることが明らかとなった。かつて，土器からみるヒトの移動型形態を論じた都出比呂志は，壺や鉢など貯蔵形態の土器が動く場合，それは何らかの交換行為があり，容器としての土器のなかに入った内容物が交換された可能性が高いと解釈した（都出 1989：313頁）。

遠賀川系土器は，伊豆諸島から伊豆半島，そして神奈川県西部に多く分布する。この分布状況と類似するものが2つある。1つはコメの炭化種子やイネ圧痕を有する土器など稲作関連資料である。特に平沢同明遺跡2004-05地点で出土した縄文施文の土器にイネの種子圧痕が認められたことは重視しなくてはならない。縄文施文の土器は，神奈川県西部などで製作された土器である可能性が高い。こうした事例は，中屋敷遺跡出土の炭化米とともに，弥生時代前期後葉における関東地方南西部での水田稲作の可能性を示している。もう1つ類似した分布状況を示すものに神津島砂糠崎産黒曜石がある。砂糠崎産黒曜石は遠賀川系土器の出土と強い相関性が認められる。

つまり，弥生時代前期段階に，伊豆諸島と伊豆半島・神奈川県西部を往還するなかで，コメが島から本土へともたらされたと推定する。その媒介を行ったのが伊豆半島・伊豆諸島などを活動の領域として，遊動性が高い「海人集団」であろう。

その後，弥生時代中期中葉に，遊動的で往還的居住形態に変化が生じる。中期中葉から後期中葉になると，伊豆諸島に展開する遺跡には竪穴住居跡など居住施設が営まれる。つまり，定住的

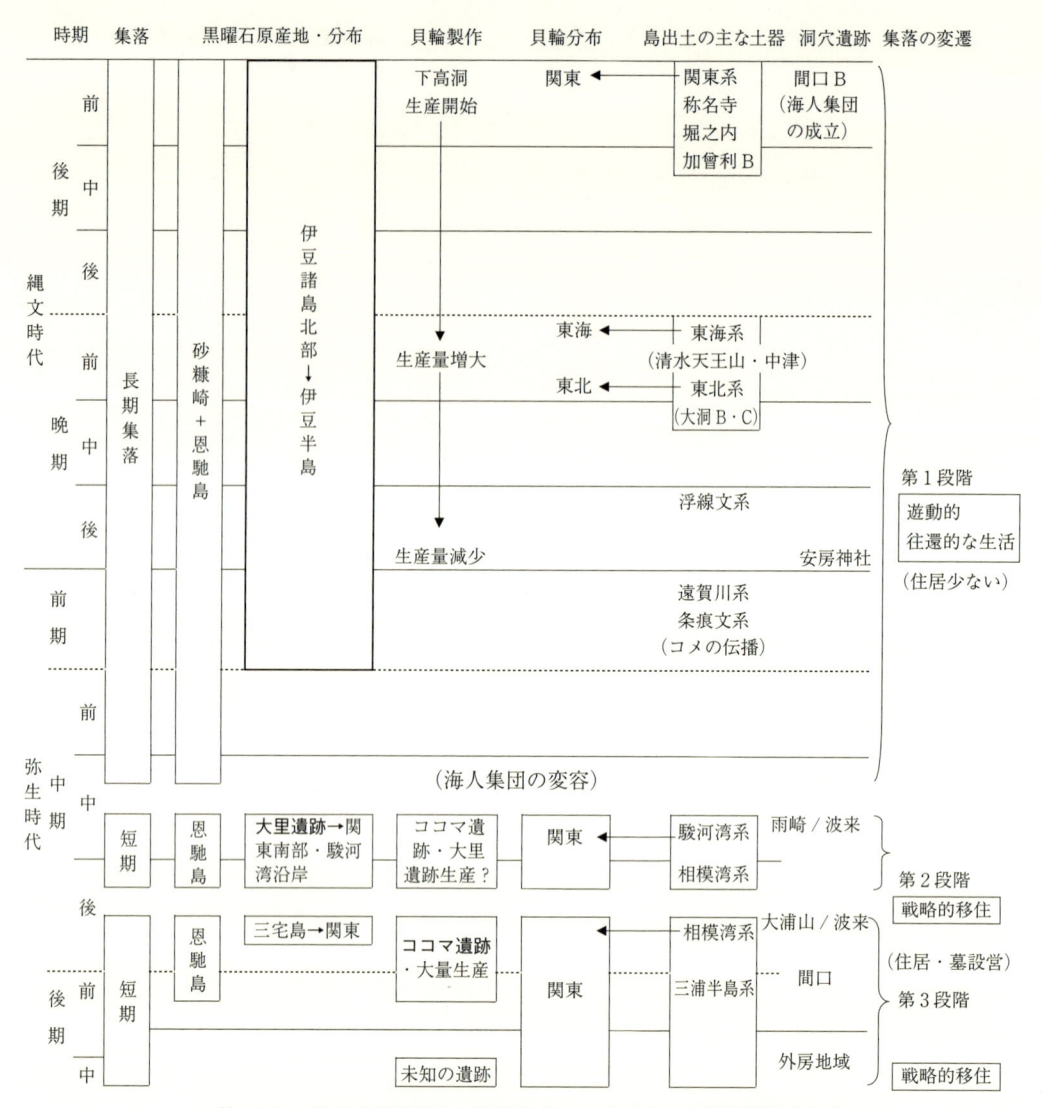

第73図　縄文時代後期から弥生時代における本土と伊豆諸島の交流

　な居住形態へと変化している。定住化の要因としては，海洋資源の開発と流通量の増加に伴い，拠点を島嶼に置くための移住が行われたためである。
　海洋資源とは，利器の素材となる神津島産黒曜石と装飾品としての腕輪の素材となるオオツタノハである。これらの物資の供給のために伊豆諸島のなかでも三宅島への移住が行われ，大里遺跡とココマ遺跡が築かれた。これらの遺跡は，海洋資源の産出地に近い位置にあり，大量の資源を遺跡内に持ち込み，加工したうえで本土に搬出している。これらの遺跡は「海洋資源物資の供給を目的として，本土からの戦略的移住に基づく原産地直下の大量生産型の遺跡」として評価することができる。

この「原産地直下の大量生産型の遺跡」が営まれた時期に，時を同じくして営まれるのが，三浦半島などの海蝕洞穴遺跡である。弥生時代の海蝕洞穴遺跡では，三宅島に大里遺跡ならびに坊田遺跡が築かれるⅢ-2～Ⅳ-1期，そしてココマ遺跡が築かれるⅣ-5期から後期にかけて，包含層が形成されている。そして，大浦山洞穴遺跡や海外洞穴遺跡や雨崎洞穴遺跡などの海蝕洞穴遺跡では，オオツタノハ製貝輪の未成品が出土し，雨崎洞穴遺跡では神津島の恩馳島産黒曜石が出土するなど，伊豆諸島の遺跡との関わりが非常に強い。島と洞穴の遺跡群の動態が連動していることは，これらの地域一帯が弥生海人集団にとってひとつの活動領域であったことを示している。

　特に中期後葉（Ⅳ-5）から後期前葉（Ⅴ-2）においては，海蝕洞穴遺跡においても近隣で採取可能な貝を用いて貝輪の製作が行われていた。こうした活動は，オオツタノハ製貝輪ならびにこの時期に流入してきた金属製釧の不足分を補完するためである。しかし，後期前葉にココマ遺跡が火山噴火の影響で廃絶し，貝輪の供給が途絶えると，腕輪装飾品が金属製品へとシフトしていくこととなった。青銅製や鉄製釧が伝播してきた弥生時代後期前葉段階では，腕輪の素材の1つでしかなかったが，弥生時代後期中葉以後，青銅製品そのものの価値が見直され，小銅環への再利用も含めた徹底的な消費活動が行われることとなった。弥生時代中期後葉における磨製石器の流通にみるような地域間の互恵的関係を維持した社会機構は，後期前葉のココマ遺跡と後期中葉の西原D遺跡の廃絶と衰退を機に，金属製品をめぐるドラスティックな変化を関東地方南部の弥生社会は遂げていったのである。

　註
1）　本土の遺跡のように，数十から数百軒の竪穴住居で構成される集落は，島嶼には立地条件の点で存在するとは考えにくく，伊豆諸島の遺跡は数軒規模であると考えられる。そのため，発掘調査区が集落の居住域と少しでもはずれていると検出することができない可能性もある。
2）　忍澤成視氏からご教示いただいた。
3）　雨崎洞穴遺跡については，現在整理中であるが報告書製作に携わっている中村勉・諸橋千鶴子・釼持輝久の各氏のご厚意で資料を見学させていただいた。

終章　海人集団と弥生文化

　本書では，5章にわたり伊豆諸島をめぐる弥生海人集団の動態・生業・交易，そして集団の生活に大きな影響を及ぼした火山噴火活動について論じてきた。終章を記すにあたり，これまで述べてきたことをまとめつつ，残された課題と今後の研究への展望を記し，結語としたい。

1　学際的研究から見えてきた弥生海人集団

　本論の特徴は，型式学など従来の考古学的手法に頼るだけではなく，文化財科学や自然科学的な手法を取り入れて，複眼的に弥生海人集団の検討を行った点にある。本土と島嶼という地理的に断絶した空間を往来した海人集団を検討するためには，その往来の目的と集団の出自の解明が併行して行われなくては，議論が先に進まない。そのためには，多彩な研究分野との共同研究が必要であり，その実践例が本書で述べてきたことである。

　伊豆諸島では，縄文時代早期段階から土器が出土している。そして，これまでの研究において，縄文時代からの継続的な居住が考えられてきた。当然ながら，資料不足の解消や分析技術の進展する以前の論であるゆえ，改めて今批判する必要はない。むしろ，今だからこそ，詳細な土器編年との対照，そして新しい分析技術を駆使した，既存の資料の再検討をふまえた研究の進展を望みたいところである。

　はじめに本土の弥生土器の詳細な編年を軸に，島嶼の遺跡の動態を検討した。その結果，縄文時代後期から弥生時代中期前葉，弥生時代中期中葉から中期後葉（Ⅳ−1），中期後葉（Ⅳ−5）から後期中葉の3つの期間の前後にそれぞれ遺跡の断絶を認めることができた。そこで問題となるのは，遺跡の断絶そして再開（もしくは新出）において，渡航してくる集団の出自の変化であるため，本論では土器の胎土分析を行い，集団の出自について時系的変化を明らかにした。

　弥生時代前期，三宅島の島下遺跡出土の土器の主体は，条痕文土器であり，その半分は糸魚川・静岡構造線よりも西側の地域からの搬入品で占められていた。共伴した遠賀川系土器や籾痕をもつ条痕文土器も同じく西側からの搬入品であった。一方，縄文施文の土器は神奈川から山梨地域にその産地を求めることができた。つまり，本土と島嶼は一方向のみの一過性のヒトの動きではなく，複数回におよぶ両地域間の往還が行われていたのであろう。併せて，竪穴住居などの居住施設の検出例がきわめて少ないことから，この時期は遊動性の高い生活が営まれ，その生活形態は中期前葉まで継続していたと考えられる。

　しかし，弥生時代中期中葉以後，島嶼では竪穴住居が作られ，本土では数件単位の集落から大形の環濠集落の形成に至るまで，本州東南部は定住性の高い生活へと変化した。島嶼で出土する土器は，糸魚川・静岡構造線よりも東側の相模湾から伊豆半島周辺で製作された土器へと変化し

ている。しかし，さらに詳細にみると断絶期間の前後の遺跡，つまり坊田遺跡とココマ遺跡とでは土器の製作地が異なる。坊田遺跡では，土器の産地が伊豆半島から神奈川県中・西部で占められ，胎土のバリエーションが8類型と豊富であるのに対して，ココマ遺跡では神奈川県中・西部ではあるが，胎土のバリエーションが3類型と限られてくる。なかには逗子市池子遺跡の土器と類似するものもみられた。多彩な胎土のバリエーションから，少数の類型への土器胎土の変化は，渡航した海人集団の出自がより限定されたためと解釈できるであろう。ココマ遺跡は，オオツタノハ製貝輪の生産と流通に携わった遺跡であり，集団は地域的にまとまりをもったエリアからの渡航であったことを土器の胎土は示している。この変化は，遺跡の断絶と再開に伴い，集団構成の変化（別集団の渡航）を反映しているのである。それは弥生時代の手工業生産のなかで，貝輪の生産と流通が分業化され，貝輪製作に特化した集団（ココマ遺跡への弥生海人集団）の存在を示唆している。

　旧石器時代や縄文時代にも伊豆諸島へ赴いた海人集団は存在している。それは，神津島産黒曜石やオオツタノハ製貝輪が本土で出土していることから明らかである。しかし，旧石器時代・縄文時代の集団と弥生時代の集団ではなにが異なるのか。それは次に述べていく2つの行動様式が弥生時代中期の海人集団には備えられていた点である。

2　生業活動と環境適応

　弥生時代の生業活動の中心の1つが，水田稲作を含めた植物栽培にあることは間違いない。しかし，地形的に水田を開きにくい島嶼では，古くから焼畑を伴う畠作が行われてきたと考えられてきた。だが，島嶼では畠遺構が検出されたことはなく，炭化種子など植物遺存体もほとんど出土せず，直接的な資料を基にした生業の検討を行うことができなかった。そのため，遺跡から出土する大形の打製石斧（石鍬）が畠作の存在を示す間接的な証左として取り上げられてきた（橋口1975・1998）。

　本論では，島嶼における農耕の問題について，残存デンプン粒分析と石器の使用痕分析から言及した。その結果，弥生時代中期の大里遺跡と坊田遺跡から雑穀類の残存デンプン粒を検出することができた。前期の島下遺跡では穀物類の残存デンプン粒が検出されなかったことからすると，弥生時代中期中葉における定住生活の開始に伴い，安定的な食糧生産のために雑穀類の栽培が始まったと考えられる。中期中葉以後に出土量が増加する石鍬は，まさに雑穀栽培に用いられた可耕具と推定される。

　石器の使用痕分析は横刃石器と黒曜石製の剥片刃器を観察した。いずれの石器からもイネ科植物の切断等で生じるAタイプの使用痕光沢は検出されなかった。こうした分析の結果，弥生時代の伊豆諸島では稲作は行われていなかったと考える。

　弥生時代中期前葉までの遊動的生活では，堅果類の採集とイノシシ等の狩猟と漁撈活動（魚類・貝類の獲得）が生業のメインであった。そして，弥生時代中期中葉の定住的居住生活では，前代までの食糧獲得に加え，雑穀類の栽培が行われた。つまり，伊豆諸島の遺跡では，周囲の自

然環境から得られる資源を徹底的に利用し，自らの生産活動による食糧の安定的確保を基盤とした生業活動が営まれていたのである。

　本研究では動物質食糧の問題としてイノシシの飼育化についても触れた。古くから議論されてきたイノシシの飼育化によるブタの存否の問題は，三宅島のココマ遺跡で採集されたイノシシの歯が発端であった。今回，ココマ遺跡出土のイノシシ類について炭素・窒素同位体分析を行った結果，積極的にヒトの関与を示すデータは得られなかった。現段階では，伊豆諸島の弥生時代のイノシシ類は，ヒトにより管理されたブタではなく，野生のイノシシであり，渡航した集団により捕獲・消費されたと考えておきたい。三宅島を例に取れば，弥生時代以降の確実なイノシシの歯や骨の出土例はない。定住化のなかで，タンパク質の獲得のために狩猟され尽くされた可能性も考えられよう。

3　縄文系物資をめぐる交易の変質

　本論では，弥生時代中期中葉の大里遺跡，そして中期後葉から後期前葉のココマ遺跡が「海洋資源物資の供給を目的とした原産地直下の大量生産型の遺跡であり，その居住民は本土からの戦略的移住によるものである」と評価した。これらの遺跡は，雑穀の栽培や陸上動物の狩猟や漁撈などの生業基盤をもちながら，遺跡近隣で獲得可能な黒曜石やオオツタノハなど海洋資源を用いて，いわば特産品の生産を行い，往来した地域との間で交易を行った遺跡と位置づけることができる。

　神津島産黒曜石やオオツタノハは，ともに縄文時代から用いられてきた物資である。しかし，弥生時代のそれら物資の流通構造は縄文時代とは異なる。縄文時代の神津島産黒曜石の流通では，神津島本島に素材の獲得から加工製品化まで行うような原産地遺跡はおかず[1]，海を隔てた伊豆半島東海岸へ大量の原石等が搬出され，その遺跡が後に本土における神津島産黒曜石の流通の拠点となった（池谷2009）。そして縄文時代のオオツタノハ製貝輪の生産は，大島の下高洞遺跡で行われた（忍澤2001）。下高洞遺跡では大量の貝輪未成品が出土しているが，オオツタノハの生息域からは遠く離れている。このように，縄文時代には原産地直下に集落を築き，物資の生産と流通を行うことはなかった。

　弥生時代中期中葉・後葉になると，東日本各地で磨製石斧を大量に生産し周辺地域および遠隔地へ搬出する遺跡が出現する。例えば，長野県長野市榎田遺跡・静岡県静岡市川合遺跡・同市有東遺跡・福島県いわき市龍門寺遺跡などでは，磨製石斧（太形蛤刃石斧と扁平片刃石斧）の未成品が大量に出土しており，周辺遺跡だけでなく，平野や河川を越えた遠隔地へ石器類が搬出されていた（馬場2001，杉山2010）。これらの集落の近辺には，石器製作に適した石材の原産地があり，石器生産遺跡は，原産地直下における石器の大量生産型の遺跡と言える。しかし，これらの集落は石器生産を専業とするのではなく，あくまでも水田稲作などの生業を営みつつ，周辺地域と生産物である石器の交易を行っていたのである。

　こうした「農耕を行うための生業基盤をもちつつ，資源の原産地直下で集落を営み，大量に生

産した物資を周辺各地へ搬出する」という，本土の物資生産遺跡の特徴を三宅島の大里遺跡やコマ遺跡はもちあわせている。弥生時代中期中葉から後期前葉まで幾度となく島へ渡航し，物資の生産と流通を担った弥生海人集団が運んだ黒曜石やオオツタノハ製貝輪は，磨製石器類と同様に関東や東海地方の弥生社会を維持するために必要不可欠なアイテムだったのである。

　黒曜石やオオツタノハ製貝輪は，その系譜は縄文文化に求めることができる。しかし，縄文文化的な物資の獲得・生産・流通が弥生時代においてもそのまま行われているわけではない。縄文時代には島嶼へ戦略的な移住は展開していない。弥生時代中期におけるこれら物資をめぐる海人集団の交易の形態が，「弥生化」され，縄文文化とは異なる質的な変化が起きていたのである。

4　海人集団と弥生文化

　弥生時代中期における海人集団の質的変化は，物資生産力の増強であり，分業化へと傾倒した弥生社会の一端に海人集団も位置づけられたために生じたと考えられる。弥生時代中期，特に中葉は関東地方の弥生文化において大きな変換点と評価されている。水田稲作を行うための低地占地型遺跡や墓制として方形周溝墓の出現など，それまでと大きく変化し，中期前葉から後葉への過渡的な姿を示している（石川 2001）。この時期は，近畿地方の土器や石器など，西方からの文物の流入とともに，遺跡の立地地点からみて生業活動に大きな変化が生じ，関東地方においては弥生文化の転換点であることは確かである。それゆえ，従来中期後葉から始まると考えられてきた水田稲作農耕文化の始まりは中期中葉へと引き上げられるであろう。しかし，本研究で明らかとなった海人の文化も同じ時期に，社会を維持するためのシステムの1つとして，同じように変化が生じたのである。今後，陸上での生業や地域間交流のみならず，海上での生業活動・地域間交流も含めたものも「弥生文化」のなかで評価されなければならないであろう[2]。

　海人集団は，そもそも漁撈民に出自がある。漁撈民には内湾性魚類を対象にするものもあれば，池子遺跡のように主に外洋性魚類を対象にするものもある。そのうち，外洋性魚類を対象にしていた漁撈民が弥生海人集団へと変化していったのであろう。それは，伊豆諸島，特に新島付近より南では黒潮が流れており，その潮を読む力，体力的な渡航能力は内湾性漁撈を行う集団では対応できるだろうか。ましてや，農耕民が舵を取る船では用をなさない。つまり，漁撈民のなかのごく一部の集団が，弥生海人集団として交易に従事したと考える。

　こうした集団が存在することで，関東地方の弥生時代中期における石器など生活必需物資の地域的互恵関係（杉山 2010）のなかに黒曜石や貝輪も含まれていくこととなった。ただし，この互恵関係をもたらす物流のネットワークが単一で網羅的だったとは考えていない。むしろ，小規模の複数のネットワークが同じレベル（階層）で重なりあっていたと考えている。そのため，あるネットワークには螺旋状鉄釧が入り，別のネットワークには青銅製釧が入り，そして別のネットワークにはオオツタノハなどの貝輪が入ったのである。同時代であるにもかかわらず，腕輪の素材がせまい地域間で異なり，なおかつ出土遺構等のあいだに階層性をみることができないのは，中期から続く互恵的ネットワークが後期前葉までは階層性がなく，平等な関係でありつつ，同時

に複数系統のネットワークが存在したためであろう。

　しかし，ココマ遺跡が後期前葉に火山噴火の影響で埋没し，島嶼からのオオツタノハ製貝輪の供給が停止すると，均衡を保ってきた物流のネットワークにも変化の兆しが現れ，金属製品の保持への傾倒へとつながる。つまり，後期前葉までの複雑ではあるが，貝製品も交えた平面的なネットワークにおける金属製品の流通が，後期中葉以後に整理され，金属製品のみの重層的な物流ネットワークへと変化したと推定される。

　後期中葉以後，古墳時代に至るまでのあいだ伊豆諸島では遺跡が確認されない。一方，三浦半島などの海蝕洞穴遺跡の活用は後期後葉から終末期，そして古墳時代前期にかけてピークを迎える。海蝕洞穴出土の土器をみると，後期前葉まではおもに甕が主体であったのに対して，後期中葉以後，壺の比率が高まり，古墳時代にかけて器台・高坏ならびに外来系の土器が出土するようになる。

　神津島産黒曜石は，弥生時代中期後葉を最後に流通しなくなり，オオツタノハ製貝輪も後期中葉以後，古墳時代まで出土しない。こうした海洋資源を用いた特産品の生産・流通の停止は，弥生海人集団の活動の低調化へとつながった。そして，後期後葉以後に海蝕洞穴遺跡を利用した集団は，弥生時代中期中葉から後期前葉までの弥生海人集団とは性格と構成が異なる集団となり，青銅器・鉄器などの文物の流通を始め，古墳時代へ向けて新しい社会構成の一翼を担う集団へと変化していったのであろう。

5　残された課題と展望

　最後に本論において言及することができなかった3つの事項を提示し，今後の研究への課題としたい。

　1つ目は，食糧生産についての問題である。本論では第4章にて残存デンプン粒分析を行い，雑穀類の残存デンプン粒を磨石・石皿から検出することに成功し，島嶼に穀物類の粉食文化が存在したことを明らかにした。これまで，穀物類は「炊く・煮る」などの調理で粒食と考えられ，その調理方法に関する研究が土器に付着するコゲ・ススの分析から行われてきた（長友編2007）。しかし，今回島嶼の遺跡で粉食が行われていることが明らかになった点は，本土における弥生時代中期の穀物類の調理方法の再検討を促すものとなる。なぜなら，伊豆諸島で調理した集団は，移住により渡航してきた集団であるゆえ，島嶼で行った調理方法の系譜は本土の遺跡に求められるためである。本土の弥生時代中期の遺跡においても，磨石や石皿（台石）は多く出土しており，それらの分析の実施が，弥生時代の食文化の解明へとつながると考える。

　次に弥生時代の「ブタ」についてもさらなる検討が必要である。今回の炭素・窒素同位体分析を行う際に，本土のイノシシ資料の分析を検討したが，三浦半島の遺跡で良好な量が存在しなかったため，実施することができなかった。本土の遺跡出土のイノシシについては，個体差をめぐりその有無の賛否がそれぞれの立場から述べられている。今後は池子遺跡や房総半島の遺跡などの資料の理化学的分析をすすめることによって，ヒトとイノシシの関わりを明らかにしていくこ

とができるだろう。

2つ目は，弥生海人集団の成立段階の時期的差異の問題がある。恩馳島産黒曜石の独占的流通と竪穴住居の設営などの短期集落への変化は，伊豆諸島では中期中葉（Ⅲ－1）のケッケイ山遺跡の段階から始まる。一方，本土において集落構成ならびに物資の流通の変化があるのは，中里遺跡や常代遺跡など中期中葉のⅢ－2段階であり，時期的ズレが存在している。本土ではⅢ－1段階の資料がきわめて少ないため，変化の有無を検証することができていない。短期集落への変化は，地域・集落の機能的分化に基づく物資の生産とその広域流通の存在を示しており，弥生時代における変革期にあたる。今後，Ⅲ－1段階の資料の増加が期待される。

3つ目は，弥生海人集団の本土における具体的様相である。本論を通じて島嶼における海人集団の様相（生業・交易）については，明らかにすることができた。弥生海人集団は本土と島嶼を往来しており，本土における様相は，オオツタノハ製貝輪の未成品の出土などから三浦半島などに分布する海蝕洞穴遺跡の解明が鍵を握っている。第5章でも記したが，弥生時代後期中葉から後葉，そして古墳時代の層位にかけて，出土土器の器種構成ならびに土器の系統に変化が認められる。つまり，中期から後期前葉の海人集団と後期中葉以後に海蝕洞穴を利用した集団との連続性が問題となる。

海蝕洞穴遺跡の調査は，1960年代から70年代などの古い時期の調査が多く，微小遺物など採集できていない可能性がある。当時の調査水準においては致し方ない点もあり，今後，さらなる詳細な調査の実施が望まれる。こうした視点をもちつつ，研究を行っていくことで弥生文化が本来もち備えていた多様性の顕在化へとつながると確信している。

註

1）神津島の火山噴火は1回の噴火規模が大きく，島の地形そのものを変えてしまう可能性がある。そのため，地中深く厚く堆積した火山灰の下に，原産地遺跡がないとも限らない。しかし，現状の資料を見渡す限り，原産地遺跡は島に築かれていないと考えられる。

2）石川日出志は石川2001の論文のなかで北海道を含めた東日本で土器の遠隔地移動が弥生時代中期の変動・変革の契機となったことを指摘している。

あとがき

　2007年3月3日午前5時，夜も明けきらないなか，三宅島錆ヶ浜港に着いた。仲間以外誰一人知ることもないはじめての渡航，揺れが思ったよりも大きく，なかなか寝付けなかった。一緒に渡航した新堀賢志・斎藤公一滝・植田雄己とともに下船しても，なんだか足は揺れているような感覚が残っていた。そして，鼻をつく火山ガスの臭い。いまなお活動中の火山島へやってきたことを実感した瞬間であった。

　それから4年間，三宅島をはじめ伊豆諸島の島々に通った。三宅島では，多くの方と知り合うとともにご協力いただきながら調査研究を行うことができた。本書の末を迎えるにあたり，まず島の方々にお礼を申し上げなければならない。とりわけ，当時三宅村の教育長であった櫻田昭正先生（現村長）には，多大なご配慮を賜った。調査研究をしたいと申し上げたとき，惜しみない支援をいただいた。また，相馬直也氏・野田憲幸氏など当時教育委員会の方々や三宅島観光協会の諸氏にも，発掘調査ならびに成果展示会の開催にあたりご尽力いただいた。そして，なによりも，発掘調査地の地権者である栗原せつさんと田中鈴子さんには，発掘調査にご理解・ご協力いただけたことをお礼申し上げたい。発掘調査期間中は，伊豆地区の避難施設に滞在した。施設管理人の浅沼正長さん，野口福松さん，そして研究等で来島したときの常宿であるサントモの沖山卓士・厚子ご夫妻には，島のことをいろいろと教えていただいた。また，三宅島シルバー人材センターにいらした宮下陵二さんには，調査のうえで各種ご配慮いただいた。島下遺跡の調査の埋め戻しの時，日が暮れようとしているなか，手伝っていただき，「三宅島のためにやってくれているんだろ」と声を掛けていただいたのは，今でも心に残っている。

　初めて三宅島を訪れた2007年3月は，ちょうど2000年噴火による全島避難からの帰島が始まって2年が経った時であり，島の復興が叫ばれていた時期でもあった。そうしたなか，私は研究の成果が，なんとか島の復興の一助にならないかと考えた。その訳は，伊豆諸島の考古学研究の先人である橋口尚武氏からいただいた手紙に，島での研究の成果を，ぜひとも島の人々へと伝えてもらいたいと記されており，私自身も島の未来に向けて島の歴史を知ってもらいたいと思ったためである。

　2008年3月に三宅中学校で子供たちを対象に講演をさせていただく機会を持った。その結びにて，自問自答していた答えとして，「今住んでいる島は遠い昔にたいへん魅力的な島と言われていた。君たちも三宅島のすてきなところを見つけ出し，それをいろいろな人に伝えて言ってほしい」と伝えた。帰り際，2人の先生から声を掛けられた。1人の先生は「話の内容からすると，三宅島が本土の人にいいように利用されていただけなのではないか」という厳しい意見と，もう1人の先生は「帰島から2年が経つが，まだまだ厳しい毎日であり，女性でもアクセサリーをつ

けるとか，そうした余裕はまだない。弥生時代でも火山噴火があるのに，なぜそうした環境でもアクセサリーとしての貝輪を作ったりしたのか」と尋ねられてきた。両先生にはそれぞれお答えしたが，歴史を研究し，その成果を現代の人々に伝えていくことの難しさだけが残ったような気がした。しかも，被災からの復興の途上にある地で，私自身の説明不足もあり，上滑りな話に聞こえてしまったのかもしれない。こうした経験は，その後も三宅島で調査成果の報告会等を開催していくなかでどのように研究と現代社会を結びつけていくかを考えていくなかで活かされていくこととなった。

　2010年11月に三宅島郷土資料館にて，3年間に及ぶ調査成果展を1ヶ月にわたり教育委員会と共催した。その活動の一環で，貝輪作り教室を開催した。当日は小学生から大人まで，およそ30名の島のかたにご参加いただいた。2007年の発掘調査で，三宅島のココマ遺跡で貝輪が作られていたことがわかり，その素材を求めて弥生人が来島したという島の歴史の新しい一面を理解していただきたく開催した。参加した小学生の兄弟は楽しみながら7個もつくり，細い腕に貝のブレスレットを着け，にこやかな笑顔を見せてくれた（上記写真）。いずれ，彼らが大きくなった時，貝輪を作ったことを思い出し，三宅島の貝輪のことを語ってくれるときが訪れれば，島民が次の島民へ島の歴史的な魅力を自らの口で語り継いでいくことになる。私はその時はじめて，考古学という過去を研究する学問が，島そして人々の未来になにかを残せたということになるのではと思った。三宅島で研究をさせてもらった者として，その日がくることを切に願いたい。

　本書のおよそ半分は，以下の論文ならびに報告書を基に加筆修正したものであり，残りはすべて新稿である。各論文・報告の論旨は変えていないものの，全体を見通したうえでの用語の統一や訂正・書き直しを行っている。

　序章　新稿
　第1章　2010年「弥生時代における伊豆諸島への戦略的移住の展開」『考古学雑誌』第94巻第4号－第1章およびココマ遺跡・坊田遺跡・島下遺跡の報告書の池谷信之・増島淳執筆の胎土分析を改めて構成した。
　第2章　新稿
　第3章　前掲2010論文－第2章～第4章，および2010年「縄文／弥生文化移行期における神津島産黒曜石のもうひとつの流通」『考古学と自然科学』Vol. 60
　第4章　資料集成は2007年「伊豆諸島における文化・自然環境復元のための資料集成」『西相模考古』第16号に一部資料を追加した。イノシシの分析については，2011年『三宅島ココマ遺跡　動物と生業の研究』（島の考古学研究会）の金子浩昌・覚張隆史・米田穣執筆の分

析成果を改めて構成した。ほかはすべて新稿。
　第5章　前掲2010論文第5章〜第6章および新稿。
　終章　新稿

　大学には所属しているものの，考古学研究室など身近に学生が多くいる環境ではない私にとって，三宅島での調査の実施には，多くの研究者のご協力なくてはなしえなかった。各遺跡の発掘調査に参加していただいたのは，下記の方々である。お名前を記させていただき，お礼を申し上げたい（敬称略・五十音順）。
ココマ遺跡（池谷信之・植田雄己・忍澤成視・黒住耐二・小橋健司・斎藤公一滝・戸谷敦司）
坊田遺跡（池谷信之・忍澤成視・劔持輝久・白石哲也・瀧音大・新堀賢志・茗荷傑・渡邊眞紀子）
島下遺跡（大石雅之・小林正典・土井翔平・新堀賢志・安田脩一）
　2010年に開催した展示会では荘司一歩氏，動物資料の分析でははに金子浩昌・米田穣・覚張隆史の各氏にお世話になった。出土資料の分析においては，石川日出志・小林青樹・設楽博己・谷口肇・松山聡の各氏からいろいろとご教示をいただいた。また，報告書や論文を送るたびに，島の考古学の先学である橋口尚武・井口直司ならびに小田静夫の各氏から，激励のお手紙をいただけたことは，研究を続けていく支えとなっていたのは言うまでもない。併せてお礼申し上げたい。
　三宅島での研究は，考古学と自然科学の諸分野との共同研究として行った。特に火山学の新堀賢志と考古学・文化財科学の池谷信之の両氏には，研究を進めていくうえで常に適切なアドバイス等をいただけた。共同研究者であった両氏にはご厚情を深謝したい。また，資料調査等では，伊豆諸島の大島町教育委員会・利島村教育委員会・新島村立博物館・神津島村教育委員会・八丈町教育委員会および，神奈川県下・静岡県下の各地市町村教育委員会にお世話になったことも記して感謝申し上げる。
　プロジェクト研究を進めていくうえで，青柳正規先生・飯島武次先生・鷹野光行先生には種々ご指導いただいた。その飯島武次先生が2014年3月に定年により駒澤大学をご退職されるにあたり，本書をお届けすることができるのは，望外の喜びである。飯島武次先生には，私が駒澤大学に入学して以来，20年近くご指導いただいている。次々と研究成果を刊行されていく先生のお姿には，研究者とはどのようなものであるのか，その指針が示されていたように感じる。本書には，いまだ至らぬ点も多くあり，伊豆諸島の考古学研究の完成形にはほど遠いものがあるが，今後補っていくことでご寛容願えればと思う。

　本研究は三菱財団からの研究助成（研究課題「伊豆諸島先史時代遺跡の研究──考古学と火山学との学際的調査──」）により，実施した。助成金を頂いた三菱財団には感謝申し上げたい。また，昨今の出版事情が厳しいなか，前書に引き続き出版を受けていただいた，六一書房の八木環一会長，三陽社の若槻真美子氏にもお礼申し上げたい。そして，前書に引きつづき，表紙と巻頭

の写真は小川忠博先生に撮影していただいた。表紙は，海人たちが，黒潮を渡り求めていった大里遺跡の黒曜石とココマ遺跡のオオツタノハである。私の無理難題を聞いていただいたことにお礼申し上げたい。

　神奈川県小田原で生まれ育った私にとって，海は身近なものであった。実際に我が家は海のすぐ裏にあり，小さい頃の遊び場は砂浜であった。家の二階の窓を開ければ相模湾から太平洋が広がっていた。しかし，伊豆諸島で最も近い大島でも，晴れていなければ見えない。ましてや他の島となると，肉眼ではっきり見えるのは年に数回程度ではなかっただろうか。地図の上では伊豆の島々は近いけれど，私にとって遠い島々であった。しかし，島での調査を始めてみて，まったく島と縁がなかったかといえばそうではなかったことにも気づかされた。島の考古学の先駆者であった橋口尚武は父杉山幾一（博久）と旧知の仲であったことを知った。そして，なにより発掘調査したココマ遺跡は，かつて直良信夫博士がイノシシの歯を分析し，後の弥生ブタ論争の契機となる遺跡であることを研究史の頁をめくるなかで発見した。幼少の頃から小学校卒業するまで毎年父に連れられ，出雲の直良博士のご自宅に伺っていた。玄関に飾られていた鹿の頭骨をいまでも覚えている。当時，直良博士のことを「先生おじいちゃん」と呼んでいたが，父の先生で考古学の研究者であったことのほかは，いかなる先生であるのかは知る由もなかった。しかし，それからおよそ四半世紀が過ぎて，自分が直良博士の研究を追うことになるとは思わなかった。

　そのような私が，島へ通い，島の生活史・交流史を考えるなかで執筆したのが本書である。ただし，その内容はこれまで直良博士をはじめ，金子浩昌氏や橋口尚武氏らが資料の少ないなかで研究されてきたことを，実証したにすぎないかもしれないという一抹の不安と空虚感がないわけではない。しかし，そもそも，弥生時代の石器研究に端を発した伊豆諸島の研究は，私自身かなり戦略的に進めたと思っている。どの遺跡を，どのように調査し，誰に研究協力していただき，問題点を明らかにしつつ，次の課題にどう取り組むかを考えてきた。研究のなかで生じた課題について，発掘調査で検証し，そして次の課題へと進み，また発掘を行い課題に取り組むという研究の循環を学んだ伊豆諸島での経験は，私にとって自身の研究姿勢を見つめ直すとともに大変貴重なものであったことは言うまでもない。先学の足跡をなぞりつつも，本書の成果が弥生文化研究の新たな領海へと出で立つことになるのならば，多くの協力者とともに新たな発掘調査を行った意味は十二分にあったのだろう。

　最後に，いつも私の研究活動を惜しみなく支えてくれている父幾一と母博子，そして妻康子に感謝し，筆を置くこととしたい。

2013 年 12 月 9 日

杉山　浩平

引用・参考文献

青木　豊　1995『大里東遺跡発掘調査報告書』大里東遺跡発掘調査団
赤星直忠　1952「金石併用時代の漁民——三浦半島出土弥生式遺物による——」『漁民と対馬』九学会年報（人類科学）第4集　関書院　60-82頁
赤星直忠　1970『穴の考古学』学生社
秋本真澄　1994『久根ケ崎遺跡』韮山町教育委員会
阿子島香　1989『石器の使用痕』ニュー・サイエンス社
浅野良治　2003「日本海沿岸における翡翠製勾玉の生産と流通」『蜃気楼　秋山進牛先生古稀記念』六一書房　71-83頁
芦川忠利　1999『長伏六反田遺跡』三島市教育委員会
姉崎智子　1999「弥生時代の関東地方におけるブタの存在」『動物考古学』第12号　動物考古学会　39-53頁
姉崎智子　2003「先史時代におけるイノシシ飼育の検討——臼歯サイズの時間的変化——」『動物考古学』第20号　動物考古学会　23-39頁
安部みき子　1996「イノシシとブタを考える」『卑弥呼の動物ランド——よみがえった弥生犬——』大阪府立弥生文化博物館　88-93頁
網野善彦　1986「日本論の視座」『日本民俗文化体系 1 風土と文化』小学館　45-108頁
網野善彦　2004「列島の社会と国家」『日本論の視座 列島の社会と国家』小学館　1-286頁
新井正樹　2008『清水天王山遺跡』静岡市市教育委員会
飯島義雄・外山和夫・宮崎重雄　1994「群馬県八束脛洞穴遺跡における貝製装飾品の意義」『群馬県立歴史博物館紀要』第15号　群馬県立歴史博物館　11-30頁
池田　治　2003「帯状円環型銅釧の形態分類と地域色について」『研究紀要8 かながわの考古学』かながわ考古学財団　111-126頁
池谷信之　2003「潜水と採掘，あるいは海を渡る黒曜石と山を越える黒曜石」『黒曜石文化研究』第2号　明治大学人文科学研究所　125-144頁
池谷信之　2005「「海の黒曜石」から「山の黒曜石」へ——見高段間遺跡の消長と黒曜石交易——」『考古学研究』第52巻第3号　考古学研究会　12-28頁
池谷信之　2006「環中部高地南東域における黒曜石流通と原産地開発」『黒曜石文化研究』第4号明治大学人文科学研究所　161-171頁
池谷信之　2009『黒曜石考古学』新泉社
池谷信之・増島淳　2009a「第9章　ココマ遺跡出土の弥生土器と黒曜石製石器の産地」『東京都三宅島　ココマ遺跡発掘調査報告書』三宅島ココマ遺跡学術調査団　51-67頁
池谷信之・増島淳　2009b「蛍光X線分析法による縄文土器のフォッサマグナ東西の判別——東海地方および南関東地方の事例から——」『地域と学史の考古学』杉山博久先生古稀記念論文集刊行会　六一書房　41-64頁
池谷信之・増島淳　2011「第7章　坊田遺跡出土弥生土器の胎土と産地」『東京都三宅島 坊田遺跡 発掘調査報告書』三宅島坊田遺跡学術調査団　41-51頁
池谷信之・増島淳　2012「第6章　島下遺跡出土土器胎土と黒曜石製石器の産地」『東京都三宅島 島下遺跡発

掘調査報告書』三宅島島下遺跡学術調査団　37-48 頁
石川日出志　1996「Ⅱケッケイ山遺跡」『利島村史　研究・資料編』利島村　61-76 頁
石川日出志　2005「縄文晩期の彫刻手法から弥生土器の磨消縄文へ」『地域と文化の考古学Ⅰ』明治大学文学部考古学研究室　305-318 頁
石川日出志　2010『農耕社会の成立』岩波新書
石黒立人　1992「第 2 節　尾張地方を中心とした弥生時代前期の諸相 2 土器」『山中遺跡』愛知県埋蔵文化財センター　90-105 頁
石川日出志　2001「関東地方弥生時代中期中葉の社会変動」『駿台史学』113 号　駿台史学会　57-94 頁
石黒直隆　2010「② DNA 分析による弥生ブタ問題」『食糧の獲得と生産　弥生時代の考古学 5』同成社　104-116 頁
石黒直隆・山崎京美　2001「伊豆諸島および北海道出土縄文イノシシについての DNA 分析結果」『縄文時代島嶼部イノシシに関する基礎的研究　平成 11 年～12 年科学研究費補助金　研究成果報告書』いわき短期大学　54-55 頁
伊豆諸島考古学研究会　1978「東京都三宅島・島下遺跡調査概報」『考古学雑誌』第 64 巻第 2 号　日本考古学会　71-84 頁
市川正史・恩田勇　1994『宮ヶ瀬遺跡群Ⅳ』神奈川県立埋蔵文化財センター
一色直記　1960『5 万分の 1 地質図幅「三宅島」および同解説書』地質調査所
一色直記　1977「三宅島火山の過去 3000 年間の活動」『火山』第 2 集　日本火山学会　290 頁
一色直記　1984a「三宅島火山の過去 3000 年間の活動」『火山噴火予知連絡会会報』第 29 号　気象庁　1-3 頁
一色直記　1984b「5　風化火山灰中の花粉及び胞子化石分析」『湯浜遺跡』東京都教育委員会　77-81 頁
一色直記・小野晃司・平山次郎・太田良平　1965「放射性炭素^{14}C による年代測定」『地質ニュース』No.133　地質調査所　20-27 頁
伊藤久嗣　1980『納所遺跡』三重県教育委員会
稲垣甲子男　1975『駿河山王』富士川町教育委員会
今村啓爾　1980『伊豆七島の縄文文化』武蔵野美術大学考古学研究会
今村啓爾・小泉清隆　1984「群馬県岩津保洞窟遺跡の弥生時代中期の墓制について」『人類学雑誌』第 92 巻第 2 号　日本人類学会　146 頁
牛山英昭　1996「弥生時代鉄釧の一例」『考古学雑誌』第 81 巻第 2 号　日本考古学会　117-127 頁
臼井直之　2000「再生される銅釧――帯状円環型銅釧に関する一視点――」『長野県埋蔵文化財センター紀要』8 号　長野県埋蔵文化財センター　22-38 頁
遠藤英子　2012「レプリカ法から見た東海地方縄文弥生移行期の植物利用」『縄文／弥生移行期の植物資料と農耕関連資料』考古学研究会東海例会　7-14 頁
及川輝樹・下司信夫　2011「三宅島火山，八丁平カルデラ形成噴火の再検討――八丁平テフラと大路池テフラの層序――」Japan Geoscience Union Meeting 2011, May. 22（発表要旨）
大越昌子　1995「第 3 節　その他」『大里東遺跡発掘調査報告書』大里東遺跡発掘調査団　198 頁
大島慎一　1997「小田原地方の弥生土器研究に関する覚書」『小田原市郷土文化館研究報告』No.33　小田原市郷土資料館　13-35 頁
大竹憲昭・小杉康　1984『利島村大石山遺跡Ⅱ』利島村教育委員会
大塚初重　1958「D 三宅島ボウタ遺跡の調査」『伊豆諸島文化財調査報告』第 1 分冊　東京都教育委員会　64-70 頁

大塚初重　1959「G 利島・ケツケイ山遺跡の調査」『伊豆諸島文化財総合調査報告』東京都教育委員会　587-612 頁
大塚初重　1965「東京都三宅島ボウタ遺跡の調査」『考古学集刊』第 3 巻第 1 号　東京考古学会　37-45 頁
大坪宣雄・横山太郎　2003『佐島の丘遺跡群』佐島の丘埋蔵文化財発掘調査団
大村　直　2004a「第 1 節　山田橋遺跡群および市原台地周辺地域の後期弥生土器」『市原市山田橋大山台遺跡』市原市文化財センター　281-309 頁
大村　直　2004b「久ヶ原式・山田橋式の構成原理――東京湾岸地域後期弥生土器型式の特質と移住・物流――」『史館』第 33 号　史館同人会　64-100 頁
岡崎完樹・芹沢広衛・橋本裕行　1996「Ⅰ　大石山遺跡」『利島村史　研究・資料編』利島村　3-59 頁
岡本　勇　1977「三浦半島における弥生時代の遺跡の分布」『三浦市赤坂遺跡』赤坂遺跡調査団
岡本　勇　1992『三浦市赤坂遺跡――第 3 次調査地点の調査報告――』赤坂遺跡調査団
岡本勇・塚田明治・小川裕久　1983『三浦市西ノ浜洞穴』西ノ浜海蝕洞穴遺跡調査団
岡本東三　2002『原始・古代安房国の特質と海上交通』千葉大学考古学研究室
岡本東三・柳沢清一　2009『安房神社洞穴遺跡　第 1 次発掘調査概報』千葉大学考古学研究室
岡本東三・柳沢清一　2010『安房神社洞穴遺跡　第 2 次発掘調査概報』千葉大学考古学研究室
岡本東三・柳沢清一　2012『出野尾洞穴遺跡発掘調査概報』千葉大学考古学研究室
忍澤成視　2001「縄文時代におけるオオツタノハガイ製貝輪の製作地と加工法――伊豆大島下高洞遺跡 D 地区検出資料からの検討――」『日本考古学』第 12 号　日本考古学協会　21-34 頁
忍澤成視　2009a「第 8 章　ココマ遺跡のオオツタノハ」『東京都三宅島　ココマ遺跡発掘調査報告書』三宅島ココマ遺跡学術調査団　43-50 頁
忍澤成視　2009b「もう一つの「貝の道」――伊豆諸島におけるオオツタノハ製貝輪の生産――」『動物考古学』第 26 号　動物考古学研究会　21-60 頁
忍澤成視　2010「伊豆諸島御蔵島・大隅諸島種子島における現生オオツタノハの調査――日本列島先史時代における東西「貝の道」の実態解明にむけて――」『動物考古学』第 27 号　動物考古学研究会　105-136 頁
忍澤成視　2011『貝の考古学』同成社
忍澤成視　2013「東日本における弥生時代の貝輪」『横浜市歴史博物館 紀要』第 17 号　横浜市歴史博物館　31-64 頁
忍澤成視・戸谷敦司　2001「縄文時代におけるオオツタノハガイ製貝輪研究の新視点――東京都八丈町八丈島・八丈小島および鹿児島県上屋久町口永良部島採集の現生オオツタノハの分析を中心として――」『動物考古学』第 16 号　動物考古学研究会　27-60 頁
小田静夫　1981「神津島産の黒曜石」『歴史手帖』第 9 巻第 6 号　名著出版　11-17 頁
小田静夫　1982「黒曜石」『縄文文化の研究』8　雄山閣　168-179 頁
小田静夫　1989『神津島空港内遺跡』神津島空港内遺跡調査会
甲斐博幸　1996『常代遺跡群』君津郡市考古資料刊行会
覚張隆史・米田穣　2011「第 4 章　ココマ遺跡出土イノシシ類の化学分析」『三宅島ココマ遺跡動物と生業の研究』島の考古学研究会　35-42 頁
加藤秀之　1996「田原遺跡」『新島村史』資料編Ⅰ　新島村　74-116 頁
金山喜昭　1988「文化財としての黒曜石」『月刊文化財』7 月号　第一法規出版　13-23 頁
加納俊介・石黒立人編　2002『弥生土器の様式と編年』木耳社
金子浩昌　1958「F 三宅島ココマノコシ遺跡で採集した動物遺存体」『伊豆諸島文化財総合調査報告』第 1 分

冊　東京都教育委員会　78-81頁
金子浩昌　1959「H利島大島遺跡出土の動物遺存体」『伊豆諸島文化財総合調査報告』第2分冊　東京都教育委員会　613-617頁
金子浩昌　1975「第12章　1.三宅島縄文弥生遺跡出土の動物遺存体」『三宅島の埋蔵文化財』三宅村教育委員会　242-246頁
金子浩昌　1980「弥生時代の貝塚と動物遺存体」『三世紀の考古学』上　学生社　86-141頁
金子浩昌　1984「伊豆諸島遺跡出土の自然遺物」『文化財の保護』第16号　東京都教育委員会　127-135頁
金子浩昌　1986「第Ⅶ章　動物遺存体」『倉輪遺跡』東京都教育委員会　43-45頁
金子浩昌　1987「第6章　第1節　動物遺存体」『倉輪遺跡』東京都教育委員会　87-103頁
金子浩昌　2009「第7章　ココマ遺跡における動物遺体の研究」『ココマ遺跡発掘調査報告書』三宅島ココマ遺跡学術調査団　31-39頁
金子浩昌　2011「第3章　三宅島ココマ，西原，友地遺跡の動物遺体」『三宅島ココマ遺跡　動物と生業の研究』島の考古学研究会　17-34頁
金子浩昌・牛沢百合子　1980「池上遺跡の動物遺体」『池上・四ツ池遺跡』自然遺物篇　財団法人大阪文化財センター　9-32頁
金子浩昌・谷口栄　1996「渡浮根遺跡」『新島村史　資料編Ⅰ』新島村　17-73頁
上條朝宏　1984「伊豆島嶼地域出土の土器の胎土分析」『文化財の保護』第16号　東京都教育委員会　145-158頁
上條朝宏　1986「1）出土土器の胎土分析」『利島村大石山遺跡Ⅳ』利島村教育委員会　85-97頁
川上久夫・野内秀明　1997『間口東洞穴遺跡』松輪間口東海蝕洞穴遺跡調査団
川上久夫・小川裕久・小暮慶明・野内秀明　1998『歌舞島B洞穴遺跡』歌舞島B海蝕洞穴調査団
川崎義雄　1984「渡浮根遺跡（新島）」『文化財の保護』第16号　東京都教育委員会　60-82頁
川崎義雄　1996『新島村史』資料編Ⅰ　新島村　74-116頁
川崎義雄・谷口榮・實川順一　1998『東京都大島町史 考古編』大島町
河内公夫　1984「帆縫原遺跡（式根島）」『文化財の保護』第16号　東京都教育委員会　98-111頁
川邊禎久・津久井雅志・新堀賢志　2002「三宅島八丁平噴火の噴火年代」『日本火山学会2002年講演要旨集』日本火山学会　126頁
神澤勇一　1973『間口洞窟遺跡 本文編』神奈川県立博物館発掘調査報告書第7号　神奈川県立博物館
神澤勇一　1974『間口洞窟遺跡（2）』神奈川県立博物館発掘調査報告書第8号　神奈川県立博物館
神澤勇一　1975『間口洞窟遺跡（3）』神奈川県立博物館発掘調査報告書第9号　神奈川県立博物館
神澤勇一　1979「南関東地方弥生時代の葬制」『どるめん』23　JICC出版局　35-47頁
木對和紀　2004『市原市辺田古墳群・御林跡遺跡』市原市文化財センター
木下尚子　1996『南島貝文化の研究 貝の道の考古学』法政大学出版局
黒住耐二　2009「第11章　ココマ遺跡の貝類学的研究」『ココマ遺跡発掘調査報告書』三宅島ココマ遺跡学術調査団　73-81頁
釼持輝久　1996「三浦半島南部の海蝕洞穴遺跡とその周辺の遺跡について——洞穴遺跡の共通性と特殊性および周辺遺跡との関連——」『考古論叢 神奈河』5　神奈川県考古学会　51-66頁
釼持輝久　2008「三浦半島の海蝕洞穴遺跡における生業について」『横須賀考古学会年報』No.43　横須賀考古学会　42-49頁
小泉玲子・山本暉久　2008『中屋敷遺跡発掘調査報告書』昭和女子大学人間文化学部歴史文化学科　六一書房

小泉玲子・山本暉久　2010『中屋敷遺跡発掘調査報告書Ⅱ』昭和女子大学　中屋敷遺跡発掘調査団
古城　泰　1978「伊豆諸島出土土器の製作地について」『くろしお』第 3 号　伊豆諸島考古学研究会　1-5 頁
小杉　康　1986『利島村大石山遺跡Ⅳ』利島村教育委員会
後藤守一・芹沢長介　1958「三宅・御蔵両島に於ける考古学研究」『伊豆諸島文化財総合調査報告』第 1 分冊　東京都教育委員会　39-92 頁
小林清隆・高梨友子　1999『袖ヶ浦市荒久（1）遺跡・三箇遺跡』千葉県文化財センター
小林謙一　2006「神奈川県三浦市赤坂遺跡出土資料の ^{14}C 年代測定」『赤坂遺跡』三浦市教育委員会　111-117 頁
小林謙一・今村峯雄・坂本稔　2008「4. 土器付着物の炭素 14 年代測定について」『清水天王山遺跡　第 4 次－5 次発掘報告』静岡市教育委員会　281-290 頁
小林行雄　1943「第一様式弥生式土器」『大和唐古弥生式遺跡の研究』京都帝国大学文学部考古学研究報告第 16 冊　43-57 頁
近藤　敏・田中清美　1989『千草山遺跡・東千草山遺跡』市原市文化財センター
坂詰秀一　2005『武蔵国府関連遺跡調査報告書』第 38 集　府中市教育委員会
佐藤由紀男　1984「静岡県三ヶ日町殿原遺跡出土の土器について（上）」『古代文化』第 36 巻第 9 号　古代学協会　25-43 頁
佐藤由紀男　1985「静岡県三ヶ日町殿原遺跡出土の土器について（下）」『古代文化』第 37 巻第 1 号　古代学協会　17-26 頁
佐原　眞　1967「山城における弥生式文化の成立――畿内第Ⅰ様式の細別と雲ノ宮遺跡出土土器の占める位置――」『史林』第 50 巻第 5 号　史学研究会　103-127 頁
重久淳一　1986『奈良地区遺跡群Ⅰ発掘調査報告』上　奈良地区遺跡調査団
宍戸信悟・谷口肇　1989『砂田台遺跡Ⅰ』神奈川県立埋蔵文化財センター
宍戸信悟・谷口肇　1991『砂田台遺跡Ⅱ』神奈川県立埋蔵文化財センター
設楽博己　1991「関東地方の遠賀川系土器」『児嶋隆人先生喜寿記念論集 古文化論叢』児嶋隆人先生喜寿記念事業会　17-48 頁
設楽博己　2000「縄文系弥生文化の構想」『考古学研究』第 47 巻第 1 号　考古学研究会　88-100 頁
設楽博己　2005「側面索孔燕形銛頭考――東日本弥生文化における生業集団編成のあり方をめぐって――」『海と考古学』海交史研究会考古学論集刊行会　299-330 頁
設楽博己　2008「清水天王山式土器」『総覧 縄文土器』アム・プロモーション　728-735 頁
設楽博己　2009「総論 食糧生産の本格化と食糧獲得技術の伝統」『弥生時代の考古学』第 5 巻　同成社　3-22 頁
柴田　徹　2002「等値線から見た石材移動のルート復元――石鏃の黒曜石およびチャートを例に――」松戸市立博物館紀要第 9 号　松戸市立博物館　3-27 頁
渋谷綾子　2010「日本列島における現生デンプン粒標本と日本考古学への応用――残存デンプン粒粒の形態分類をめざして――」『植生史研究』第 18 巻第 1 号　日本植生史学　13-27 頁
清水芳裕　1977「岩石学的方法による土器の産地同定――伊豆諸島の縄文・弥生土器――」『考古学と自然科学』第 10 号　日本文化財科学会　45-51 頁
下條信行　1983「弥生時代石器生産体制の評価」『古代学論叢』平安博物館　77-95 頁
下條信行　1984「弥生・古墳時代の九州型石錘について」『九州文化史研究所紀要』第 29 号　九州大学九州文化史研究施設　71-103 頁

下條信行　1989「弥生時代の玄界灘海人の動向」『生産と流通の考古学』横山浩一先生退官記念事業会　107-123 頁
杉原重夫・小林三郎　2008「考古遺物の自然科学的分析による原産地と流通経路に関する研究――神津島産黒曜石製遺物について――」『明治大学人文科学研究所紀要』62 冊　97-229 頁
杉原荘介　1934「三宅島ツル根岬に於ける火山噴出物下の彌生式遺跡」『人類学雑誌』第 49 巻第 6 号　東京人類学会　205-214 頁
杉原荘介・大塚初重・小林三郎　1967「東京都（新島）田原における縄文・弥生時代の遺跡」『考古学集刊』第 3 巻 No. 3　東京考古学会　45-80 頁
杉山浩平・池谷信之　2006『縄文・弥生文化移行期の黒曜石研究Ⅰ』
杉山浩平・池谷信之　2007『縄文・弥生文化移行期の黒曜石研究Ⅱ』
杉山浩平・池谷信之　2010「縄文／弥生文化移行期における神津島産黒曜石のもうひとつの流通」『考古学と自然科学』Vol. 60　日本文化財科学会　13-28 頁
杉山浩平・武内和彦・鹿野陽子　2007「伊豆諸島における文化・自然環境復元のための資料集成」『西相模考古』第 16 号　59-66 頁
杉山浩平　2010a『東日本弥代生社会の石器研究』六一書房
杉山浩平　2010b「弥生時代における伊豆諸島への戦略的移住の展開」『考古学雑誌』944 号　日本考古学会　1-44 頁
杉山浩平　2010c「伊豆諸島・三宅島における弥生時代の環境変化と人類の活動」『火山噴火罹災地の歴史的庭園復元・自然環境変遷とランドスケープの保全活用』東京大学農学部緑地創成学研究室　21-34 頁
杉山浩平　2011『東京都三宅島　坊田遺跡発掘調査報告書』三宅島坊田遺跡学術調査団
杉山浩平　2012『東京都三宅島　島下遺跡発掘調査報告書』三宅島島下遺跡学術調査団
杉山浩平・金子隆之　2013「縄文時代後晩期の伊豆・箱根・富士山の噴火活動と集落動態」『考古学研究』第 60 巻第 2 号　考古学研究会　34-54 頁
鈴木次郎・坂口滋晧　1990『宮ヶ瀬遺跡群Ⅰ』神奈川県立埋蔵文化財センター
鈴木素行・色川順子　2008「部田野のオオツタノハ――差渋遺跡の土器棺から検出された貝輪について――」『ひたちなか埋文だより』第 28 号　ひたちなか市埋蔵文化財調査センター　8-11 頁
鈴木正博　2000「木戸口貝塚論序説」『利根川』21　利根川同人会　28-39 頁
鈴木裕一・津久井雅志　1997「三宅島火山噴出物の ^{14}C 年代」『火山』第 42 巻第 4 号　日本火山学会　307-311 頁
諏訪間順　2006「相模野台地における黒曜石利用の変遷」『黒耀石文化研究』第 4 号　明治大学博物館　151-160 頁
諏訪間順　2011「後期旧石器時代　相模野台地における黒曜石の利用と展開」『日本考古学協会 2011 年度栃木大会研究発表資料集』日本考古学協会 2011 年度栃木大会実行委員会　27-34 頁
芹沢長介　1958「E 三宅島坪田ココマノコシ遺跡の調査」『伊豆諸島文化財調査報告』第 1 分冊　東京都教育委員会　70-78 頁
芹沢廣衛・大竹憲昭　1985『利島村大石山遺跡Ⅲ』利島村教育委員会
曾野壽彦・中川成夫　1950「東京都三宅島の遺跡調査概報」『考古学雑誌』第 36 巻第 3 号　日本考古学会　50-53 頁
大工原豊　1988『注連引原Ⅱ遺跡』安中市教育委員会
鷹野光行・杉山浩平　2009『東京都三宅島　ココマ遺跡発掘調査報告書』三宅島ココマ遺跡学術調査団

田上勇一郎　2000「黒曜石の利用と流通：縄文時代中期の関東・中部地域について」『Archaeo-Clio』1　東京学芸大学　1-29 頁

高山　優　1984「泉津遺跡（大島）」『文化財の保護』第 16 号　東京都教育委員会　35-38 頁

塚田明治・小川裕久・斉藤彦司・釵持輝久　1984『三浦半島の海蝕洞穴遺跡』横須賀考古学会

津久井雅志・鈴木裕一　1998「三宅島火山最近 7000 年間の噴火史」『火山』第 43 巻第 4 号　日本火山学会　149-166 頁

津久井雅志・新堀賢志・川辺禎久・鈴木裕一　2001「三宅島火山の形成史」『地学雑誌』Vol. 110-2　東京地学協会　156-167 頁

都出比呂志　1989『日本農耕社会の成立過程』岩波書店

坪井正五郎　1901「石器時代人の交通貿易」『東洋学芸雑誌』第 18 巻 240 号　東洋学芸社　340-346 頁

坪井正五郎・鳥居龍蔵　1901「伊豆大島熔岩流下遺物問題」『東京人類学会雑誌』第 17 巻第 189 号　東京人類学会　98-105 頁

鶴丸俊明・小田静夫・一色直記・鈴木正男　1973「伊豆諸島出土の黒曜石に関する原産地推定とその問題」『文化財の保護』第 5 号　東京都教育委員会　147-158 頁

寺沢薫・寺沢知子　1981『弥生時代植物質食糧の基礎的研究——初期農耕社会研究の前提として——』橿原考古学研究所紀要考古學論攷第 5 冊　橿原考古学研究所　1-129 頁

戸沢充則　1959「F 利島大石山遺跡の第二次調査」『伊豆諸島文化財調査報告』第 2 分冊　東京都教育委員会　559-587 頁

戸沢充則　1986「Ⅶ 大石山遺跡調査の意義と問題点」『利島村大石山遺跡——範囲確認調査報告書Ⅳ——』利島村教育委員会　130-132 頁

戸田哲也　2010『平沢同明遺跡発掘調査報告書 2004－04 地点・2004－05 地点』秦野市教育委員会

戸田哲也　2012『平沢同明遺跡 9301 地点発掘調査報告書』秦野市教育委員会

戸谷敦司　2002「オオツタノハ考」『原始・古代安房国の特質と海上交通』千葉大学考古学研究室　97-134 頁

鳥居龍蔵　1902「伊豆大島熔岩流下の石器時代遺跡」『東京人類学会雑誌』第 17 巻第 194 号　東京人類学会　320-338 頁

鳥居龍蔵　1923「伊豆大島にある熔岩流下の有史以前の遺跡」『中央史壇』第 7 巻第 4 号　国史講習会　71-78 頁

直良信夫　1937「日本史前時代に於ける豚の問題」『人類学雑誌』第 52 巻第 8 号　東京人類学会　286-296 頁

直良信夫　1938「三宅島コハマ濱弥生式遺跡発掘の豚の臼歯」『人類学雑誌』第 53 巻第 2 号　東京人類学会　68-70 頁

永井宏幸　2000「弥生時代「遠賀川系土器」をめぐる諸問題——朝日遺跡Ⅰ期をめぐって——」『朝日遺跡Ⅵ』愛知県埋蔵文化財センター　577-596 頁

永井宏幸・村木誠　2002「尾張地域」『弥生土器の様式と編年 東海編』木耳社　253-412 頁

中川毅人　2009「ブタ・イノシシ歯牙セメント質年輪の形成要因と考古学的応用」『熊本大学社会文化研究』7　熊本大学大学院社会文化科学研究科　155-163 頁

中沢道彦・丑野毅　1998「レプリカ法による縄文時代晩期土器の籾状圧痕の観察」『縄文時代』9　縄文時代文化研究会　1-28 頁

長友朋子編　2007『土器研究の新視点』考古学リーダー 9　六一書房

永峯光一　1983『利島村 大石山遺跡Ⅰ』利島村教育委員会

永峯光一　1987「伊豆諸島における先史時代の居住」『國學院大學考古学資料館紀要』第 3 輯　國學院大學考

　　　　古学資料館　25-37頁
中村　勉　2001「銅環と呼ばれる青銅器について──東日本の青銅器に関する一つの考察──」『貝塚』56　物
　　　　質文化研究会　1-19頁
中村　勉　2010「14b 猿島洞穴」『新横須賀市史 別編 考古』横須賀市　179-182頁
中村勉・諸橋千鶴子　1997『大浦山洞穴』三浦市教育委員会
中村勉・諸橋千鶴子　2004『赤坂遺跡第10次調査地点』三浦市教育委員会
中村勉・諸橋千鶴子　2006『赤坂遺跡第11次調査地点』三浦市教育委員会
中山清隆　1986「4 自然遺物」『倉輪遺跡』東京都教育委員会　36頁
中山誠二・網倉邦生　2010「弥生時代初期のイネ・アワ・キビの圧痕──山梨県天正寺遺跡の事例──」『山梨
　　　　県立博物館研究紀要』第4集　山梨県立博物館　1-14頁
中山平次郎　1921「土器の有無未詳なる石器時代遺跡（下）」『考古学雑誌』第10巻第11号　日本考古学会
　　　　583-595頁
中山平次郎　1923「焼米を出せる竪穴址」『考古学雑誌』第14巻第1号　日本考古学会　10-21頁
新堀賢志　2011「第3章 坊田遺跡の火山学的研究」『東京都三宅島 坊田遺跡発掘調査報告書』三宅島坊田遺
　　　　跡学術調査団　19-28頁
新堀賢志・齋藤公一滝 2009「第6章 ココマ遺跡の火山学的研究」『東京都三宅島 ココマ遺跡発掘調査報告
　　　　書』三宅島ココマ遺跡学術調査団　25-30頁
西本豊弘　1989「下郡桑苗遺跡出土の動物遺体」『下郡桑苗遺跡』大分県教育委員会　48-61頁
西本豊弘　1991「弥生時代のブタについて」『国立歴史民俗博物館研究報告』第36集　国立歴史民俗博物館
　　　　175-189頁
西本豊弘　1992「下郡桑苗遺跡出土の動物遺体」『下郡桑苗遺跡Ⅱ』大分県教育委員会　92-110頁
西本豊弘　1993「弥生時代のブタの形質」『国立歴史民俗博物館研究報告』第50集　国立歴史民俗博物館
　　　　49-70頁
西本豊弘編　2006『弥生時代の新年代』新弥生時代のはじまり第1巻　雄山閣
西本豊弘編　2007『縄文時代から弥生時代へ』新弥生時代のはじまり第2巻　雄山閣
西中川駿・上村俊雄・松元光春　1999『平成8-10年度 文部科学省科学研究費補助金基盤B（2）研究成果報
　　　　告書』
西中川駿　2010「大分市下郡遺跡第25次調査出土の動物遺体」『下郡遺跡Ⅷ　大分市埋蔵文化財調査報告書』
　　　　大分市教育委員会　182-196頁
西村正衛　1961「千葉県成田市荒海貝塚 東部関東地方縄文文化終末期の研究（予報）」『古代』第36号　早稲
　　　　田大学考古学会　1-18頁
野澤誠一　2002「銅釧・鉄釧からみた東日本の弥生社会」『長野県立歴史館 研究紀要』第8号　長野県立歴史
　　　　館　2-20頁
橋口尚武　1975『三宅島の埋蔵文化財』三宅村教育委員会
橋口尚武　1983『三宅島 坊田遺跡』東京都教育委員会
橋口尚武　1988『島の考古学』東京大学出版会
橋口尚武　1994「東の貝の道──伊豆諸島から東日本へ──」『日本考古学協会 第60回総会研究発表要旨』日
　　　　本考古学協会　30-33頁
橋口尚武　1998『丹沢・箱根山麓・伊豆地域の石鏃・石包丁・石材について』『子ノ神』Ⅳ厚木市教育委員会
　　　　151-186頁

橋口尚武　2001『黒潮の考古学』同成社
橋口尚武　2006『食の民俗考古学』同成社
橋口尚武・石川和明　1991『神津島 その自然・人文と埋蔵文化財』神津島村教育委員会
馬場伸一郎　2001「南関東弥生中期の地域社会（上）・（下）」『古代文化』第53巻5号・6号　古代学協会　18-28，17-25頁
原田雄紀　2011『井出丸山遺跡発掘調査報告書』沼津市教育委員会
平野修・櫛原功一　1992『宮ノ前遺跡』韮崎市教育委員会
平野吾郎・杉山博久　2006『同明遺跡（第4次発掘調査報告書）』同明遺跡発掘調査団
北條芳隆　2002「銅釧を祖型とする石釧」『環瀬戸内の考古学』古代吉備研究会　137-148頁
北條芳隆　2005「螺旋状鉄釧と帯状銅釧」『待兼山論集』大阪大学考古学友の会　47-266頁
前田清彦　2003「条痕文系土器の原体と調整・施文の手順」『条痕文系土器の原体をめぐって』三河考古学談話会　1-16頁
町田　洋　1964「Tephrochronologyによる富士火山とその周辺地域の発達史」『地学雑誌』Vol.73 No.6　東京地学協会　337-350頁
真邊　彩　2012「第7章 島下遺跡出土の種子圧痕分析」『東京都三宅島 島下遺跡発掘調査報告書』三宅島島下遺跡学術調査団　49-50頁
三辻利一　1983『古代土器の産地推定法』ニュー・サイエンス社
御堂島正　1986「黒曜石製石器の使用痕」『神奈川考古』第22号　神奈川考古同人会　51-77頁
御堂島正・小池聡　2011「神奈川県内の弥生時代遺跡出土石器の使用痕分析——小田原市久野山神下遺跡第Ⅶ地点の事例——」『神奈川考古』第47号　神奈川考古同人　43-54頁
宮腰健司　2000『朝日遺跡Ⅵ』愛知県埋蔵文化財センター
宮地直道・富樫茂子・千葉達朗 2004「富士火山東斜面で2900年前に発生した山体崩壊」『火山』第49巻第5号　日本火山学会　237-248頁
宮本達希　1978『河津町波来横穴調査報告書』河津町教育委員会
宮本達希　1987『姫宮遺跡発掘調査概報Ⅵ（第Ⅺ次調査）』河津町教育委員会
望月明彦・池谷信之・小林克次・武藤由里　1994「遺跡内における黒曜石製石器の原産地別分布について」『静岡県考古学研究』26　静岡県考古学会　1-24頁
山崎晴雄　1994「開成町とその周辺の地形と地質」『開成町史 自然編』開成町　2-100頁
山田しょう・山田成洋　1992「静岡県内出土の「石包丁」の使用痕分析」『川合遺跡 遺物編2』静岡県埋蔵文化財調査研究所　109-147頁
山田成洋　1992『川合遺跡 遺物編2』静岡県埋蔵文化財調査研究所
山田隆一　2005『東海の弥生フロンティア』大阪府立弥生文化博物館
山内清男　1925「石器時代にも稲あり」『人類学雑誌』第40巻第5号　日本人類学会　181-184頁
横山勝三・新井正 1976「三宅島大路池・八重間側火口の^{14}C年代」『火山』第21巻第1号　日本火山学会　57-58頁
吉田格・岡田淳子　1963「三宅島友地遺跡の調査」『武蔵野』第42巻第2号　武蔵野文化協会　35-41頁
吉田恵二　2000『物見処遺跡2000』國學院大學文学部考古学研究室
米川仁一　1991『和泉浜B遺跡発掘調査報告書』大島和泉浜B遺跡調査団
米川仁一　1993『八重根』八丈島八重根遺跡調査会
米川仁一　1994『大島オンダシ遺跡』大島支庁遺跡調査会

米田穣・鵜野光　2009「第10章　ココマ遺跡における放射性炭素年代測定」『東京都三宅島　ココマ遺跡発掘調査報告書』三宅島ココマ遺跡学術調査団　69-72頁

渡辺修一　1994『四街道市　御山遺跡』千葉県文化財センター

渡部琢磨・石黒直隆ほか　2003「弥生時代の遺跡から出土したイノシシの遺伝的解析——Ancient DNA 解析に基づく解析——」『動物考古学』第20号　動物考古学会　1-14頁

渡邊眞紀子・茗荷傑・坂上伸生　2011「第6章　坊田遺跡における遺物包含層の土壌性状に関する研究」『東京都三宅島坊田遺跡発掘調査報告書』三宅島坊田遺跡学術調査団　35-40頁

藁科哲男　1993「愛知県下遺跡出土サヌカイト，黒耀石製遺物の原材産地分析」『麻生田大橋遺跡発掘調査報告書』豊川市教育委員会　112-134頁

藁科哲男・東村武信　1984a「伊豆諸島遺跡出土黒曜石の分析」『文化財の保護』第16号　東京都教育委員会　136-144頁

藁科哲男・東村武信　1984b「大石山遺跡出土の黒曜石石器の原材産地分析」『利島村大石山遺跡——範囲確認調査報告書II——』利島村教育委員会　40-45頁

藁科哲男・東村武信　1985「下高洞遺跡出土の黒曜石遺物の原材産地分析」『東京都大島町　下高洞遺跡』大島町教育委員会　95-101頁

藁科哲男・東村武信　1988「石器原材の産地分析」『考古学と関連科学』鎌木義昌先生古稀記念論文集刊行会　447-491頁

Bronk Ramsey C., 2009, Bayesian analysis of radiocarbon dates, *Radiocarbon*, 51(4), pp. 337-360

Katsunori Takase, Eiko Endo, Hiroo Nasu, 2011, Plant use on remote islands in the final Jomon and Yayoi periods: an examination of seeds restores from potsherds in the Tawara site, Niijima Island, Japan, *Bulletin of Meiji University Museum*. Vol. 16, pp. 21-39

Minagawa M., Matsui A., and Ishiguro N., 2005, Carbon and nitrogen isotope anlyses for prehistoric Sus scrofa bone collagen to discriminate prehistoric boar domestication and inter-islands pig trading across the East China Sea, *Chemical Geology*, 218, pp. 91-102

Reimer P. J., Baillie M. G. L., Bard E., Bayliss A., Beck J. W., Blackwell P. G., Bronk Ramsey C., Buck C. E., Burr G. S., Edwards R. L., Friedrich M., Grootes, P. M., Guilderson T. P., Hajdas I., Heaton T. J., Hogg A. G., Hughen K. A., Kaiser K. F., Kromer B., McCormac F. G., Manning S. W., Reimer R. W., Richards D. A., Southon J. R., Talamo S., Turney C. S. M., van der Plicht J., & Weyhenmeyer C. E., 2009, IntCal09 and Marine09 radiocarbon age calibration curves, 0-50,000 years cal BP, *Radiocarbon*, 51(4), pp. 1111-1150

図表出典一覧

序　章
第 1 図　筆者作成
第 1 表　筆者作成

第 1 章
第 2 図　1〜19 川崎・谷口・實川 1998，20〜24 石川 1996，25〜38 杉原・大塚・小林 1967
第 3 図　1〜7 杉山 2012，8〜9 伊豆諸島考古学研究会 1978，10〜19 青木 1995，20〜29 橋口 1983
第 4 図　1・5〜25 鷹野・杉山 2009，2〜4 吉田 2000，26〜31 筆者実測（八丈町教育委員会蔵）
第 5 図　筆者作成
第 6 図　池谷・増島 2009b を一部改変
第 7 図　2009a および池谷・増島作図
第 8 図　池谷・増島 2012
第 9 図　池谷・増島 2012
第 10 図　池谷・増島 2012
第 11 図　池谷・増島 2011
第 12 図　池谷・増島 2011
第 13 図　池谷・増島 2009a
第 14 図　池谷・増島 2009a
第 15 図　池谷・増島 2009a
第 2 表　筆者作成
第 3 表　池谷・増島 2012
第 4 表　池谷・増島 2011
第 5 表　池谷・増島 2009a
第 6 表　筆者作成

第 2 章
第 16 図　筆者作成
第 17 図　杉山 2012
第 18 図　杉山 2011
第 19 図　鷹野・杉山 2009
第 20 図　吉田・岡田 1963
第 21 図　筆者撮影
第 22 図　1〜3，10〜13 伊豆諸島考古学研究会 1978，4〜9 杉山 2012，14 橋口 1975，15〜20 吉田・岡田 1963
第 23 図　大石雅之撮影
第 24 図　1〜8 鷹野・杉山 2009，9〜17 中村・諸橋 2006
第 25 図　青木 1995
第 26 図　青木 1995
第 27 図　杉山 2011
第 28 図　筆者作成
第 7 表　川邊・津久井・新堀 2002
第 8 表　米田・鵜野 2009，覚張・米田 2011
第 9 表　小林 2006
第 10 表　西本編 2006・2007，小林・今村・坂本 2008

第 3 章
第 29 図　杉山 2010b
第 30 図　川崎 1984 を再トレース
第 31 図　筆者作成
第 32 図　筆者作成
第 33 図　杉山・池谷 2010
第 34 図　杉山・池谷 2010
第 35 図　杉山 2010a
第 36 図　川合：山田 1992，砂田台：宍戸・谷口 1991，常代：甲斐 1996，を再トレース，鶴喰前田は筆者実測
第 37 図　杉山 2010b
第 38 図　杉山 2010b
第 39 図　杉山 2010b
第 40 図　杉山 2010b
第 41 図　忍澤 2009a・筆者撮影
第 42 図　青木 1995
第 43 図　杉山 2010b
第 44 図　杉山 2010b を一部改変
第 45 図　杉山 2010b を一部改変

第 11 表　杉山 2010b
第 12 表　杉山 2010b
第 13 表　杉山 2010b
第 14 表　杉山 2010b
第 15 表　杉山 2010b
第 16 表　杉山 2010b を一部改変
第 17 表　杉山 2010b

第 4 章

第 46 図　金子 2011
第 47 図　覚張・米田 2011
第 48 図　覚張・米田 2011
第 49 図　1・7 川崎・谷口・實川 1998, 2~3・5 筆者実測（明治大学博物館蔵), 8~9 橋口 1975, 4・10 杉山 2012, 11 伊豆諸島考古学研究会 1978, 10 筆者実測（明治大学博物館蔵), 12~14 青木 1995, 6 鷹野・杉山 2009
第 50 図　筆者撮影
第 51 図　1・7 川崎・谷口・實川 1998, 2・12 橋口 1975, 3・11 青木 1995, 4・13・14・15 橋口 1983, 5 芹沢・大竹 1985, 6・10 川崎 1984, 8 杉原・大塚・小林 1967, 9 大竹・小杉 1984, 12 橋口 1975
第 52 図　筆者作成
第 53 図　筆者撮影
第 54 図　島下遺跡：杉山 2012, 坊田遺跡：杉山 2011, 写真 筆者撮影
第 55 図　筆者撮影
第 56 図　1~11 河内 1984, 12~23 小杉 1986, 24~30 杉原・大塚・小林 1967, 31~41 青木 1995
第 57 図　筆者実測
第 58 図　大里遺跡・ココマ遺跡：筆者実測, 砂田台遺跡：宍戸・谷口 1989・1991
第 59 図　筆者撮影
第 18 表　杉山・武内・鹿野 2007 に追加
第 19 表　阿子島 1989
第 20 表　杉山 2010b
第 21 表　筆者作成

第 22 表　筆者作成
第 23 表　御堂島 1986
第 24 表　筆者作成
第 25 表　筆者作成
第 26 表　筆者作成
第 27 表　筆者作成

第 5 章

第 60 図　1~3 佐藤 1984・1985, 4 新井 2008, 5 稲垣 1975, 6 秋本 1994, 7 宮本 1987, 8~11 戸田 2010, 12~13 戸田 2012, 14 平野・杉山 2006, 15~16 小泉・山本 2008, 17 坂詰 2005, 18~19 川崎・谷口・實川 1998, 20~31 杉原・大塚・小林 1967, 32 杉山 2012, 33 大工原 1988, 34 渡辺 1994
第 61 図　1~12 宮腰 2000, 13 伊藤 1980
第 62 図　第 5 章図 1 に準じる
第 63 図　中屋敷：小泉・山本 2008, 平沢同明：戸田 2010, 上村：鈴木・坂口 1990, 田原：杉原・大塚・林 1967, 島下：杉山 2012
第 64 図　戸田 2010
第 65 図　筆者作成
第 66 図　筆者作成
第 67 図　1・13 塚田・小川・斉藤・釵持 1984, 2~6 川上・野内 1997, 7 神澤 1975, 8 神澤 1974, 9~11 神澤 1973, 14 川上・小川・小暮・野内 1998, 15 岡本・塚田・小川 1983, 16 中村 2010, 17 宮本 1978, 18 筆者実測
第 68 図　中村・諸橋 1997 より作成
第 69 図　筆者作成
第 70 図　小林・高梨 1999 より作成
第 71 図　木對 2004 より作成
第 72 図　重久 1986 より作成
第 73 図　杉山 2010b
第 28 表　筆者作成
第 29 表　杉山 2010b
第 30 表　杉山 2010b
第 31 表　筆者作成
第 32 表　筆者作成

著者略歴

杉山　浩平（すぎやま　こうへい）
1972年　神奈川県小田原市に生まれる
2002年　駒澤大学大学院人文科学研究科 博士後期課程満期退学，東京大学大学院人文社会系研究科 助手
2005年　同大学院農学生命科学研究科 特任研究員
2007年　駒澤大学大学院人文科学研究科博士後期課程修了，博士（歴史学）
現　在　東京大学大学院総合文化研究科 グローバル地域研究機構地中海地域研究部門 特任研究員

主要著書・論文

『東日本弥生社会の石器研究』六一書房，2010年
『縄文／弥生文化移行期の黒曜石研究Ⅱ』編共著（池谷信之との共著），2007年
『縄文／弥生文化移行期の黒曜石研究Ⅰ』編共著（池谷信之との共著），2006年
「縄文時代後晩期の伊豆・箱根・富士山の噴火活動と集落動態」『考古学研究』第60巻第2号（金子隆之との共著），2013年
「弥生時代における伊豆諸島への戦略的移住の展開」『考古学雑誌』第94巻第4号，2010年
「縄文／弥生文化移行期における神津島産黒曜石のもうひとつの流通」『考古学と自然科学』Vol.60（池谷信之との共著），2010年
「小敷田遺跡出土のサヌカイト製打製石器について」『考古学雑誌』第93巻第4号，2009年

弥生文化と海人

2014年3月31日　初版発行

著　者　杉山　浩平
発行者　八木　環一
発行所　株式会社　六一書房
　　　　〒101-0051　東京都千代田区神田神保町2-2-22
　　　　TEL　03-5213-6161　　　FAX　03-5213-6160
　　　　http://www.book61.co.jp　　E-mail　info@book61.co.jp
　　　　振替　00160-7-35346
印　刷　株式会社　三陽社

ISBN978-4-86445-040-9 C3021　　Ⓒ Cohe Sugiyama 2014　　Printed in Japan